"十二五"江苏省高等学校重点教材　2014-1-068

# 仓储管理实务

## （第2版）

主　编　吴新燕　王常伟　沈　丹

**东南大学出版社**
SOUTHEAST UNIVERSITY PRESS
·南京·

图书在版编目(CIP)数据

仓储管理实务 / 吴新燕,王常伟,沈丹主编. — 2版. — 南京：东南大学出版社,2023.5
 ISBN 978-7-5766-0419-1

Ⅰ. ①仓… Ⅱ. ①吴… ②王… ③沈… Ⅲ. ①物资管理-仓库管理 Ⅳ. ①F253.4

中国版本图书馆 CIP 数据核字(2022)第 225420 号

责任编辑：夏莉莉　　责任校对：咸玉芳　　封面设计：王 玥　　责任印制：周荣虎

仓储管理实务（第 2 版）
Cangchu Guanli Shiwu(Di-er Ban)

| 主　　编 | 吴新燕　王常伟　沈 丹 |
|---|---|
| 出版发行 | 东南大学出版社 |
| 社　　址 | 南京市四牌楼 2 号(邮编:210096　电话:025 - 83793330) |
| 经　　销 | 全国各地新华书店 |
| 印　　刷 | 南京京新印刷有限公司 |
| 开　　本 | 700 mm×1000 mm　1/16 |
| 印　　张 | 19.75 |
| 字　　数 | 370 千字 |
| 版　　次 | 2023 年 5 月第 2 版 |
| 印　　次 | 2023 年 5 月第 1 次印刷 |
| 书　　号 | ISBN 978-7-5766-0419-1 |
| 定　　价 | 46.00 元 |

本社图书若有印装质量问题,请直接与营销部联系,电话:025 - 83791830。

# 前　言

随着我国经济进入高质量发展新阶段,深度整合仓储资源、线上线下共享仓储资源、共享商品库存将是行业发展新趋势。未来仓储业发展有六大主要方向:全方位整合库存,促进供应链流程再造;深度整合仓储资源,支撑线上线下商务发展;建设智能仓储,逐步实现仓储互联网化;信息平台互联互通,助力城市共同配送体系建设;挖掘存货价值,担保存货管理进一步规范;创新应用绿色技术,推动仓储业持续转型升级。要顺应仓储业的发展变革,更好地促进经济发展,必须培养大批掌握仓储管理基本理论和基本技能、具有先进经营管理理念、掌握先进信息技术的具有创新创业意识的高素质技术技能人才。

本书以中共中央办公厅、国务院办公厅《关于推动现代职业教育高质量发展的意见》和教育部等九部门联合印发的《职业教育提质培优行动计划(2020—2030)》为指导,采用"项目式教学"的形式,由高职院校教师和企业物流专家组成编写团队,结合生产实际和最新的仓储管理理论及技术,对仓储管理所需的职业能力进行分解,选取仓库布局和设备、仓库作业流程、商品保管和养护、自动化技术和管理信息系统、仓储经营管理等核心知识模块,结合创业教育、职业道德教育及学生职业技能证书要求,设计完整的综合案例,由学生通过自主学习和团队合作完成子项目的设计工作,进行项目的投标竞选。本书在理论知识上力求"够用、实用、最新",在实践能力培养上力求"全面、丰富、生动",融"教、学、做"于一体,在资料采编上选取国内外知名公司有代表性的仓储管理案例和在苏南地区有代表性的高新物流中心的相关资料,以期更好地培养学生的实践

能力、创造能力、就业能力和创业能力。本书适合作为高职高专物流管理、商品经营等专业的教材,也可作为相关领域在职人员的职业培训和岗位培训用书。

本书第一版由吴新燕、王常伟负责对结构、内容的总体策划,吴新燕负责全书的统稿、审阅工作。全书共分8个项目,具体编写分工如下:吴新燕(项目1、4、5、6)、王常伟(项目2、7)、张敏洁(项目3、8)。方国民和李海川提供相关企业操作实例,并对作业流程进行审核把关。此次修订工作主要由吴新燕、沈丹完成,杨光、马胜铭、周樱三位老师参与了部分修订工作。

全书在编写过程中参考并借鉴了国内外一些学者的著作、文章和科研成果,还得到北京络捷斯特物流公司邵清东总经理的大力支持,在此,谨向本书引用、参考过的所有文献的作者以及支持本书写作的单位及人员致以衷心的感谢!现代物流业正处于快速发展中,作为现代物流主要环节之一的仓储管理领域也不断有新的理论、思想、观念和技术产生。由于本书编写时间和水平有限,难免有疏漏和不足之处,恳请读者批评指正。

编者

2022 年 12 月

# 目　　录

项目说明 .................................................................... 1

## 项目 1　认识仓储行业 .................................................. 8
项目 1.1　认识仓储行业 ................................................ 8
项目 1.2　认识仓库与仓库管理 ...................................... 18

## 项目 2　仓储企业的组建 .............................................. 30
项目 2.1　仓储企业的设立 ............................................ 30
项目 2.2　仓储企业的定位与竞争战略 ............................ 38
项目 2.3　仓储组织管理 ................................................ 49

## 项目 3　仓库布局和设备 .............................................. 62
项目 3.1　仓库网点布局和选址 ...................................... 62
项目 3.2　仓库内部布局 ................................................ 70
项目 3.3　仓库设备 ...................................................... 78

## 项目 4　仓库作业流程 .................................................. 91
项目 4.1　入库作业 ...................................................... 91
项目 4.2　在库作业 ...................................................... 106
项目 4.3　出库作业 ...................................................... 129

## 项目 5　商品保管和养护 .............................................. 142
项目 5.1　库存商品养护方法 ........................................ 142
项目 5.2　特种商品的养护 ............................................ 157
项目 5.3　仓库安全管理 ................................................ 176

## 项目 6　仓储增值业务 ································· 188
### 项目 6.1　流通加工 ································· 188
### 项目 6.2　商品分拣 ································· 201
### 项目 6.3　配送作业 ································· 210

## 项目 7　仓储经营管理 ································· 228
### 项目 7.1　库存控制管理 ································· 228
### 项目 7.2　仓储商务管理 ································· 240
### 项目 7.3　仓库绩效管理 ································· 255

## 项目 8　仓储自动化技术与管理信息系统 ································· 266
### 项目 8.1　现代仓储自动化技术 ································· 266
### 项目 8.2　仓储管理信息系统 ································· 277
### 项目 8.3　物联网技术的应用 ································· 288
### 项目 8.4　移动终端技术的应用 ································· 297

## 参考文献 ································· 310

# 项目说明

本教材采用"项目式教学"的形式，基于实际工作过程，对仓储管理所需的职业能力进行分解，选取仓库布局和设备、仓库作业流程、商品保管和养护、自动化技术和管理信息系统、仓储经营管理等核心知识模块，结合创业教育、职业道德教育及学生职业技能证书要求，设计完整的综合项目——AA 有限公司仓储业务外包招标书；由学生分组设立模拟仓储公司，通过自主学习和团队合作完成各分项目的设计工作，制作完整的标书，进行模拟的项目投标竞选。教师可根据项目的具体要求对各小组的项目执行情况进行总体评判，并通过交流和反馈促使他们不断优化设计，在掌握专业知识的同时，让学生的实践操作能力、团队合作能力、交流沟通能力和职业道德素养等得到全面的提高。

## 一、总体任务

根据招标文件制作投标书，进行仓储业务外包设计。

## 二、相关资料

主要包括以下四个部分：

# 第一部分 投标邀请函

AA 有限公司决定对仓储规划项目进行公开招标，欢迎合格的投标人参加投标。

## 一、项目名称及编号

(1) 项目名称：AA 有限公司仓储及配送服务外包项目
(2) 项目编号：AAPC-2022-A-0111

## 二、采购内容

见第二部分"招标项目需求"。

## 三、时间要求

学习结束前，投标书电子文档上传至指定网站。

## 四、采购单位

AA 有限公司
联系地址：
邮政编码：

电子邮箱：
联系电话：
联 系 人：

# 第二部分　招标项目要求

本项目就AA有限公司仓储与配送服务外包项目进行公开招标，凡具有合法经营资格，且满足本招标文件规定要求的仓储服务公司均可参加投标。本部分内容若与其他部分内容有不同之处，以本部分内容为准。

## 一、项目内容

仓储与配送服务外包项目。

## 二、资格要求

本项目采用资格后审的方式，由评审委员会对投标人的资质进行审查，符合资质要求的单位才能进入评审环节：

1. 投标人须是依法成立的企业法人或其他组织，经营范围须有仓储、物流服务等相关业务，能提供合法的营业执照副本复印件、组织机构代码证复印件；截止到开标之日成立时间在1年以上，以投标人营业执照成立年限为准。

2. 投标人须提供由税务机关开具的上年度的纳税凭证（需加盖税务机关公章的纳税流水证明）的复印件，或者由税务机关开具的"免税凭证"。（注：电子缴税（费）凭证、银行缴税回单、企业缴税发票、完税证明等不能视为纳税凭证。）

3. 投标人必须为增值税一般纳税人，且具有 2 000 $m^2$ 以上的仓库。

4. 本次项目不接受联合体投标。

## 三、技术要求

项目需求书详见本部分第五条。

## 四、公司简介

AA有限公司是一家大型连锁超市企业集团，销售网点覆盖全国21个省份及直辖市，营业面积近40万 $m^2$，平均月销售近6亿元，安排就业人员近4万人。公司以上海为战略指挥及营运中心，辐射全国大部分地区，在浙江、江苏、安徽、山东、北京、广东、云南、内蒙古、黑龙江、四川、贵州等地均有分公司。

为适应业务快速发展，满足物流服务向纵深化、精细化方向发展的需求，公司高层领导经过无数次的市场调研，将公司业务做出大胆调整，决定将仓储与配送业务外包给其他公司。现诚邀拥有良好配送网络资源、具有先进管理水平和优秀服务理念的仓储服务提供商参与我公司公开招标。

## 五、需求说明书

（一）功能要求

外包的业务主要是面向该市及周边县区的超市，提供仓储、分拣、运输、流通加工和配送方面的服务。主要货品是家电产品（如微波炉等）、袋装食品（如方便面等）、日化用品（如洗发水等）和蔬菜。

（二）招标的仓储中心

本次招标的仓储中心共13个：南京、无锡、上海、东莞、昆明、福州、武汉、大连、济南、青岛、天津、南宁、太原，可选择一个城市或多个城市。

（三）服务需求

1. 产品的仓储及保管服务，根据订单收发货物、验收货物，并提供出入库、发运等所需的文件及存档，能进行储位管理。
2. 能提供产品的分拣配货。
3. 能提供流通加工服务，如蔬菜的清洗、包装，货物包装的更换（大包装换小包装）等。
4. 能提供运输和配送服务。
5. 货品跟踪查询。

## 六、投标书编制要求

1. 标书应包含的基本内容

（1）公司情况简介，包括：组织结构、人员构成、公司硬件设施（如车辆、仓库信息等）、运输网络、公司的信息系统建设等。

（2）业务流程规划，包括：收货、理货、入库、仓储保管、补货、分拣、流通加工、配送等流程。

（3）公司仓库布局方案，提供具体说明及分析；提供仓库布局图、物流流向图及人流流向图等。

（4）仓储保管方案设计，如不同货物的保管方式、盘点计划等。

（5）分拣方案。

（6）流通加工方案。

（7）配送方案设计，包括车辆管理及调度方案。

（8）常用单据设计。

（9）收费方案。

（10）公司的成功案例。

2. 投标人提供的仓储服务应达到或超过本说明书的要求，并在应答建议中明确说明，否则可能影响评标结果。

3. 以上要求仅是招标方的基本要求，投标人在完全应答以上要求后，要说明其所建议（方案）的其他功能和特色，招标方将作为评标的参考依据。

# 第三部分 测评标准

## 一、商务部分(40分)

教师对所有有效投标文件的商务条件进行审核和评价,参照《商务评分表》(见表1)进行评分,商务评分满分40分。

表1 商务评分表

| 序号 | 因素 | 分值 | A | B | C | D |
|---|---|---|---|---|---|---|
| 1 | 企业实力 | 8 | 8—6 公司情况介绍明确,公司业务范围完全符合招标公司的要求 | 6—4 公司情况介绍较明确,公司业务范围基本符合招标公司的要求 | 4—2 公司情况介绍简单,公司业务范围在一定程度上符合招标公司的要求 | 2—0 公司情况介绍简单,公司业务范围不太符合招标公司的要求 |
| 2 | 业绩 | 8 | 8—6 有成功案例,案例选择适当,说明性较强 | 6—4 有相关案例,案例内容明确,但案例说明性不强 | 4—2 有案例,但相关性不强 | 2—0 无相关案例 |
| 3 | 投标文件编制质量 | 16 | 16—12 文档制作清晰,格式合理,逻辑性强,没有语法及错别字 | 12—8 文档制作清晰,格式合理,有一定的逻辑性,没有语法及错别字 | 8—4 文档制作清晰,格式有少量错误,有逻辑性,有一定的语法及错别字 | 4—0 文档完整,逻辑性不强,格式有误,存在语法错误及错别字 |
| 4 | 价格 | 8 | 8—6 收费合理且科学,有详细的收费方案说明 | 6—4 收费较合理,有相关收费方案说明 | 4—2 收费不太合理,有相关收费方案说明 | 2—0 收费方案缺乏实用性 |

## 二、技术部分(60分)

由教师对所有有效投标文件的技术和服务响应方案进行审核和分析,参照《技术评分表》(见表2)进行评分,技术评分满分60分。

表2 技术评分表

| 序号 | 因素 | 分值 | A | B | C | D |
| --- | --- | --- | --- | --- | --- | --- |
| 1 | 业务流程规划 | 8 | 8—6<br>流程设计完整,逻辑性强,实用性强,并有相关解释和说明 | 6—4<br>流程设计较合理,相关内容明确,流程有逻辑性 | 4—2<br>相关内容明确,但流程设计不完整 | 2—0<br>流程设计不完整,逻辑性差 |
| 2 | 仓库布局方案 | 8 | 8—6<br>仓库布局合理,满足业务需要,实用性强,有布局说明及布局图 | 6—4<br>仓库布局较合理,能满足业务的一般需要,具有一定的实用性 | 4—2<br>仓库布局有不合理之处,能满足一定的业务需要 | 2—0<br>仓库布局不合理,难以满足业务需要 |
| 3 | 仓储保管方案设计 | 8 | 8—6<br>仓储保管方案设计科学,实用性强,有具体方案的相关解释和详细说明 | 6—4<br>仓储保管方案设计较科学,具有一定的实用性,有方案的解释和说明 | 4—2<br>仓储保管方案设计有一定的科学性和实用性,有部分方案解释和说明 | 2—0<br>仓储保管方案设计缺乏实用性,缺乏相关解释和说明 |
| 4 | 分拣方案 | 8 | 8—6<br>分拣方案设计科学,分拣流程设计合理,能满足实际业务的需要 | 6—4<br>分拣方案设计较科学,分拣流程基本合理,能满足业务的需要 | 4—2<br>分拣方案设计具有一定的合理性,基本符合业务需要 | 2—0<br>分拣方案设计不合理,缺乏实用性 |
| 5 | 流通加工方案 | 4 | 4—3<br>流通加工方案设计科学,充分考虑了招标企业的业务特点 | 3—2<br>流通加工方案设计较科学,基本符合招标企业的业务要求 | 2—1<br>流通加工方案具有一定的合理性 | 1—0<br>流通加工方案设计缺乏合理性 |
| 6 | 配送方案设计 | 8 | 8—6<br>配送方案完整,实用性强,有详细的方案说明 | 6—4<br>配送方案较完整,具有实用性,有相关方案说明 | 4—2<br>配送方案设计较简单,具有一定的实用性 | 2—0<br>配送方案设计较简单,实用性差 |

续表 2

| 序号 | 因素 | 分值 | A | B | C | D |
|---|---|---|---|---|---|---|
| 7 | 常用单据设计 | 8 | 8—6<br>单据格式设计合理，内容完整，实用性强 | 6—4<br>单据格式设计较合理，内容较完整，具有一定的实用性 | 4—2<br>单据格式设计不科学，内容不够完整 | 2—0<br>单据设计比较混乱，内容缺乏实用性 |
| 8 | 技术方案整体得分 | 8 | 8—6<br>针对性强，具有可操作性，观点新颖，见解独到，富有创新性 | 6—4<br>具有一定的可操作性，具有一定的创新性 | 4—2<br>具有一定的可操作性 | 2—0<br>实用性不强 |

# 第四部分　考核方案

## 一、考核宗旨

将以教师课程分数评判为主转变为促进学生自主学习为主，把考核重点放在学生会做多少、做得怎样、实际工作能力提高了多少上，在评价过程中发现和发展学生多方面的潜能，帮助学生认识自我并建立自信，不断推进其综合素质的提高。

## 二、考核原则

1. 激励性原则：以鼓励为主，激发学生的学习兴趣和学习潜能。

2. 全面性原则：从知识掌握、实践能力和整体素质等多个方面对学生进行全面考核。

3. 个体考核与团队考核相结合原则：学生个体表现和小组团体表现得分各占 50%。

4. 过程性考核与终结性考核相结合原则：过程性考核主要是学生课堂表现、作业完成情况及小组讨论、实践调研及完成各个项目设计的情况，占总成绩的 50%；终结性考核为期末考试或综合项目完成情况，占总成绩的 50%。

## 三、评价表

（一）个人评价表

个人评价表如表 3 所示。

表3  学生个人评价表

学生姓名：

| 评价内容 | 标准分值 | 考评得分 |
|---|---|---|
| 作业情况 | 20 | |
| 课堂表现 | 20 | |
| 项目过程中体现的实践能力 | 20 | |
| 项目过程中体现的交流沟通能力 | 20 | |
| 项目过程中体现的协作精神 | 20 | |
| 总计 | | |

(二)小组评价表

小组评价表如表4所示，参照表2技术评分表打分。

表4  小组评价表

小组(公司)名称：

| 得分 / 项目 | A | B | C | D |
|---|---|---|---|---|
| 项目一 | | | | |
| 项目二 | | | | |
| 项目三 | | | | |
| 项目四 | | | | |
| 项目五 | | | | |
| 项目六 | | | | |
| 项目七 | | | | |
| 项目八 | | | | |
| 总计 | | | | |

# 项目1 认识仓储行业

**学习目标**

1. **知识目标**:掌握仓储和仓库的基本概念、功能和分类;了解仓储管理和仓库管理的研究对象;明确仓储管理的基本任务和基本原则;了解我国仓储业发展的基本情况。

2. **能力目标**:会查阅相关资料;会设计仓储企业调查表,能联系企业进行现场调研。

3. **素质目标**:培养合作意识和沟通能力。

**工作任务**

1. 阅读有关仓储管理的文章,撰写500字以上的小报告,阐述对仓储行业的理解。

2. 设计《仓储企业调查表》,并寻找一家企业进行调研,完成PPT报告,并进行小组交流。

## 项目1.1 认识仓储行业

 **任务描述**

任务1:学生单独查阅三篇以上有关仓储管理的文章,概括这些文章的内容,写出500字以上的小报告,阐述对仓储管理的概念、作用、发展现状及改进方向等方面的理解。

任务2:小组交流讨论以上报告,并做好发言记录。

任务3:小组同学合作,通过网络或电话黄页查询五个以上本地仓储企业,与之取得联系,并确定一家仓储企业进行参观调研。

任务4:各小组做好实地参观调研的准备工作。

**任务分析**

**想一想**

问题1:通过"现代物流基础"等专业基础课程的学习,你对仓储行业有何基础认识?

**议一议**

话题1:通过哪些方式查阅相关文章或寻找仓储企业呢?

**相关知识**

**讲一讲**

## 一、仓储

### (一)仓储的概念和性质

"仓"也称为仓库,是储存物品的建筑物和场所的总称;"储"表示收存以备使用,具有收存、保管、交付使用的意思。仓储的概念有狭义和广义之分。狭义是指通过仓库对物料进行储存和保管。广义是指物品从发出地到接收地的过程中,在一定地点、一定场所、一定时间的停滞,在这一阶段要对物品进行检验、保管、养护、流通加工、集散、转换运输方式等多种作业。

仓储的对象是实物动产,包括生产资料和生活资料。此外,出于政治、军事的需要或为了防止地震、水灾、旱灾等自然灾害而进行的一些物资储备,也属于"仓储"。

仓储是物流的一种运动状态,是物流的主要职能,又是商品流通不可缺少的环节。它总是出现在物流各环节的接合部,例如生产与销售之间、批发与零售之间、采购与生产之间、不同运输方式转换之间等。它是伴随着社会的产品剩余和产品流通的需要而产生的。在原始社会,就已出现放置多余猎物的场所;进入资本主义社会后,随着商品生产和物流业的快速发展,产生了具有现代意义上的仓库;进入21世纪以后,作为物流系统重要环节的仓储正发生重大变革,成为"第三利润"的重要源泉。

### (二)仓储的功能

**1. 仓储是社会生产顺利进行的必要过程**

现代社会生产专业化较强,劳动生产率较高,绝大多数产品不能及时消费,出现产品剩余,需要仓储环节进行储存,才能避免生产的堵塞。另一方面,生产所需的原料也需有一定的储备,以满足生产不间断进行。

**2. 调整生产和消费的时间差别,维持市场稳定**

生产和消费往往存在时间的差别。有些商品全年性生产却季节性消费,如空调、电扇;有些商品季节性生产却全年性消费,如粮食、瓜果等。仓储的存在可以调节这种生产与消费的时间差别。

另外,由于商品的供求不能总保持平衡,当供大于需时价格下降,供小于需时价格上升,需用仓储来调节商品供给,均衡地投放市场,才能维持生产和市场的稳定。

3. 劳动产品价值维持和增加的作用

仓储过程可以对商品进行保管、养护,使生产出来的商品在使用前能保持它完好的使用价值,如肥皂不能干裂,服装不能发霉生虫,菜刀不能生锈变形,塑料制品不能老化变色等。

另外,现代仓储还可根据消费者的需求,对商品进行流通加工,如服装缝商标、贴条码、包装、组装、钢板统一剪切等,提高产品的附加值,以促进销售,增加收益。

4. 流通过程的衔接

仓储具有商品集散功能,可以集中不同生产者的商品,再把它们分散到不同消费者;还可以通过仓储进行不同运输工具的转换,有效地利用不同的运输工具来实现经济运输;商品在储存过程中,还能进行整合、分类、包装、配送等处理,以满足销售的需要。

5. 市场信息的传感器

仓储货物的多少,是市场供需的反映。生产者可以根据仓储货物的存量,适时调整生产;流通者可以根据仓储存量,决定订货量;消费者可以根据仓储存量,决定购买量。因此,现代物流管理特别注重仓储信息的收集和反馈,以作各方决策的参考。

6. 开展物流管理的重要环节

仓储是物流管理的重要环节,物品在物流过程中有相当一部分时间和功能在仓储之中完成,如进行运输组合、配送准备、流通加工、市场供给调整等。仓储成本也是物流成本的重要组成部分。所以,要做好物流管理,必须充分重视对仓储的管理。

7. 提供信用保证

在实物贸易过程中,购买方必须确定货物的数量和品质才能成交。由仓库保管人出具的仓单可以作为实物交易的凭证,为对方购买提供保证。仓单还可作为融资工具,进行质押贷款。

8. 现货交易的场所

进行现货交易时,可在仓库查验商品、取样化验,还可以在仓库进行转让交割。仓库具有存储和交易的双重功能,近年来我国大量发展的仓储式商店,就是仓储交易高度发展、仓储与商业密切结合的结果。

(三)仓储的种类

1. 按仓储经营主体划分

(1)企业自营仓储。即生产或流通企业仅对本单位生产或销售的产品提供仓储服务,不对外经营。

(2)商业营业仓储。即由专门的仓储经营人以其拥有的仓储设施,向社会提供仓储服务或场地租赁服务,一般交易双方要订立仓储合同,依约提供服务和收取仓储费。例如中储公司(中国物资运输公司),占地1 300万 $m^2$,货场450万 $m^2$,库场 200 万 $m^2$，仓储面积居全国同类企业之首。

(3) 公共仓储。即公用事业的配套服务设施，具有内部服务的性质，为车站、码头的运输和作业提供配套仓储服务。对于存货人而言，具有营业仓储的性质，不单独订立仓储合同，仓储费包含在运费中，仓储服务关系列在作业合同中。

(4) 战略储备仓储。即国家根据国防安全和社会稳定的需要，对战略物资进行储备的仓储。主要由政府进行控制，通过立法、行政命令等方式进行，储存的时间较长，安全性要求高。战略储备物资主要有粮食、石油、有色金属、淡水等。

2. 按仓储对象划分

(1) 普通物品仓储。即无特殊保管条件要求的物品仓储，一般储存普通的生产资料和生活用品，采用无特殊装备的通用仓库或货场存放。

(2) 特殊物品仓储。需特殊要求和特殊条件进行保管的物品仓储，如危险品仓储（须用监控、调温、防爆、防毒、防泄压等装置）、冷库仓储（一定温度）、粮食仓储（恒温）等。特殊物品仓储应按物品的物理、化学、生物特性进行仓库建设和实施管理。

3. 按仓储功能划分

(1) 储存仓储。主要是指物资需进行较长时间存放的仓储，主要侧重于对物资的质量进行保管和维护。

(2) 物流中心仓储。主要是从事物流活动的场所和组织，面向社会服务，物流功能健全，具有完善的信息网络，辐射范围大，少品种、大批量，存储吞吐能力强，进行物流业务统一经营管理，如北方集散地天津新港、成都国际物流中心等。

(3) 配送仓储。主要是从事配送活动的场所和组织，是在近客户端进行的在销售前或供生产使用前的最后储存，配送功能健全，信息网络完善，辐射范围小，多品种、小批量，配送为主、存储为辅。

(4) 运输转换仓储。主要用于衔接不同运输方式的仓储，如港口、车站所进行的仓储，具有大进大出的特点，存期较短，注重货物的周转作业效率和周转率。

(5) 保税仓储。用于存储保税货物。保税货物是指不用于国内销售、暂时进境、海关予以缓税的货物。保税仓储要经海关监管。

4. 按仓储物的处理方式划分

(1) 保管式仓储。保管式仓储也称为纯仓储，是指以保管物原样不变的方式进行保管的仓储。货物在保管过程中除自然损耗外，数量、质量不发生变化，到期后保管人以原物交还给存货人。

(2) 加工式仓储。加工式仓储是指保管人在仓储期间根据存货人的要求对仓储物的外观、形状、成分构成、尺寸等进行一定加工的仓储方式。例如木材的加工仓储：针对造纸厂需要将树木磨成木屑；针对家具厂需要将原木加工成板材或剪切成不同形状的材料；针对木板厂需要将树枝、树杈、碎木屑掺入其他材料制成复合木板等。

(3) 消费式仓储。保管人在保管货物的同时接受保管物的所有权,其在保管期间可行使仓储物的所有权,保管期满后,保管人将相同种类和数量的替代物交还给存货人。此种方式特别适用于保管期较短、市场价格变化较大的商品的长期存放。

（四）仓储的任务

1. 物资存储

仓储的最基本任务,是仓储产生的根本原因,因为有了产品剩余,需要将剩余产品收存,就形成了仓储,收存并确保仓储物的坐标不受损害。

2. 流通调控

仓储起到蓄水池的作用,存期存量控制自然就形成了对流通的控制,当供大于求时,收存;当供小于求时,投放市场。

3. 数量管理

仓储活动确保进出货数量一致或按存货人的要求分批出货;提供存货数量及数量变动的信息服务,以便客户控制存货。

4. 质量管理

在仓储过程中,要采取先进技术,合理措施,保管仓储物质量;质量发生变化和出现危险时,要及时通知管理人员,并采取有效措施减少损失。

5. 交易中介

仓储过程中,仓储经营人利用仓储物,利用与物资使用部门广泛的业务联系,开展物资交易,不仅给自己带来收益,而且还能充分利用社会资源,加快社会资金周转,减少资金沉淀。

6. 流通加工

在仓储过程中对商品进行切割、包装、组配等简单加工,以满足客户的个性化、多样化要求,这也是仓储增值业务的重要环节。

7. 配送

配送是指仓储企业根据用户要求,将物品按时送达指定地点的物流活动。

8. 配载

配载是指向运输线路和运输工具安排装载的运输业务,以便充分利用运输工具载重量和容积来合理安排装载的货物,例如重不压轻、远里近外、远下近上等,并设计合理的载运方法和运输路线。

二、仓储管理

（一）仓储管理的概念

仓储管理就是对仓库及仓库储存物资所进行的管理,是仓储机构为了充分利用所具有的仓储资源（包括仓库、机械、人、资金、技术）提供高效的仓储服务所进行的计划、组织、控制和协调过程。

仓储管理研究的是商品流通过程中货物储存环节的经营管理,主要包括获得仓储资源、进行仓库布局、选择仓储设备、确定库场规模、进行作业管理、库存控制、安全管理、商务管理、经营决策及成本核算、仓储信息管理等。

### (二)仓储管理的任务

**1. 配置仓储资源**

以获取最大效益为原则,吸引资源投入并进行合理配置。具体任务包括:根据供求关系确定仓储的建设;依据竞争优势选择仓储地址;以生产的专业化决定仓储专业化分工和仓储功能;以所确定的功能决定仓储布局;根据设备利用率决定设备配置等。

**2. 组织仓储管理机构**

依据高效率原则,设置仓储管理机构,发挥整体力量。仓储组织机构的确定要围绕仓储经营目标,设置合理的管理幅度和管理层次,建立结构简单、分工明确、互相合作、互相促进的管理机构和管理队伍。组织形式大多采用直线制或事业部制,一般都设有行政管理机构、商务机构、库场管理、机械设备管理、安全保卫、财务及其他必要的机构。

**3. 开展仓储商务活动**

所谓商务活动是指对外的经济联系,包括市场定位(调查、分析)、市场营销(与消费者、媒体、政府)、交易合同关系(与消费者、存货人)、客户服务(与存货人,如信息反馈与提供查询)、争议处理等。仓储企业应不断开展创新,提供适合经济发展的仓储产品,最大限度地满足市场需要。

**4. 组织仓储生产**

仓储生产主要包括货物入仓、堆存、保管、出仓、检验、理货及在仓储期间的保管、质量维护、安全防护等。应按照高效率、低成本为原则组织,充分利用各种资源和先进的生产技术,提高劳动生产率和仓储利用率。建立科学的生产作业制度和操作规范,实行严格的监督管理和有效的激励机制,实现安全高效生产。

**5. 建立仓储企业形象**

企业形象是指企业展现在社会公众面前的各种感性印象和总体评价的总和,包括企业理念、环境形象、产品形象、服务形象、社会认可度和美誉度等方面。它是企业的无形资产,通过树立良好的企业形象,可以更好地促进生产和销售,使企业在竞争中获得优势。作为服务业的仓储企业,要为社会大众提供良好的服务,必然要树立诚信可靠、优质高效的企业形象,才能在物流体系中占有一席之地,才能适应现代物流的发展。

**6. 提高仓储管理水平**

仓储企业应随着经济和政治的发展不断调整管理方法,进行动态变革,应吸收国内外同类企业的先进经验,通过制度化、科学化的先进手段不断补充、修正、完善管理制度和管理方法,不断提高管理水平,适应从简单到复杂、从直观到系统、从外延到内涵的不断发展和改变。

7. 提高仓储企业员工素质

高素质的员工,是成就优秀企业的必备条件。仓储管理的一项基本任务便是不断提高员工素质,包括技术素质和精神素质。技术素质可以通过不断的系统培训、严格的考核来保证每个员工都能掌握岗位职责和操作技能;精神素质主要通过营造和谐的企业氛围、进行有效激励,以及进行针对性精神文明教育,在信赖中约束、在激励中规范,使员工感受到人尽其才、劳有所得、人格被尊重,形成热爱企业、自觉奉献、积极向上的精神面貌。

### 三、仓储管理的基本原则

（一）效率原则

效率是指一定的投入量所产生的有效成果。管理的本质是提高效率,提高生产效率是获得经营效益的前提,仓储管理的核心就是效率管理。仓储的效率表现在作业效率、仓容利用率、货物完好率等方面上。提高作业效率要求快进快出,缩短出入库时间和装卸时间;提高仓容利用率,就是要在有限的空间内多存储;提高货物的完好率,就是要保管好,少破损。没有生产的效率就没有经营的效益。

（二）效益原则

企业经营的目的是为了获得利润的最大化,而实现利润最大化需要做到经营收入最大化和经营成本最小化。除了围绕经济效益最大化这一目的进行组织和经营外,还需要承担部分社会责任,履行环境保护、维护社会安定的义务,实现生产经营的社会效益。

（三）服务原则

仓储活动本身就是向社会提供服务产品,服务是贯穿仓储生产经营的主线。仓储企业应围绕服务定位,对如何提供服务、改善服务、提高服务质量进行全面管理,包括直接的服务管理和以服务为原则的生产管理。

经济效益和经营成本之间有着"二率背反理论",不能因一味降低经营成本而降低服务水平,要在经营成本和服务水平间寻找平衡。

**比一比**

**案例:八佰伴的仓储管理**

1952年9月,日本东部遭到太平洋台风的袭击,这是一次造成惨重损失的自然灾害。这场台风造成农业及交通两方面的灾害,蔬菜水果的供应立刻紧张起来。许多商店按照"市场规律"把价格上调5~10倍。热海市八佰伴百货商店老板和田一夫此时使出一招冒险行动,他决定投放仓库中的一批蔬菜食物,仍以往日的市价销售,并大肆宣传。同时和田一夫要求仓储部门注意库存情况,及时从外地购进和补充货源。八佰伴的这一举动,莫说高价出售的可观利润得不到,就是进货时已调高的进价也无法收回。

消息传出没多久,热海市妇孺皆知,附近其他乡镇的家庭主妇也闻讯赶来采购蔬菜食物。面对购买热潮,八佰伴百货商店密切关注仓储的情况,及时补充货源,即使在货源紧缺的时候,也是维持通常的定价。放着可遇不可求的赚钱良机不大赚一把,还使仓储为此忙碌了一通。对于八佰伴的作为,同行纷纷采取了讥笑态度。和田一夫难道真是愚不可及吗?还是让我们来看看事实吧!

一个星期以后,风暴过去。受灾害影响的公路及农户都恢复了正常的运转。但是,一个不寻常的现象发生了:物价上涨期间到八佰伴百货商店采购商品的顾客,在台风过后并没有回到他们以前常去的商店里采购物品,许多人继而成为八佰伴百货商店的长期顾客。

## 读一读

**拓展知识:京东的仓储管理**

京东仓储管理是利用京东自建的仓储管理系统和资源,对企业信息进行整合管理和结合仓储信息系统进行快速融合,从而发挥京东自建仓库的优势,降低仓储成本以满足仓储服务要求。京东的仓储资源是通过开放自建仓库资源,利用仓储管理系统对企业量身定制仓储规划解决企业的仓储问题。为了实现物流信息化管理,京东物流投入大量的人力、物力和财力,在2014年顺利建成投入使用上海亚洲一号自动立体库之后,2017年建成了京东全流程无人仓,实现了集自动化、信息化于一体的物流系统。现代物流行业运作的根本目标就是在成本最低、效益最大的情况下更好地服务客户,其中仓储管理是现代物流的中流砥柱,因此,京东自建的现代物流模式与仓储作业方法引起了社会各界的关注。

京东依靠自营仓储管理,获得了到货的时效和极致的客户体验,树立了良好的形象,值得国内外企业参考和借鉴。京东在上海亮相的上海亚洲一号,由京东开发并拥有自主知识产权,自动化已达到90%以上,随后各大电商巨头都相继亮相自己的无人仓,但无人仓的技术和设备仅仅停留在手自一体化的水平上,未能真正实现全流程无人操作。直至2017年10月,京东物流公布了自建的全流程无人仓,再次在物流领域展示其强大的实力。这是在继武汉亚一小件无人仓、华北物流中心AGV仓和无人分拣中心投入使用之后,应用无人仓进行全流程无人化、自动化入库、储存、补货、包装、分拣的技术。

京东现代物流模式下的仓储管理是在降低物流运作成本、提供优质服务的前提下还坚持走可持续发展的绿色物流道路。京东的无人仓可以智能精确计算耗材并推荐合适的包装尺寸，坚持不浪费1 cm包装材料的原则，基于海量的数据，通过算法分析、判断商品的大小形状，指导机器人高效作业，使"小商品大包装"的材料浪费问题和"大商品小包装"的包装不当问题得到了有效解决，智能耗材算法的精确使用，每一厘米纸箱的节省，让企业的成本有效地降低了，而且更符合低碳理念。对于京东自身规模经济来说，既是一种技术的创新，更是成本上的节约，不仅使消费者感觉到京东在包装上不铺张浪费，而且还能给消费者包装上的视觉美感。

京东的云仓是一种合作型的仓储服务模式。云仓能够把闲置的库房运用起来，给上游供应商统一提供仓储管理和订单系统，提供了优质社会化仓储资源，有效地利用了闲置的仓储资源。云仓能够与各个行业的供应商进行合作，基于京东无人仓强大的基础设施能力，协助商家提升物流服务的能力，商家不因电商节潮汐式的订单暴涨而建立大量仓库，而且还能把京东在仓库储存方面的问题解决，充分地利用无人仓的技术和服务。

我国政府对仓储管理业越来越重视，商务部、财政部、国家标准委三部门围绕京津冀区域开展物流标准化试点，以打造高效快捷的智能化物流体系。中国物流协会根据"十三五"规划对未来物流行业的智慧物流也提出了新的构想，仓储管理也呈现出良好的发展势头，在资金的投入、技术的引进方面加大了力度，使得仓储管理行业获得较快发展。计算机网络化管理、零库存管理和整合化管理等技术也开始逐渐被大型企业应用。现代物流作业的技术标准、操作安全指数的设定都为物流仓储业稳步走向更好的明天。

注：吴爱萍，徐志灵，曾文怡. 京东现代物流模式下的仓储管理[J]. 市场研究，2018(8)：44-45.（有改动）

## 任务实施

**看一看**

### 一、仓储企业调查要求

（一）调查企业的确定

调查的企业必须是拥有或租用必要的工具和仓储设施，以提供仓储服务为主，经工商行政管理部门登记注册，实行独立核算、自负盈亏、独立承担民事责任的仓储企业（包括中方控股的合资物流企业）。

（二）调查内容

应对仓储企业的营业收入、网络规模、服务质量、客户情况、人力资源状况、企业信息化状况等各项指标进行综合评定。具体调查内容如下：

（1）企业概况。主要包括企业的注册地址、注册资本、经营范围、成立时间、所有制性质、固定资产规模、车辆数量、仓库面积、资金周转率、仓库周转率等信息和数据，目的是了解被参观企业的基本概况。

（2）物流业务收入。主要由企业的仓储业务总收入、仓储业务纯收入、利润增长率等数据构成。仓储业务总收入是指仓储业务的全部收入；仓储业务纯收入是指仓储业务总收入扣除委托给其他企业完成相关作业的支出。

（3）网络规模。物流运作以网络形式实现，网络规模的大小是物流企业大和强的标志之一，也是物流企业加快发展的重要内容。调查网络规模主要是为了了解企业在国内、国际设置分公司、子公司、办事处、营业点、合作代理点的数量情况，从而评价企业的网络规模。

（4）服务质量。由于服务质量及质量保证系统是提高物流企业竞争力的关键因素之一，因此设置本项调查内容。一方面了解企业是否通过ISO9000等质量体系认证，是否建立了组织实施质量控制的系统以及有无质量检查制度；另一方面请被参观企业提交反映其服务质量实际结果的数据，包括客户满意率、准时送达率、客户投诉率、客户问题解决率、货损货差率、订单交付率等。

（5）客户情况。本项主要是由被参观企业提供其服务企业的数量、其为客户提供的服务、客户所在行业分布等信息。了解客户对被参观企业提供的物流服务状况的评价情况，从而从客户的角度对被参观企业的服务状况进行评判。

（6）人力资源状况。本项主要由职工人数、企业管理人员人数及结构等数据构成。人才是现代物流企业发展壮大的根本要素之一，因此有必要对被参观企业的人力资源状况进行了解。

（7）企业信息化状况。信息系统是现代物流企业必备的设备和管理手段，也是物流企业提高服务质量和提高竞争力的主要条件和标志之一。本项主要是了解被参观企业是否建立了办公自动化、订单管理系统、仓库管理系统、运输管理系统、企业资源管理系统、客户关系管理、电子数据交换、电子标签、货物追踪系统、单证传递系统、资金结算系统以及物流服务方案设计决策支持系统等。

（三）调查方法

采用入户调查法，对仓储企业进行入户调查，获得相应的数据和资料，从而对企业有客观的评价。

> 做一做

## 一、成立学习小组

可按学号顺序或以寝室为单位组成学习小组。由小组人员自主选出小组长，并考虑每位学生的性格和特长，在小组中作出分工，指定专人做好文字记录、做PPT、拍摄照片等，组内其他同学予以配合。分好组后把分组名单及组长的联系方式汇总上交。

## 二、查阅资料及分析汇总

(1) 资料查阅：可通过百度等搜索网站，输入"仓储管理"关键词进行资料查找，也可通过学校的电子资源（万方数据、CNKI系列、中宏数据库、书生之家数字图书馆等）查阅电子书刊和论文。

(2) 阅读有关仓储及仓储管理的文章，对相关的概念和内容进行比较和思考，理解同一问题的不同方面，分析哪种说法更为全面确切。

(3) 用自己的语言记录下你对这些问题的理解。

(4) 各小组人员围坐一起，用20分钟左右的时间对仓储管理相关内容的理解进行交流（每人3分钟左右），由小组组长主持交流和控制发言时间，并指定专人进行记录。

## 三、查找物流企业并联系实地参观事宜

(1) 通过网络或电话黄页找到本市的5家仓储企业，了解其基本情况，初步确定其是否为参观对象。

(2) 把参观目标企业的电话号码或E-mail地址记录下来，通过电话或邮件进行联系。

(3) 打电话时应注意基本的电话礼仪。

## 实践训练

### 练一练

练习1：完成500字以上的报告，谈谈你对仓储的概念、功能、作用及仓储管理重要性的理解。

练习2：记录你与本地仓储企业联系的过程和方法。

练习3：设计仓储企业调查表，并确定调查计划和方案（小组完成）。

### 赛一赛

竞赛1：比比哪个小组在最短的时间内找到适合参观调研的仓储企业。

竞赛2：比比哪个小组设计的企业调查表最好。

# 项目1.2　认识仓库与仓库管理

## 任务描述

任务1：参观一个仓库，对仓库的类型、功能和经营管理有初步的了解。

任务2:采访管理者、技术人员和操作员等不同角色,了解仓储管理人员应具备的基本素质。

任务3:对现场参观的内容进行整理,完成调查报告,做好PPT,并进行小组交流。

## 任务分析

**想一想**

问题1:参观仓库时应重点考察仓库的哪些方面?

问题2:参观仓库应做好哪些准备?

**议一议**

话题1:现代化仓库管理的要求是什么?

话题2:你觉得一个成熟的仓库管理员应掌握哪些知识?

## 相关知识

**讲一讲**

### 一、仓库的概念

在我国,最初"仓"和"库"是两个概念,"仓"是指储藏粮食的地方,"库"是指储藏兵器的库房,后来人们将二者合一,凡是储存物品的场所均称为"仓库"。在日本,仓库的定义为:"防止物品丢失、损伤的工作场地,或为防止物品丢失或损伤作业而提供的土地、水面等用于物品储藏保管的场所。"所以,可以简洁地描述为:仓库是储藏、保管物品的场所和建筑物的总称。

仓库可以是房屋建筑,也可以是大型容器、洞穴、水面或其他具有存放和保护物品功能的特定场所。仓库建筑源远流长。现代仓库更多地考虑经营上的收益而不仅为了贮存,仓库功能已经从单纯的物资存储保管,发展到具有担负物资的接收、分类、计量、包装、分拣、配送、存盘等多种功能。

### 二、仓库的功能

仓库的功能可以按照经济利益和服务利益加以分类。

（一）经济利益功能

当利用一个或多个设施直接降低物流的总成本时,就产生了仓储的经济利益。对一项经济利益的投资报酬进行定量化并不困难,因为它直接反映了成本对成本的交换。只要总成本能够下降,就能够证明该仓库在经济利益上是合理的。仓库的基本经济利益功能有:存储保管、整合、分类和交叉发运、加工或延期制造。

1. 存储保管

这是仓库最基本的职能。仓库通过保有库存,可满足再生产的需要,也可使其产生时间价值。仓库配备各种安全设施,可以保护货物,避免丢失、雨淋或其他污染物的影响,另外还可以通过各种养护措施,保有商品原有质量。

2. 整合

整合是仓库接收来自不同制造工厂指定送往某一特定顾客的材料,然后把它们整合成单一的一票装运,其好处是有可能实现最低的运输费率,并减少在某一顾客售货站台处发生拥塞,该仓库可以把从制造商到仓库的内向转移和从仓库到顾客的外向转移都整合成更大的装运。整合流程如图1-1所示。

整合时仓库一般离生产商近,离顾客远。可以由单独一家厂商使用,也可以由几家厂商联合起来共同使用出租方式的整合服务。利用这种整合方案,每一个单独的制造商或托运人都能够享受到物流总成本低于其各自分别直接装运的成本。

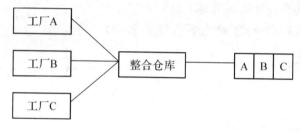

图1-1 仓库整合示意图

3. 分类和交叉发运

分类作业与整合相反,它接收来自制造商的顾客的组合订货,并把整车货物装运到个别的顾客处去。在这种方式中,仓库离顾客较近,离供应商较远。

除涉及多个制造商外,交叉发运与分类具有类似的功能。交叉站台先从多个制造商处运来整车的货物。收到产品后,如果有标签的,就按顾客进行分类;如果没有标签的,则按地点进行分配,装上指定去适当顾客处的拖车。一旦该拖车装满了来自多个制造商的组合产品后,它就被放行运往零售店。于是,交叉发运的经济利益中包括从制造商到仓库的拖车的满载运输,以及从仓库到顾客的满载运输。由于产品不需要储存,降低了在交叉站台设施处的搬运成本。此外,由于所有的车辆都进行了充分装载,更有效地利用了站台设施,使站台装载利用率最大化。

4. 加工或延期制造

仓库还可以通过承担加工或参与少量的制造活动来延期或延迟生产。具有包装能力或加标签能力的仓库可以把产品的最后一道生产工序推迟到知道该产品的需求时。

加工或延期制造提供了两个基本的经济利益:第一,风险最小化,因为最后的包装要等到敲定具体的订购标签和收到包装材料时才完成;第二,通过对基本产品使用各种标签和包装配置,可以降低存货水平。于是,低风险与降低存货水平相结合,往往能够降低物流系统的总成本,即使在仓库包装的成本要比在制造商的工厂处包装更高。

### (二) 服务利益功能

在物流系统中通过仓库获得的服务利益也许会、也许不会降低成本。当一个仓库主要是根据服务条件来证明其存在是否合理时,支持它的理由便是整个物流系统在时间和空间方面的能力得到了改进。通过仓库实现的 5 种基本服务利益功能分别是现场储备、配送分类、组合、生产支持以及市场形象。

#### 1. 现场储备

在实物配送中经常使用现场储备,尤其是那些产品品种有限或产品具有高度季节性的制造商偏好这种服务。他们不是按照年度计划在仓库设计中安排各种存货,而是直接从制造工厂进行装运,并通过在战略市场中获得提前存货的承诺,可以大大减少递送时间。

#### 2. 配送分类

提供配送分类的仓库可以为制造商、批发商或零售商所利用,按照对顾客订货的预期,对产品进行组合装备。这类配送分类可以代表来自不同制造商的多种产品,或者由顾客指定的各种配送分类。配送分类仓库可以使顾客减少其必须打交道的供应商数目,并因此改善了仓储服务。此外,配送分类仓库还可以对产品进行结合以形成更大的装运批量,并因此而降低了运输成本。

#### 3. 组合

仓库组合类似于仓库分类过程。在典型的组合运输条件下,从制造工厂运输整卡车的产品到批发商处,每次大批量的装运可以享受尽可能低的运输费率。一旦产品到达了组合仓库时,卸下从制造工厂装运来的货物后,就可以按照每一个顾客的要求或市场需求,选择每一种产品的运输组合。通过运输组合进行转运,在经济上通常可以得到特别的运费率的支持,即给予各种转运优惠。

#### 4. 生产支持

制造经济会证明具体的零部件对长时间生产的重要意义。而生产支持仓库则可以向装配工厂提供稳定的零部件和材料供给。

#### 5. 市场形象

一般认为,拥有仓库的企业,可更好地展示产品和原材料,给人货真价实、经济实力较好的感觉,并能给顾客提供及时的服务,有助于企业树立良好的企业形象。

仓库服务的类型有很多,但更多的是与存货储备有关。事实上,有许多服务降低了基本的储备需要。这就要求传统的仓库要有适应当前服务需要的能力,降低成本,就是现代物流管理的一个杰出例子。

### 三、仓库的分类

仓库按其营运形态、保管形态、建筑形态、功能等可以划分为不同的类型,具体见表 1-1。

表 1-1 仓库的种类

| 分类方式 | 种类名称及说明 |
| --- | --- |
| 按营运形态分 | 营业仓库：按法律规定取得营业资格对外营业的仓库 |
| | 自备仓库：生产或流通企业为本企业业务需要而建的附属仓库 |
| | 公用仓库：公用物流的配套设施，为社会物流服务的仓库 |
| 按功能分 | 配送中心型仓库：具有发货、配送和流通加工的功能 |
| | 存储中心型仓库：以储存为主的仓库 |
| | 物流中心型仓库：具有储存、发货、配送、流通加工功能的仓库 |
| 按建筑形态分 | 平房仓库：一般只有一层建筑，不设楼梯，有效高度不超过 6 m |
| | 楼房仓库：二层以上建筑的仓库 |
| | 地下仓库：地面以下建立的仓库 |
| | 立体仓库：金属货架上边搭上顶盖，外侧装上墙壁的仓库 |
| 按保管形态分 | 普通仓库：用于存放普通货物，对仓库条件没特殊要求 |
| | 恒温仓库：能够调节温度、湿度的室内仓库 |
| | 冷藏仓库：具有冷却设备且隔热的仓库 |
| | 露天仓库：露天堆码、保管的室外仓库 |
| | 保税仓库：经海关批准，在海关监管下专供存放未办理关税手续而入境或过境货物的场所 |
| | 储藏仓库：保管散粒谷物、粉体的仓库，以筒仓为代表 |
| | 简易仓库：无正式建筑，如使用帐篷等构造的用于存放临时货物的场所 |
| | 水上仓库：漂浮在水面上的趸船、囤船、浮驳或其他水上建筑，或划定水面用以保管木材的特定水域 |

## 四、自动化立体仓库

（一）自动化立体仓库的概念

立体仓库也叫高架仓库（见图 1-2），一般是指采用几层、十几层乃至几十层高的货架储存单元货物，用相应的物料搬运设备进行货物入库和出库作业的仓库，它是第二次世界大战之后生产和技术发展的结果。20 世纪 50 年代初，美国出现了采用桥式堆垛起重机的立体仓库；50 年代末 60 年代初，出现了司机操作的巷道式堆垛起重机立体仓库；1963 年，美国率先在高架仓库中采用计算

图 1-2 自动化立体仓库

机控制技术,建立了第一座计算机控制的立体仓库。此后,自动化立体仓库在美国和欧洲得到迅速发展,并形成了专门的学科。60年代中期,日本开始兴建立体仓库,并且发展速度越来越快,成为当今世界上拥有自动化立体仓库最多的国家之一。

我国对立体仓库及其物料搬运设备的研制开始并不晚,1963年研制出第一台桥式堆垛起重机(机械部北京起重运输机械研究所);1973年开始研制我国第一座由计算机控制的自动化立体仓库(高15 m,机械部起重所负责),该库于1980年投入运行。到目前为止,我国自动化立体仓库数量已超过200座。立体仓库由于具有很高的空间利用率、很强的入出库能力、采用计算机进行控制管理而利于企业实施现代化管理等特点,已成为企业物流和生产管理不可缺少的仓储技术,越来越受到企业的重视。

自动化立体仓库应用范围很广,几乎遍布所有行业。在我国,自动化立体仓库应用的行业主要有机械、冶金、化工、航空航天、电子、医药、食品加工、烟草、印刷、配送中心、机场、港口等。

(二) 自动化立体仓库的基本组成

自动化立体仓库一般由高层货架、巷道堆垛机、出入库输送机系统、自动控制系统、计算机仓库管理系统及其他周边的设备组成,可对集装单元货物实现大量储存、自动存取和计算机管理。

(1) 高层货架:用于存储货物的钢结构。目前主要有焊接式货架和组合式货架两种基本形式。

(2) 巷道堆垛机:用于自动存取货物的设备。按结构形式分为单立柱和双立柱两种基本形式;按服务方式可分为直道、弯道和转移车三种基本形式。

(3) 出入库输送机系统:立体库的主要外围设备,负责将货物运送到堆垛机或从堆垛机将货物移走。输送机种类非常多,常见的有辊道输送机、链条输送机、升降台、分配车、提升机、皮带机等。

(4) 自动控制系统:驱动自动化立体仓库系统各设备的自动控制系统。目前主要采用现场总线方式控制模式。

(5) 库存信息系统:亦称中央计算机管理系统,是自动化立体仓库系统的核心。目前典型的自动化立体仓库系统均采用大型的数据库系统(如ORACLE,SYBASE等)构筑典型的客户机/服务器体系,可以与其他系统(如ERP系统等)联网或集成。

周边设备还包括搬运机、自动导向车、叉车、台车、托盘等。其作用是配合巷道式堆垛机完成货物输送、搬运、分拣等作业,还可以临时取代其他主要搬运系统,使自动存取系统维持工作,完成货物出入库作业。

(三) 自动化立体仓库的优越性

自动化立体仓库的优越性是多方面的,对于企业来说,可从以下几个方面得到体现：

### 1. 提高空间利用率

早期立体仓库构想的基本出发点就是提高空间利用率，充分节约有限且宝贵的土地。在有些西方发达国家，提高空间利用率的观点已有更广泛深刻的含义，节约土地已与节约能源、环境保护等更多的方面联系起来。有些甚至把空间的利用率作为系统合理性和先进性考核的重要指标。

立体仓库的空间利用率与其规划紧密相连。一般来说，自动化高架仓库的空间利用率为普通平库的 2～5 倍，这是相当可观的。

### 2. 便于形成先进的物流系统，提高企业生产管理水平

传统仓库只是货物储存的场所，保存货物是其唯一的功能，是一种"静态储存"。自动化立体仓库采用先进的自动化物料搬运设备，不仅能使货物在仓库内按需要自动存取，而且可以与仓库以外的生产环节进行有机的连接，并通过计算机管理系统和自动化物料搬运设备使仓库成为企业生产物流中的一个重要环节。企业外购件和自制生产件进入自动化仓库储存是整个生产的一个环节，短时储存是为了在指定的时间自动输出到下一道工序，从而形成一个自动化的物流系统，这是一种"动态储存"，也是当今自动化仓库发展的一个明显的技术趋势。

### 3. 加快货物的存取节奏，减轻劳动强度，提高生产效率

建立以自动化立体仓库为中心的物流系统，其优越性还表现在自动化仓库具有的快速的出入库能力，能快速妥善地将货物存入仓库中（入库），也能快速及时自动地将生产所需零部件和原材料送达生产线。这一特点是普通平库所不能达到的。

同时，自动化立体仓库的实现是减轻工人劳动强度的最典型的例子。这种劳动强度的减轻是综合的，具体包括：

(1) 采用自动巷道堆垛机取代人工存放货物和人工取货，既快捷又省力。由于工人不必进入仓库内工作，工作环境大为改善。

(2) 采用计算机管理系统对货物进行管理，大大提高了管理能力，使仓库管理科学化，准确性和可靠性有质的提高，出入库管理、盘库、报表等工作变得简单快捷，工人的劳动强度大大降低。

(3) 立体库系统辅以库前辅助输送设备，使出入库变得简单方便。

(4) 自动化立体库系统所需要的操作人员和系统维护人员很少，既节省了人力物力，节约了资金，又改善了工作环境，一举多得。

### 4. 现代化企业的标志

现代化企业采用的是集约化大规模生产模式，这就要求企业生产过程中的各环节紧密相连，成为一个有机整体。要求管理科学实用，决策科学化。为此，建立自动化仓库是其有力的措施之一。

如前所述，自动化仓库在最大限度地利用空间，最大限度地满足生产要求，减

轻工人劳动强度、提高生产效率,加强生产和物资管理,减少库存积压资金等方面具有无可比拟的优势,这正是一个现代化企业所要求的。建立自动化立体仓库已成为现代企业的重要标志。

## 五、仓库管理

（一）仓库管理的概念

仓库管理是对仓库所保管的各种物资进、出、存的组织、监督、控制与核算活动,它是企业物资管理的一个重要环节。仓库管理的好坏,不仅关系到维护企业财产不受损害和及时准确的物资供应,而且在物资的合理使用、加速企业资金周转、降低产品成本及减少流通费用等方面均起着重要的作用。

（二）仓库管理员的岗位职责

(1) 按规定做好物资设备进出库的验收、记账和发放工作,做到账账相符。

(2) 随时掌握库存状态,保证物资设备及时供应,充分发挥周转效率。

(3) 定期对库房进行清理,保持库房的整齐美观,使物资设备分类排列整齐,数量准确。

(4) 熟悉相应物资设备的品种、规格、型号及性能,填写分明。

(5) 搞好库房的安全管理工作,检查库房的防火、防盗设施,及时堵塞漏洞。

(6) 完成上级管理者交办的其他工作。

### 比一比

**案例:先进的仓库管理应达到的要求**

先进的仓库管理能够帮助仓库的运营处于最佳状态。ARC咨询顾问公司(ARC Advisory Group)提出了10个问题,业内最好的公司对大多数问题的回答应当是YES。

1. 仓库是否能够同时处理多个订单

在使用纸质媒介管理的仓库里,操作人员一次只能够处理一份订单。射频和条码技术系统的使用使得仓库的操作人员能够同时拣配多个订单。

2. 存货的准确性是否超过99%

所有仓库都应当实现99%的存货控制的准确性,最好的10%的仓库可达到99.95%的准确性。

3. 是否能够给客户一个完全可靠的交货期承诺

要向客户承诺当天或隔天送货,在仓库管理系统(WMS)和企业资源计划(ERP)系统之间一天一次或一天两次的交货批量整合是不能支持可靠交货的。因此,WMS和ERP的存货数据应基本上保持同步。

4. 能否通过所搜集的数据识别提高绩效的契机

仓库管理人员最熟悉的应当是仓库作业的基本标准,如每人每小时搬运的货件数、确定时点的订单未完成率、压单时间和每件货物的搬运成本等。对改变运作方式或操作人员的结果进行比较分析，仓库管理人员就能够不断发现更好的运营方式。

5. 能否平衡分销中心不同区域之间的工作负荷

不良的仓库管理会造成分销中心(DC)各区工作负荷的严重不平衡。管理人员应当计划、监测和调剂每个区之间的工作负荷。对仓库作业进行监测很普遍。大多数实施物料搬运自动化的仓库管理人员都能够即时掌握每个区的工作负荷，并在必要的情况下为操作人员重新指派任务以平衡工作量。

6. 能否组合货项来简化下游合作伙伴的工作

不良的仓库管理使得仓库看上去就是一个存货的地方，而良好的仓库管理却能够把上下游合作伙伴的活动引入分销中心。

7. 你或你的客户是不是一次性扫描收货

不良的收货作业要对收到的每一货项进行扫描检测，而最佳的收货作业只扫描一个标签就可以完成，该标签含有或直接给出所交货物的全部信息。

8. 是否每个仓库经理在多点分销网络系统中都能够相互支持

不良的管理使得仓库看上去就是一处孤立的设施，而良好的管理却使得仓库管理人员能够看到网络系统中所有分销中心的存货状态，客户能够随时检查订货的状态信息。

9. 是否已经取消了人工质量检测

管理水平一般的仓库往往要求对货物进行人工质量检查，而管理良好的仓库却能够合理地取消非增值的附加过程。

10. 供应链是否具有处理逆向物流的能力

在欧洲，立法要求企业必须跟踪和回收产品的包装物，达不到要求的可能会面临3万美元的罚款。

### 读一读

**拓展知识：某企业仓库管理员实习指南**

仓库管理员要做得合格、出色，有很多方面的素养。以下是针对这个岗位给出的一些工作指南，希望对大家有所帮助。

**一、建账管理**

1. 仓库管理员必须合理设置各类物资和产品的明细账簿和台账。原材料仓库必须根据实际情况和各类原材料的性质、用途、类型分门别类建立相应的明细账、卡片；财务部门与仓库所建账簿及顺序编号必须统一。合格品、逾期品、失效品、废料应分别建账反映。

2. 必须严格按照仓库管理规程进行日常操作。仓库管理员对当日发生的业务必须及时逐笔登记台账,做到日清日结,确保物料进出及结存数据的正确无误。

3. 做好各类物料和产品的日常核查工作。仓库管理员必须对各类库存物资定期进行检查盘点,并做到账、物、卡三者一致。

4. 生产车间必须根据生产计划及仓库库存情况合理确定采购数量,并严格控制各类物资的库存量;仓库保管员必须定期进行各类存货的分类整理,对存放期限较长、逾期失效等不良存货,要按月编制报表,报送领导及财务人员。

## 二、入库管理

1. 物料进库时,仓库管理员必须凭送货单、检验合格单办理入库手续。拒绝不合格或手续不齐全的物资入库,杜绝只见发票不见实物或边办理入库边办理出库的现象。

2. 入库时,仓库管理员必须查点物资的数量、规格型号、合格证件等项目,如发现物资数量、质量、单据等不齐全时,不得办理入库手续。

3. 收料单的填开必须正确完整,供应单位名称应填写全称并与送货单一致,物件收料单上还应注明单重和总重,应核对金额和签字。

## 三、出库管理

1. 各类材料的发出,原则上采用先进先出法。物料(包括原材料、半成品)出库时必须办理出库手续,并做到限额领料,车间领用的物料必须由车间主任(或其指定人员)统一领取,仓库管理员应开具领料单,经领料人签字,登记入卡、入账。

2. 成品发出必须由各销售部开具销售发货单据,仓库管理员凭盖有财务发货印章和销售部门负责人签字的发货单仓库联发货并登记。

3. 仓库管理员在月末结账前要与车间及相关部门做好物料进出的衔接工作,各相关部门的计算口径应保持一致,以保障成本核算的正确性。

4. 库存物资清查盘点中发现问题和差错,应及时查明原因,并进行相应处理。如属短缺及需报废处理的,必须按审批程序经领导审核批准后才可进行处理。

## 四、车间及工具管理

1. 在仓库领用的工具要做好登记,用毕及时归还并登记工具使用情况。生产车间内常用工具应妥善保管以免发生遗失。车间领导有责任和义务进行管理。

2. 对已损毁工具应上报仓库管理员填报损坏单注明损毁原因,分清责任进行处理。

3. 生产车间内所有物品应按照已划分的区域进行摆放,其区域不得出现与之不符的物品。废品要及时清理,保持车间内的整洁。

## 任务实施

**看一看**

### 一、参观前的准备

参观前要和目标企业联系,确定参观的具体时间,告知对方参观人数,准备好想了解的问题及相应的记录工具,确定所乘车辆或行走路线。

### 二、现场参观的注意事项

(1) 遵守仓储企业有关管理规定,服从现场工作人员的统一管理与安排,文明参观。

(2) 参观时注意保管好随身物品,不要携带与学习无关的物品。

(3) 严禁携带易燃、易爆等危险物品进入仓储企业。

(4) 注意参观安全,留意周围的车辆和设备操作情况,必要时听从企业安排戴好安全帽。

(5) 请爱护企业财产,不乱摸乱动。如有损坏,照价赔偿。

(6) 参观时做好必要的记录。

### 三、采访有关人员的注意事项

(一) 采访人员的选择

要选择从事仓储管理工作的人员,并以不影响对方工作为前提。若对方正处于紧张工作中,可与其约定时间,在休息时进行采访。

(二) 采访礼仪

(1) 介绍礼仪。由高到低,位尊者有优先知情权;根据位置由近及远;顺时针方向。

(2) 握手礼仪。位尊者先伸手,女士先伸手;同尊者握手,双手或右手,积极伸手,握手要有力;同级者伸右手,握手也要用力。

(3) 索要名片。有时候是采访前,有时候是采访后,看情况而定。对于学生来说,一般都只是索要而不是交换名片,对方知道你是学生,如果他愿意会主动把名片给你;有的时候,如果对方忘了,你可以说:"希望以后还有机会跟您请教,不知道怎么联系您方便?"这句话的意思就是说:请赐名片。

(4) 致谢。采访结束应向对方表示感谢,并说"希望下次再有机会向您请教"之类的礼貌用语,以便以后发现某些问题尚不够清楚时,仍然可向对方再次询问。

**做一做**

(1) 参观一个仓库,对仓库的类型、功能和经营管理有初步的了解。

(2) 采访管理者、技术人员和操作员等不同角色,了解仓储管理人员应具备的基本素质。

（3）各小组在参观结束后整理相关资料，进行合理分工，制作PPT。

（4）以小组为单位进行交流。每组交流时间控制在10分钟之内，前5分钟由选举的代表作陈述，后5分钟由小组成员进行补充。

（5）对学生的交流情况，教师应进行即时点评或等交流结束后集体点评，指出汇报内容和表现形式存在的问题，以利学生改进。

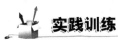

**练一练**

练习1：完成仓库的调查报告，并做好PPT进行交流（小组作业）。

**赛一赛**

下列填空题，看谁答得快、答得对！

1. 仓储从传统的物质存储、流通中心，发展到成为物流的节点，作为物流管理的_____环节而存在，发挥着_____的作用，亦成为产品制造环节的延伸。

2. 仓储管理的对象可以是_____，也可以是生活资料，但必须是_____。

3. 仓库是_____、_____物品的_____和_____的总称。

4. 自动化立体仓库的基本组成有_____、_____、_____、自动控制系统、库存信息系统及周边设备。

5. 仓库管理的基本原则是_____、_____、_____。

6. 仓库的功能有_____利益功能和_____利益功能。

# 项目2　仓储企业的组建

**学习目标**

1. **知识目标**:掌握仓储企业设立的要求与步骤;了解组织设计的一般理论,熟悉常见仓储企业组织结构模式;了解仓储企业人员招聘选拔与培训的一般要求;掌握仓储人员选拔、培训与考核的目的和方法。
2. **能力目标**:根据自身现实资源优劣势和外部竞争环境对企业进行正确的定位,并制定相应的竞争战略;具备仓储组织设计与人员管理的基本技能。
3. **素质目标**:培养创业意识和市场意识。

**工作任务**

1. 针对AA有限公司的业务要求,成立模拟仓储企业,制作企业成立申请书。
2. 针对AA有限公司的业务要求,明确自己创立公司的愿景与使命;为自己创立的公司确定市场定位,设计竞争战略。
3. 为自己创立的公司设计合理的组织结构,制定职位说明书,包括每一职位的职责、要求及考核标准等。

## 项目2.1　仓储企业的设立

### 任务描述

任务1:调查当地设立有限责任型仓储企业的要求与步骤。

任务2:针对AA有限公司所需业务要求,成立虚拟仓储企业,制作企业成立申请书。

### 任务分析

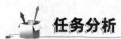

问题1:成立仓储企业应具备哪些条件?

问题2:小组中每个人的特长是什么?在虚拟企业中适合担任什么职务?

**议一议**

话题1:针对AA公司招标的业务,自创仓储企业的主营业务应该是什么?
话题2:企业取名有什么要求?你为自己的公司取什么名字?

##  相关知识

**讲一讲**

### 一、公司的分类

根据股东对公司所负责任的不同,公司主要可划分为两种类型:

1. 有限责任公司

所有股东均以其出资额为限对公司债务承担责任的公司。

2. 股份有限公司

全部资本分为金额相等的股份,所有股东均以其所持股份为限对公司的债务承担责任。

### 二、公司法对有限责任公司设立的规定

根据我国当前仓储企业的主要类型,我们主要介绍有限责任公司的设立要求与程序。《中华人民共和国公司法》对有限责任公司的设立有如下规定:

第二十三条 设立有限责任公司,应当具备下列条件:

(一)股东符合法定人数;

(二)有符合公司章程规定的全体股东认缴的出资额;

(三)股东共同制定公司章程;

(四)有公司名称,建立符合有限责任公司要求的组织机构;

(五)有公司住所。

第二十四条 有限责任公司由五十个以下股东出资设立。

第二十五条 有限责任公司章程应当载明下列事项:

(一)公司名称和住所;

(二)公司经营范围;

(三)公司注册资本;

(四)股东的姓名或者名称;

(五)股东的出资方式、出资额和出资时间;

(六)公司的机构及其产生办法、职权、议事规则;

(七)公司法定代表人;

(八)股东会会议认为需要规定的其他事项。

股东应当在公司章程上签名、盖章。

**第二十六条** 有限责任公司的注册资本为在公司登记机关登记的全体股东认缴的出资额。

法律、行政法规以及国务院决定对有限责任公司注册资本实缴、注册资本最低限额另有规定的,从其规定。

**第二十七条** 股东可以用货币出资,也可以用实物、知识产权、土地使用权等可以用货币估价并可以依法转让的非货币财产作价出资;但是,法律、行政法规规定不得作为出资的财产除外。

对作为出资的非货币财产应当评估作价,核实财产,不得高估或者低估作价。法律、行政法规对评估作价有规定的,从其规定。

**第二十八条** 股东应当按期足额缴纳公司章程中规定的各自所认缴的出资额。股东以货币出资的,应当将货币出资足额存入有限责任公司在银行开设的账户;以非货币财产出资的,应当依法办理其财产权的转移手续。

股东不按照前款规定缴纳出资的,除应当向公司足额缴纳外,还应当向已按期足额缴纳出资的股东承担违约责任。

**第二十九条** 股东认足公司章程规定的出资后,由全体股东指定的代表或者共同委托的代理人向公司登记机关报送公司登记申请书、公司章程等文件,申请设立登记。

**第三十条** 有限责任公司成立后,发现作为设立公司出资的非货币财产的实际价额显著低于公司章程所定价额的,应当由交付该出资的股东补足其差额;公司设立时的其他股东承担连带责任。

**第三十一条** 有限责任公司成立后,应当向股东签发出资证明书。

出资证明书应当载明下列事项:

(一)公司名称;

(二)公司成立日期;

(三)公司注册资本;

(四)股东的姓名或者名称、缴纳的出资额和出资日期;

(五)出资证明书的编号和核发日期。

出资证明书由公司盖章。

**第三十二条** 有限责任公司应当置备股东名册,记载下列事项:

(一)股东的姓名或者名称及住所;

(二)股东的出资额;

(三)出资证明书编号。

记载于股东名册的股东,可以依股东名册主张行使股东权利。

公司应当将股东的姓名或者名称向公司登记机关登记;登记事项发生变更的,应当办理变更登记。未经登记或者变更登记的,不得对抗第三人。

**第三十三条** 股东有权查阅、复制公司章程、股东会会议记录、董事会会议决议、监事会会议决议和财务会计报告。

股东可以要求查阅公司会计账簿。股东要求查阅公司会计账簿的,应当向公司提出书面请求,说明目的。公司有合理根据认为股东查阅会计账簿有不正当目的,可能损害公司合法利益的,可以拒绝提供查阅,并应当自股东提出书面请求之日起十五日内书面答复股东并说明理由。公司拒绝提供查阅的,股东可以请求人民法院要求公司提供查阅。

**第三十四条** 股东按照实缴的出资比例分取红利;公司新增资本时,股东有权优先按照实缴的出资比例认缴出资。但是,全体股东约定不按照出资比例分取红利或者不按照出资比例优先认缴出资的除外。

**第三十五条** 公司成立后,股东不得抽逃出资。

### 三、公司设立的一般程序

(一)注册公司所需材料

根据《中华人民共和国市场主体登记管理条例》规定,注册市场主体时应准备好以下材料:

**第八条** 市场主体的一般登记事项包括:

(一)名称;

(二)主体类型;

(三)经营范围;

(四)住所或者主要经营场所;

(五)注册资本或者出资额;

(六)法定代表人、执行事务合伙人或者负责人姓名。

除前款规定外,还应当根据市场主体类型登记下列事项:

(一)有限责任公司股东、股份有限公司发起人、非公司企业法人出资人的姓名或者名称;

(二)个人独资企业的投资人姓名及居所;

(三)合伙企业的合伙人名称或者姓名、住所、承担责任方式;

(四)个体工商户的经营者姓名、住所、经营场所;

(五)法律、行政法规规定的其他事项。

**第十六条** 申请办理市场主体登记,应当提交下列材料:

(一)申请书;

(二)申请人资格文件、自然人身份证明;

(三)住所或者主要经营场所相关文件;

(四)公司、非公司企业法人、农民专业合作社(联合社)章程或者合伙企业合伙协议;

(五)法律、行政法规和国务院市场监督管理部门规定提交的其他材料。

### (二)注册公司基本流程

1. 企业名称核准

先准备好几个名称,到市场监管局现场或自行登录各省份政务服务网注册账号,然后登录账号,先进行新设名称申报,名称格式为"行政区域+字号+行业+有限公司",如果核准通过,则可以继续注册。

2. 工商登记注册

将企业的住所、注册资金、持股比例、经营范围、法人股东等身份信息录入系统,系统自动生成资料,并把企业信息发送到相关部门刻章;下载注册登记身份验证 APP 和江苏市场监管 APP,相关人员进入 APP 完成实名认证。

3. 领取执照并刻章

一般需要 0.5~4 个工作日可以领到营业执照,同时刻好"五章",包括公章、财务章、法人章、合同章、发票章。

4. 开立基本账户

需要法人到场,带好公司章程、执照、公章、法人身份证件等资料到商业银行办理。

5. 税务登记

由财务人员在税务网上做好新办税务登记,确定好税率(小规模还是一般纳税人),并签订好公司与银行和税务局三方协议,领取税务 Ukey 和发票,就可以正式营业了。

## 四、仓储企业的设立

经营普通物品的仓储企业跟普通企业同样办理,若申请仓储物流企业,还要符合以下一些特殊要求:

1. 场地要求

仓储企业场所不能在住宅区二楼以上,不能影响居民生活,更要符合环保、交通、城管方面的要求。

2. 物流要求

仓储物流企业若要从事货运代理、普通货物运输的,还需要有 5 辆以上并且不低于 5 吨平均吨位的车辆,要有专用机械设备,并办理道路运输经营许可证。

3. 办理运输许可证的条件

除了符合条件的车辆外,还要有符合条件的驾驶人员、健全的安全生产管理制度和质量服务保障措施,有固定的办公场所和经营项目,有与规模相适应的停车场地,有一定的资金。

若申请危险品仓储企业,还要经过行政部门办理审批手续,具备危化品经营许可证。企业申请办理危化品经营许可证需要满足的条件如下:

1. 在申请办理前,企业需要先注册办理公司的仓储营业执照等资质;

2. 企业需要有适合业务经营的场地、设施、设备等；

3. 企业需要准备营业执照上指定的营业场所的建筑平面设计图和消防审核文件，建筑场地需要满足《建筑设计防火规范》《爆炸危险场所安全规定》等相关的验收标准，并且需要取得相关单位的安全许可证；

4. 申请单位相关的安全生产人员和安全生产管理人员、公司高管、主管人员都需要参加安全培训并且取得合格证明；

5. 申请公司需要有健全的经营管理制度和安全生产管理规章制度文件；

6. 需要准备事故安全应急预案，并且在场地所属的消防部门进行相关的备案。

## 比一比

### 委托办理注册香港公司流程

香港是一个信息极为发达的国际大都市，是世界上最自由的贸易通商港口，再加上本身良好的基础设施和健全的法律制度，给企业家和商人提供了得天独厚的营商环境。因此，越来越多的商人选择在香港创立自己的公司，以开拓国际市场，创造更大的利润空间。

#### 一、注册香港公司需要的条件

1. 公司的名称：须有英文名，中文名可有可无；
2. 一位或一位以上股东：须年满18周岁；
3. 一位或一位以上董事：须年满18周岁，可与股东为同一人；
4. 股份数目：最少一股，所有已发行股票视作已缴付；
5. 注册地址：该地址须在香港；
6. 法定秘书：香港公司法规定有限公司必须委任一名法定秘书，法定秘书须由香港公民/永久居民/法人担任。
7. 须从事正当生意；
8. 重要控制人登记册：须在公司的注册办事处或香港某地方备存登记册。重要控制人登记册可以印本形式或电子形式备存。

#### 二、委托代理公司办理香港公司注册的流程

1. 公司名称查册：提交名称，香港直线查询需时5分钟；
2. 提交"委托书"：提交已详细填写好的委托书；
3. 签署协定：按双方协商好的条件签订协议书；
4. 交付定金：按照双方协定金额预付；
5. 签署法定文档：安排所有股东及董事签署全套文件；
6. 政府审批过程：代办公司获得香港特区政府公司注册署许可，与政府签约最快一天完成注册，只要确定好名称及股东董事信息，政府可在2个小

时之内完成审批并出示证书扫描件；

7. 制作绿盒：绿盒内含有章程、股票本、会议记录、印章、经会计师审核的法定文件等；

8. 公司成立完毕：3 个工作日领取全套资料并支付余款，绿盒可以直接寄到指定地点。

### 读一读

**拓展知识：外资继续加码国内仓储物流类资产**

据《中国经营报》记者从业内人士处了解到，2022 年上半年，国内大宗交易中内、外资的占比情况与往年相比无明显变化。实际上，从外资落地情况来看，其投资偏好并无明显变化，依旧偏爱仓储物流类资产。

戴德梁行近期发布的地产投资市场研究报告中提到，从中国整个房地产行业来看，物流资产包项目投资热度不减，根据一些基金资金过去几个季度在房地产行业的主要投向发现，大量资金集中在物流地产。

10 月 24 日，高盛资产管理和森瑶中国共同宣布，双方已成立合资公司，首期投资约 6.75 亿美元用于在中国收购、开发和运营一线城市及周边核心城市的新型工业、物流、冷链等新基建项目，首批合作的种子项目为 4 个位于大上海地区的新基建项目，共计 24 万平方米。

11 月 7 日，普洛斯宣布最新一期中国收益基金——普洛斯中国收益基金Ⅵ(GLP CIF Ⅵ)完成募集。据了解，该基金资产管理规模达 76 亿元，将投资于中国 19 个城市的 20 处物流园区，均位于国家级物流节点城市或各自省份的重要流通节点，可租赁面积约 213 万平方米。该基金投资人为国内领先的保险机构以及其他普洛斯现有投资伙伴，普洛斯担任基金管理人及资产管理人。

据普洛斯方面披露，过去 12 个月，普洛斯在全球范围内的物流不动产基金募资共达 133 亿美元。截至目前，普洛斯在中国的物流基础设施总面积超过 4 900 万平方米，不动产资产管理规模超过 450 亿美元。

11 月 8 日，黑石房地产基金持有及管理的多元资产管理平台——龙地宣布即将完成对粤港澳大湾区内面积约 28 万平方米的现代仓库的收购。据了解，自 2017 年以来，龙地已从纯物流平台迅速发展为覆盖仓储物流、长租公寓和商业办公的多元资产管理平台。在仓储物流方面，龙地目前已在 18 个城市进行了投资，管理着 40 多个物流园区，总建筑面积已超 500 万平方米。

注：节选自《中国经营报》(有改动)。

## 任务实施

### 看一看
1. 查阅我国公司法相关内容。
2. 了解当地企业设立的程序。

### 做一做

#### 一、调查当地设立有限责任型仓储企业的要求与步骤

（一）调查内容和问题的设计

主要包括设立有限责任型仓储企业的资格要求，需要准备的文件，以及提交申请的注意事项、批复时间等方面的问题。在设计问题的时候注意调查问题的顺序。

（二）调查对象的确立

对于企业的设立，一般可以咨询当地工商行政管理部门，但也会涉及消防等其他部门。调查对象的确立，可以采取先咨询工商行政管理部门，然后再根据其要求意见，咨询其他相关部门对仓储企业设立的具体要求。

（三）调查方法的确定

可以采取现场咨询法，即小组成员直接到相关部门进行咨询；也可以采取电话咨询，通过拨打相关部门咨询电话来了解相关要求；或是其他方法，如 E-mail 等。

（四）调查的实施

可以采取小组成员再分组进行咨询，如根据调查对象划分为几个小组进行调查，也可以集体行动。在调查的过程中注意尽可能索要资料，并做好记录。

（五）汇总与分析

就咨询内容进行汇总、分析，查看是否有遗漏，如果有，就要进行再咨询。

#### 二、针对 AA 仓储企业所需业务，建立模拟公司，撰写企业设立申请

根据第一部分的调查，了解当地设立有限责任型仓储企业所要提交的文件及步骤，然后小组成员进行讨论制定初步申请。

首先，小组分工；其次，确定企业名称；然后，完成其他申请要求文件；最后，小组讨论，统一意见。

## 实践训练

### 练一练

练习1：咨询当地工商行政部门，了解仓储企业设立的要求及步骤。

练习2：你认为一个仓储企业在设立之前要进行哪些准备？

### 赛一赛

下列题目，看谁答得快、答得对！

1. 我国法律规定有限责任公司的股东人数是 （    ）

A. 不少于2人,不多于50人  B. 不少于5人,不多于50人
C. 不少于2人,没有上限  D. 不少于5人,没有上限

2. 在我国,公司设立登记的主管机关是 (　　)
   A. 工商行政管理机关  B. 税务机关
   C. 财政机关  D. 公安机关

3. 根据我国《公司法》的规定可以工业产权、非专利技术作价出资入股,但货币出资总额不得低于注册资本的 (　　)
   A. 15%　　　B. 20%　　　C. 30%　　　D. 35%

4. 按公司设立的一般程序,说出分别到下列机关办理什么证件:工商管理局_____,审计部门_____,工商管理局_____,技术监督局_____,税务局_____,银行_____,税务局_____。

5. 仓储企业的设立要经过_____、_____、_____、_____、_____五个步骤。

# 项目 2.2　仓储企业的定位与竞争战略

## 任务描述

任务1:针对AA公司的业务要求,明确自己创立公司的愿景与使命。
任务2:对自己创立的公司进行合理的市场定位。
任务3:为自己创立的仓储公司设计初步竞争战略。

## 任务分析

### 想一想

问题1:你所知道的著名公司的愿景和使命是什么?
问题2:你所在的学校是按照哪种组织方式进行管理的?

### 议一议

话题1:每位同学有什么特长?他们在即将成立的虚拟公司中可担任什么职务?

## 相关知识

### 讲一讲

一、仓储企业愿景与使命的确定

(一)仓储企业的愿景

著名管理学家德鲁克认为企业要思考三个问题:第一个问题,我们的企业是什

么？第二个问题，我们的企业将是什么？第三个问题，我们的企业应该是什么？这三个问题集中起来体现了一个企业的愿景，即企业愿景需要回答以下三个问题：

(1) 首先，我们要到哪里去？

(2) 其次，我们未来是什么样的？

(3) 最后，目标是什么？

何谓企业愿景？是指企业的长期愿望及未来状况，组织发展的蓝图，体现组织永恒的追求。对于仓储企业来说，同样需要愿景，这就需要管理人员系统地思考企业的目标是什么，将来的企业将会是什么样子等问题。只有明确了企业的愿景，才能使仓储企业按照既定的目标发展，减少不确定性，降低经营风险。同时，企业愿景也是仓储管理人员激励员工的有效手段。世界著名企业都有企业愿景。

> 苹果公司——让每人拥有一台计算机。
> 
> 腾讯公司——成为最受尊敬的互联网企业。
> 
> 毕博公司——为顾客创造真实持久的价值，为员工创造发展的机会，为我们的投资者创造长期的价值，成为全球最具影响力、最受尊敬的商业咨询和系统集成公司。
> 
> AT&T公司——建立全球电话服务网。
> 
> 华为公司——丰富人们的沟通和生活。
> 
> 迪斯尼公司——成为全球的超级娱乐公司。
> 
> 戴尔计算机公司——在市场份额、股东回报和客户满意度三个方面成为世界领先的基于开放标准的计算机公司。
> 
> 鹰腾咨询公司——成为具有专业品质和职业精神的全球化专业智囊机构。
> 
> 联想公司——未来的联想应该是高科技的联想、服务的联想、国际化的联想。

（二）仓储企业的使命

企业使命是企业核心价值观的载体与反映，是企业生存与发展的理由，是企业根本的、最有价值的、崇高的责任和任务，它回答的是"我们要做什么、为什么这样做"的现实问题。使命体现了企业全体员工的行为共识，是引导和激发全体员工持之以恒，为企业不断实现新的发展和超越而努力奋斗的动力之源。使命不仅包括目前面临的任务，更涵盖对过去的认识、反思以及对未来的期望和判断，揭示了企业成长的基本原则和思路。对于仓储企业来说，同样要明确自身存在的理由，能为股东、员工、客户、供应商及其他利益相关者甚至整个社会带来什么。这是一个规范、进取的仓储企业需要思考并明确的首要问题之一。

## 二、仓储企业的定位

"定位（positioning）"这一概念最早出现于艾·里斯和杰克·特劳特在1969年

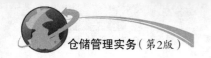

6月号的《工业营销》杂志上发表的一篇论文中,它的出现立即在美国营销界产生了巨大的反响,并迅速风靡全球。他们主张从传播对象即消费者的角度出发,由外向内地在传播对象心目中占据一个独特的心理位置。而要达到这个目的,就需要研究和了解消费者的心理需求和心智模式,通过调研寻找到一个独特的市场位置。

定位论的主要观点包括:(1) 使某一个品牌、企业或产品在消费者心目中获得一个位置,占有一席之地;(2) 在消费者的心智上下功夫,创造出一个独特的心理位置;(3) 以独创性创造"第一印象";(4) 表现出产品品牌之间的类的区别,这种差异并不是指产品特殊的功能和效用上的差别,而是指产品与其他产品品牌之间的类的差别;(5) 定位一旦建立,只要消费者有需求,必然首先想到广告中的这些产品与品牌。

定位理论最初是基于市场营销的传播效果而提出的,现在其含义已经扩展至整个企业经营领域。随着仓储市场竞争的加剧,市场上同类企业越来越多,受制于企业资源的限制,仓储企业必须对市场进行一定的细分,突出自己的优势,才能在竞争中占据一席之地。具体来讲,我们可以从以下三个方面对仓储企业进行定位:

(一)功能定位

仓储企业的功能定位是从整个战略层面上的定位,是指仓储企业需要具备怎样的仓储功能。仓储企业虽然总体上提供仓储服务,但仓储是一个很大的系统,又包含着很多其他的子系统。对仓储企业的功能定位可以从以下几个方面来考虑:首先要考虑的是多元化经营还是一元化经营,这是关于仓储企业是只提供单一的仓储服务还是在仓储服务的基础上开展其他服务的决策;其次要考虑的是提供怎样的仓储功能,是提供用于一般商品仓储的功能还是提供特殊商品仓储的功能,这决定了仓储企业需要配置什么样的资源,如建设什么类型的仓库等来满足这种功能;再次是功能层次的定位,是面向大众发展基础型功能,还是针对现代仓储技术发展一个现代化的仓储企业等。

(二)客户定位

客户是仓储企业生存和发展的基础。在仓储企业定位过程中,要明确企业重点客户在哪里,这就要对客户的区域分布进行研究,对客户的层次进行研究。具体来说,客户定位包括:首先,客户的区域分布定位,是提供全国范围内的仓储服务,还是提供区域范围或是本市客户的服务;再次,客户的数量定位,是针对少数客户来组建仓储企业,提供较全面的服务,还是针对广泛的客户,提供大众化的服务。另外,客户的定位还可以分为定位于某类行业的客户,还是定位于众多行业的客户等。

(三)产品与服务定位

作为服务行业,仓储企业提供的产品即是仓储服务,产品或服务的定位不同于企业的功能定位,功能定位更多的是指企业的能力,企业具不具备这个功能,而产品或服务定位是企业的经营理念与服务的差异。对于产品与服务定位的分类有很多,但这里我们主要按企业的服务理念来划分,仓储企业可以是定位于服务领先型、效率领先型或是成本领先型。选择哪一种,关键在于企业自身优势以及所服务企业的要求和仓储商品的性质。例如针对快速消费品储存的仓储企业来说,可以定位在提供效率领先型的产品提供上。

### 三、仓储企业的竞争战略设计

在竞争激烈的仓储市场上,仓储企业必须制定适合自身竞争优势发挥的基本竞争战略。基本竞争战略是由美国哈佛商学院著名的战略管理学家迈克尔·波特提出的。基本竞争战略有三种:总成本领先战略、差异化战略、集中化战略。企业必须从这三种战略中选择一种,作为其主导战略。要么把成本控制到比竞争者更低的程度;要么在企业产品和服务中形成与众不同的特色,让顾客感觉到你提供了比其他竞争者更多的价值;要么致力于服务于某一特定的市场细分、某一特定的产品种类或某一特定的地理范围。这三种战略在架构上差异很大,成功地实施它们需要不同的资源和技能。

(一)总成本领先战略(overall cost leadership)

总成本领先战略也称为低成本战略,是指企业通过有效途径降低成本,使企业的全部成本低于竞争对手的成本,甚至是在同行业中最低的成本,从而获取竞争优势的一种战略。根据企业获取成本优势的方法不同,我们把总成本领先战略概括为如下几种主要类型:

(1)简化产品型成本领先战略,就是使产品简单化,即将产品或服务中添加的花样全部取消;

(2)改进设计形成成本领先战略;

(3)材料节约型成本领先战略;

(4)人工费用降低型成本领先战略;

(5)生产创新及自动化型成本领先战略。

(二)差异化战略(又称别具一格战略)(differentiation)

所谓差异化战略,是指为使企业产品与竞争对手产品有明显的区别,形成与众不同的特点而采取的一种战略。这种战略的核心是取得某种对顾客有价值的独特性。企业要突出自己产品与竞争对手产品之间的差异性,主要有四种基本的途径:

(1)产品差异化战略。产品差异化的主要因素有:特征、工作性能、一致性、耐用性、可靠性、易修理性、式样和设计。对于仓储企业来说,可以提供不一样的仓储功能来实现产品的差异化。

(2)服务差异化战略。服务的差异化主要包括送货、安装、顾客培训、咨询服务等因素。对于仓储企业来说,服务的差异化可以由不同的途径来实现,如在产品的入库过程中提供更合理的方便的措施,在产品在库过程中提供实时的信息共享等。

(3)人事差异化战略。训练有素的员工应能体现出下面的六个特征:胜任、礼貌、可信、可靠、反应敏捷、善于交流。

（4）形象差异化战略。

（三）集中化战略（又称目标集中战略、目标聚集战略、专一化战略）(focus)

集中化战略是指企业或事业部的经营活动集中于某一特定的购买者集团、产品线的某一部分或某一地域市场上的一种战略。这种战略的核心是瞄准某个特定的用户群体、某种细分的产品线或某个细分市场。具体来说，集中化战略可以分为产品线集中化战略、顾客集中化战略、地区集中化战略、低占有率集中化战略。

一个公司若未能沿三个基本战略方向中的任何一个方向制定自己的竞争战略，即被夹在中间，则常常会处于极其糟糕的战略地位。夹在中间的公司几乎注定是低利润的。除非产业结构非常理想，并且其竞争对手也都处在夹在中间的境地。然而，产业的成熟会加大采取基本战略的企业和夹在中间的企业之间的差距，夹在中间的企业面对成本优势的竞争对手，会失去大量的低价格偏好客户，而对于高利润业务，又无法战胜那些做到了全面产品差异的公司，最终只能寻找市场空隙，在夹缝中生存。夹在中间的企业是不折不扣的二流企业，其失败的原因是由于模糊不清的企业文化、相互冲突的组织结构、矛盾而无效的激励机制。

拉克航空公司是一个典型的例子，它最初在北大西洋市场采取不提供不必要服务的非常明确的成本聚集战略，其目的是针对那些对价格极为敏感的客户。然而，一段时间后，拉克航空公司又开始提供不必要的花样，增设新的服务，开设新的航线。这种变化使公司定位变得含糊不清而使原有形象受损，使服务和交货系统由优变劣。结果是灾难性的，拉克航空公司最终破产了。

## 比一比

### 案例：西南仓储公司的战略转型

西南仓储公司是一家地处四川省成都市的国有商业储运公司，在业务资源和客户资源不足的情况下，这个以仓储为主营业务的企业其仓储服务是有什么就储存什么。以前是以五金交电为主，后来也储存过钢材、水泥和建筑涂料等生产资料。随着市场经济的深入发展，原有的业务资源逐渐减少，在企业的生存和发展过程中，经历了由专业储运公司到非专业储运公司再到专业储运公司的发展历程。

那么，这家企业是如何发展区域物流的呢？

1. 专业化

当仓储资源又重新得到充分利用的时候，这家企业并没有得到更多利益，经过市场调查和分析研究，这家企业最后确定了立足自己的老本行，发展以家用电器为主的仓储业务。

一方面，在家用电器仓储上，加大投入和加强管理，加强与国内外知名家用电器厂商的联系，向这些客户和潜在客户介绍企业确定的面向家用电器企业的专业化发展方向,吸引家电企业进入。另一方面,与原有的非家用电器企业用户协商,建议其转库,同时将自己的非家用电器用户主动地介绍给其他同行。

2. 延伸服务

在家用电器的运输和使用过程中,不断出现损坏的家用电器,以往,每家生产商都是自己进行维修,办公场所和人力方面的成本很高。经过与用户协商,在得到大多数生产商认可的情况下,这家企业在库内开始了家用电器的维修业务,既解决了生产商的售后服务的实际问题,也节省了维修品往返运输的成本和时间,并分流了企业内部的富余人员,一举两得。

3. 多样化

除了为用户提供仓储服务之外,这家企业还为一个最大的客户提供办公服务,向这个客户的市场销售部门提供办公场所,为客户提供了前店后厂的工作环境,大大地提高了客户的满意度。

4. 区域性物流配送

通过几年的发展,企业经营管理水平不断提高,企业内部的资源得到了充分的挖掘,同样,企业的仓储资源和其他资源也已经处于饱和状态,资源饱和了,收入的增加从何而来?在国内发展现代物流的形势下,这家企业认识到只有走出库区,走向社会发展物流,才能提高企业的经济效益,提高企业的实力。发展物流从何处做起?经过调查和分析,决定从学习入手,向比自己先进的企业学习,逐步进入现代物流领域。经过多方努力,他们找到一家第三方物流企业,在这个第三方物流企业的指导下,通过与几家当地的运输企业合作(外包运输),开始了区域内的家用电器物流配送,为一家跨国公司提供物流服务。现在这家企业的家用电器的物流配送已经覆盖了四川(成都市)、贵州和云南。

### 读一读

**拓展知识:定位——物流企业的首要抉择**

**一、定位缺失,物流企业的难题**

物流热是当前国内经济的一个显著特征,前有"物流园区"闹得沸沸扬扬,后有"物流成本"吵得热热闹闹。据称,现在的物流企业在 15 000 家左右,可再仔细看看,在国内约 600 亿元的物流外包市场,竟没有一家的市场份额超过 2%。有人把如今的物流业比喻为战国时代,即物流行业尽管群雄并起,但还缺乏真正的领军人物,也还没有形成诸侯割据的态势。企业在向物流行业不断投钱之前,首先一定要想明白,这些钱投进去之后,自身在物流行业的定位是什么?

现在的很多物流公司都把自己定义为整个供应链的方案供应商。这些企业中有的在国内的几个大城市设立了分支机构,业务主要集中在这几个大城市,并且提供的只是运输和仓储服务,还谈不上集成供应链服务。甚至有的企业只是买了几十辆车,建了几座仓库,他们的服务距离提供整个供应链集成服务差得就更远了。这也难怪有的外资企业抱怨国内的物流供应商口气大,本事小。

其实就目前而言,集成的供应链服务是一种高端的物流服务,它不仅包括原料和产品的一体化流通服务,还包括为客户设计优化物流解决方案等服务。而纵观国内的物流企业,真正能够提供如此高端服务的屈指可数,而绝大多物流企业目前只能提供本地或者区域型的仓储和配送服务。

事实上,并非声称提供集成供应链服务的企业才能生存得很好,而有一批立足于连锁店商品配送或者大宗货物的长途运输的企业,他们活得反倒是十分滋润。究其内因,他们能够明确自己的定位,在某一领域做得非常专业,从而成为物流价值链中不可替代的环节,其区域性竞争力自然不容小觑,利润自然也颇为丰厚。

**二、找准自我,破解竞争的困局**

在物流行业竞争不断加剧的今天,物流企业首先就要定位好自己在整个价值链中的位置,是作为货代、运输、仓储、配送等物流价值链中的一环还是提供集成的供应链服务,是只提供功能型服务还是附加增值型服务,这对于今后的业务开展非常重要(如图2-1所示)。

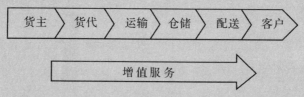

图2-1  物流行业价值链(资料来源:AMT研究院)

例如,企业集中开展连锁店配送业务,那么它可以不设立自己的仓库,但要对车辆管理、路线优化等方面非常专业,能够快速响应连锁店对配送的要求,这样才能够在市场上立足。国际上一些著名的物流巨头大多也都有自己的核心业务,如 AEI、Circle 等主要集中在货代;TNT、UPS、FedEx、DHL 等集中在运输业;Exel 则主要集中在仓储业。这些企业都取得了惊人的成就,他们的成功就在于他们始终清楚自己在物流价值链中的定位,并在这一定位上做到卓越。

所以说,国内的物流企业首先必须要定位好自己在价值链中的位置,而不是一窝蜂地涌向货代、配送或者集成供应链服务商,关键是要明确自身的定位。

企业在寻求价值链上的定位时,需要参考的指标主要有市场需求、宏观的环境和政策、自身能力、现有物流企业竞争状况等(如图2-2所示)。

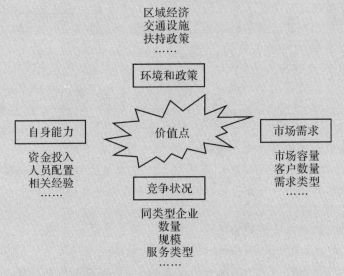

图2-2 判断价值链位置的考虑因素(资料来源:AMT研究院)

### 三、层次错位,寻找自己的乐土

根据在价值链中的定位,物流企业提供的服务可以分为如图2-3所示的4个层级,即功能型物流服务、增值型物流服务、集成供应链服务和个性化供应链服务。

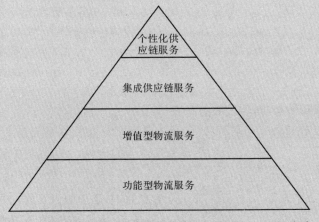

图2-3 不同层级服务的物流供应商(资料来源:AMT研究院)

## （一）功能型物流服务

这类企业只提供诸如货代、运输、仓储或配送中的某一单项服务。他们的竞争力在于能够在充分有效地利用自有资源的基础上提高功能型物流服务的经营效率，达到比自营物流更高效、更低成本的运作。

功能型物流服务是专业化物流服务的起步阶段。企业可以在保证能够高效满足功能型物流服务的基础上，进一步提供增值型物流服务，替客户分担非核心业务，也为自己创利。

## （二）增值型物流服务

增值功能没有固定的组成要素，目前对于增值功能的界定还很模糊。笼统地说，只要是需要在物流过程中进行的，不属于基本功能的都算增值功能，例如货物跟踪、到货检验、简单加工、重新包装和组合、贴价格标签或条形码以及信息服务等。增值型物流服务一般依赖于科学技术的应用和发展，致力于提高服务水平，降低运作成本以及提高工作效率等，从而提供物流企业为客户提供的服务价值以及在市场中的竞争力。

## （三）集成供应链服务

提供此类物流服务的物流企业已经不再是货运或仓储公司，而是把仓储、运输、配送、包装和各种增值服务高度系统集成的一体化组织，他们为客户提供一种长期的、专业的、高效的物流服务，不断优化服务质量，提高客户满意度。

## （四）个性化供应链服务

这个层级的物流企业将不再以占有物流资源作为在市场中取胜的关键，他们不仅具备提供集成供应链服务的能力，而且能够利用专业、科学的物流知识为客户量身进行物流体系的规划、设计、整合和改进，全面提升运作效率与效益，提高客户服务水平和快速反应能力，更好地支持和服务于客户的可持续发展战略。

以上4个层级的服务在能力上是逐步提升的，其在市场上的竞争力也逐步增强。物流企业必须根据自己的实际能力进行自我定位，在做精做强自己的核心业务的基础上再寻求服务层级的提升。

**四、做精做强，奠定发展的基石**

除了在价值链上的定位之外，物流企业还需要从客户类型上进行定位。从国外情况来看，各物流企业都有各自擅长的领域，如TNT物流业务主要集中在电子、快速消费品、汽车物流三大领域；三井物产则以钢铁物流而闻名；Ryder是世界著名的汽车物流服务商。化工物流、家具物流、医药物流等因行业特征明显，在国外也都是由专业物流公司来运作的。

因此，国内的物流企业也应该立足于自己所熟悉的专业领域，企业只有在做精做强有限的物流领域,成为用户物流供应链中具有独特核心能力的一环之后,才能寻求进一步的发展。

##  任务实施

**看一看**

1. 上网查阅仓储市场的竞争状况、客户要求及宏观环境。
2. 查阅市场定位及战略管理等理论知识内容。

**做一做**

### 一、确定任务内容及步骤

在确立企业愿景、定位及竞争战略时,小组要充分讨论,首先确定需要哪些资料,每项资料对战略制定的意义。可以考虑按以下内容进行准备与实施:

（一）企业理念

企业理念是企业的"基本法"。成功的企业都拥有强大的企业文化和形成文字的企业理念,这一理念是企业员工和市场都熟知的。这正是奠定企业长期方案的基础,因为企业理念是"战略的战略"。

（二）环境分析

环境的变化不仅带来风险,更提供了巨大的机会,它对企业的成功有决定性的影响。连续的监控趋势为及早发现风险和机会提供可能,并以此提高成功率。

（三）竞争控制

只有拥有运转良好的信息系统,不断地收集竞争者的信息,才有可能使企业具备长期御敌和持续盈利的能力,所以市场营销不仅仅是客户至上。

（四）客户分析

谁能长期为受众提供更好的问题解决方案,谁就能真正在市场中长久立足。从这个意义上讲,客户分析的核心是:寻找至关重要的、尚未解决或尚未得到很好解决的问题。

成功的企业能系统地掌握市场和受众的潜在利益,以此获取大量具体的、可直接运用的信息,从而了解市场中最重要的潜在利益——客户。

客户分析不断深入,外部的市场数据分析随之结束。为了能够制定成功的市场营销战略,企业的强项和弱项必须与市场现有条件相适应。

（五）自身状况分析

运用正确的战略,大部分问题会迎刃而解,而运用错误的战略则不可能成功。企业的强项和弱项分别在哪里?有哪些潜力?机遇和风险又在哪里?

（六）潜力分析

运用一系列的方法,帮助企业明确地在市场中定位。能否利用企业在市场中的明确定位,例如建立市场中的行动路线,从而形成企业在市场中的权能,这是企业成功的决定性因素。

利用战略性的定位,可以分析市场未来发展方向的前提条件。在现状分析的基础上,研究市场中至关重要的因素,以进一步研究战略性的潜在成功机会,从而可以制定确保成功的市场营销战略。

（七）目标描述

确立战略的具体目标,是企业成功的一个必要前提。书面的、具体的、理由充分的目标,可以帮助企业轻松地确定一个明确的发展方向。

无论如何,如果只将目标和战略停留在口头上,那么只有极个别的人能将这些计划和方案付诸实施。

（八）视觉化/工作程序化

企业展示视觉化交流与工作程序化是必要的,当代研究成果表明,这是一条行之有效的、明智的交流方法。

二、小组分工

针对以下需要的资料内容,小组成员可以分工完成,如有些组员负责环境分析,有些组员负责竞争对手分析,有些组员负责客户分析等。

三、汇总讨论

对每个成员收集的资料进行分析、汇总讨论。

四、修改与确定

经过修改讨论,确定仓储公司的最终愿景、定位与竞争战略。

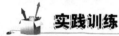

**实践训练**

**练一练**

练习1:调查当地一家物流仓储企业,了解企业的定位与竞争战略。

练习2:你认为企业的定位对仓储企业的发展有哪些影响?

**赛一赛**

1. 愿景是指企业的_____及_____,是组织发展的蓝图,体现组织永恒的追求。

2. 仓储企业可通过_____定位、_____定位、_____定位三种方式进行定位。

3. 仓储企业的竞争战略有三大基本类型:_____、_____、_____。

# 项目 2.3 仓储组织管理

 **任务描述**

任务1:为自己创立的公司设计合理的组织结构。

任务2:为自己创立的公司制定职位说明书,包括每一职位的职责、要求及考核标准等。

 **任务分析**

**想一想**

问题1:公司的愿景靠什么来实现?

问题2:管理学中对管理幅度和管理层次是怎么定义的?

**议一议**

话题1:选择组织结构形式应考虑哪些因素?

话题2:称职的仓储管理人员和作业人员应具备哪些基本素质?

 **相关知识**

**讲一讲**

仓储组织就是按照预定的目标,将仓储作业人员与储存手段有效结合起来,完成仓储作业过程各环节的职责,为物品流通提供良好的储存劳务,加速物品在仓库中的周转,合理使用人力、物力,取得最大经济效益。仓储企业组织结构的形式是仓储企业管理组织各个部分及其整个企业经营组织之间关系的一种模式,包括决策指挥层、执行监督层以及信息反馈等机构。

## 一、组织结构设置的原则

### (一)任务目标原则

仓储企业组织结构的设立,应以仓储管理任务和经营目标为依据,为最终实现企业目标而服务。仓储管理任务和经营目标是组织结构设置的出发点,组织结构是一种手段,部门、机构的设置及责权的划分,只能根据任务、目标的需要来确定。

### (二)精简原则

机构臃肿庞大,必然造成协调困难,反应迟钝,加大管理成本,因此在完成仓储任务目标的前提下,组织结构应当力求做到紧凑精干,机构越简单、人员越少越好。这就要求加强人员培训,保持人员的干练,提高人员素质。

### （三）专业分工与协作的原则

专业分工与协作是社会化大生产的客观要求,仓储管理的各岗位之间、各部门之间有着紧密的联系,任何一项管理都离不开其他部门或人员的配合。因此,组织结构设置分工要适当,责任要明确,既要进行协作又要避免相互扯皮。

### （四）指挥统一的原则

组织结构设置要保证行政命令和生产指挥的集中统一,应该做到从上到下垂直管理,一级管一级,不越级指挥,避免多头领导现象出现,要处理好集权与分权的关系。仓储企业组织结构遵循统一指挥原则,实质是建立仓储企业管理组织的合理纵向分工,一般形成三级仓储企业管理层次,即决策层、执行监督层和仓库作业层。

### （五）责权利相结合原则

所谓责权利相结合,就是使每一个职位或岗位上职责、职权、经济利益统一起来,形成责权利相一致的关系。仓储企业组织要围绕仓储任务建立岗位责任制,明确规定每一个管理层次、每一个管理岗位、每一个管理人员的责任、权利与义务,并且将责任制与经济利益挂钩。

### （六）有效管理幅度原则

管理幅度是指一名上级领导者直接领导的下级人员的数量。管理幅度直接关系到仓库组织设置几个管理层次。一般而言,越是基层的领导工作、越是优秀的管理者,科学技术越发达,管理幅度越大,反之管理幅度越小。对同等规模的组织,管理幅度越大,设置的管理层次就越少,管理幅度与管理层次成反比。

### （七）稳定性和适应性相结合原则

组织结构应有一定稳定性,以便于各环节、各岗位、各类人员相互配合,保持其正常运行。但当仓储企业外界环境和内部条件发生较大变化时,就要求进行必要的调整,以适应新条件下的要求。

## 二、典型的仓储企业组织结构形式

现代企业组织结构形式不断演变,使仓储企业管理的组织结构形式也不断发生变化。下面是几种典型的仓储企业组织结构形式。

### （一）直线制组织结构形式

这种组织结构形式是由一个上级直接管理多个下级的组织结构(见图2-4)。

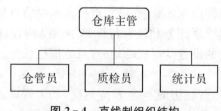

图2-4 直线制组织结构

该种组织方式适合仓库规模小、人员不多、业务简单的小型仓储企业,其优缺点见表2-1所示。

表 2-1 直线制组织结构形式的优缺点比较

| 优 点 | 缺 点 |
| --- | --- |
| 从上到下垂直领导,不设行政职能部门,组织精简,指令传达迅速,责任权限明确,仓储企业主管的管理意图得到充分执行 | 管理中的各种决策易受管理者自身能力的限制,对管理者的要求较全面,在业务量大、作业复杂的情况下,仓储企业主管会感到压力太大、力不从心 |

(二)直线职能制组织结构形式

直线职能制的管理模式是在直线制的基础上加上职能部门,各职能部门分管不同专业,这些职能组织结构都是某种职能的组合体(见图2-5)。

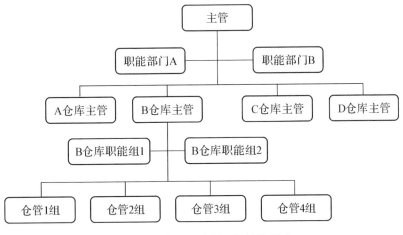

图 2-5 直线职能制组织结构形式

这种组织方式被大中型企业普遍采用,是一种较有效的形式,其优缺点见表2-2。

表 2-2 直线职能制组织结构形式的优缺点比较

| 优 点 | 缺 点 |
| --- | --- |
| 克服了直线制管理模式中管理者的精力和工作时间有限的缺点 | 各职能部门之间有时会发生矛盾,因此需要密切配合 |

(三)事业部制组织结构形式

事业部制管理模式是一种较为复杂的仓储组织管理模式,它是在总公司领导下,以某项职能(或某项目)为事业部,实行统一管理、分散经营的管理方法(见图2-6)。

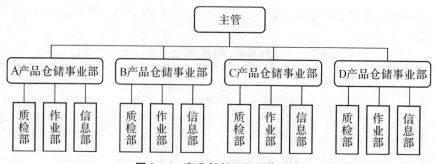

图 2-6 事业部制组织结构形式

事业部制仓库管理模式,适用于大型仓储企业,其优缺点见表 2-3。

表 2-3 事业部制组织结构形式的优缺点比较

| 优 点 | 缺 点 |
| --- | --- |
| 管理决策程序完善,运行效率高,各事业部内部管理权力相对集中,有独立经营管理能力 | 增加了管理层次,造成机构重叠,管理人员和管理费用增加;由于各事业部独立经营,各事业部之间人员互换困难,相互支援较差 |

### 三、仓储企业人员的选拔

在仓储作业过程中,根据所采用的设备、工具、操作方法及对技术业务熟练程度的要求,可以把仓储工作划分为若干个区域,分配给不同技术状态的仓储人员或专门的技术人员。仓储作业人员可以按工作性质分为三类:一是同物资收、存、发直接相关的仓储作业人员;二是协调工作顺利进行的管理人员,包括仓储管理计划、统计、财会人员;三是服务人员,包括设备操作、维修人员和后勤服务人员等。工作人员的配备,力求做到人事相宜,人尽其才。

(一)仓储企业人员选拔的要求

1. 总体要求

(1)使每个员工所承担的工作,尽可能适合本人的业务条件和工作能力。

(2)使每个员工有充足的工作任务,充分利用工作时间。

(3)建立岗位责任制,使员工有明确的任务和责任。

(4)有利于各岗位员工的协作,全面提高业务素质。

(5)有利于各工作岗位的相对稳定,以利于管理。

2. 具体要求

选择称职的人员,一般应满足业务素质、能力素质、身体素质方面的具体要求。

(1)业务素质。要有一定的文化基础,较好地掌握仓储管理的专业知识,熟练仓储企业的作业流程、理货与装卸搬运的技术特点,了解常见物品的化学、物理特性、体积、外观以及检验、保管、养护、包装、运输等要求。具有现代仓储管理技能和管理意识,掌握一些实用的现代化管理方法,如 ABC 分类法、目标管理等。

(2) 能力素质。要有分析判断能力、市场预测能力,把握市场信息,了解市场行情;要有交际沟通能力、灵活应变能力,善于与人沟通;采用灵活的工作方式方法,勤于思考,富于开拓,适应内外环境变化。

(3) 身体素质。仓储管理工作有时要求仓管人员昼夜轮班,并承担装卸搬运作业,从而带来工作上的辛劳,所以要求仓管人员身体健康,能吃苦耐劳,精力充沛。

(二) 仓储企业人员的选拔方法

仓储企业各类人员招聘可以采取内部招聘和外部招聘两种形式。内部招聘与外部招聘各有其优势与不足,两者在一定程度上是互补的。内部招聘的优点是对员工全面了解,选择准确性高,人员了解组织的特点,适应快,招聘成本低;缺点是人员来源少,难以保证招聘质量,容易造成"近亲繁殖"。外部招聘的优点是人员来源广,有助于招到高质量的人员,带来新思想、新方法;缺点是筛选难度大,时间长,进入角色慢,招聘成本高。

要从众多应聘人员中选出所需的人员,保证组织得到高额回报,降低辞退率与辞职率,需仔细甄选合适的人员。常用的人员甄选方法有:初步筛选、笔试、面试、情景模拟、心理测试等。

1. 初步筛选

初步筛选是对应聘者是否符合职位的基本要求的一种资格审查,目的是筛选出学识和潜质与岗位规范所需条件相当的候选人。

2. 笔试

笔试是一种最传统而又最基本的选拔方法,是让应聘者在试卷上笔答事先准备好的试题,然后进行评定的一种方法。该方法主要测试应聘者的知识能力,判断应聘者对岗位的适应性。

3. 面试

面试是最常见的招聘方式,是应聘者与招聘岗位直接管理者面谈,面谈后管理者根据应聘者语言和行为表现来判断其是否符合岗位要求。

4. 情景模拟

情景模拟是一种非常有效的招聘方法。它将应聘者放在一个模拟真实的环境中,让应聘者解决某方面的一个"现实"问题或达成一个现实目标。通过观察应聘者的行为过程和行为效果来鉴别应聘者的工作能力、人际交往能力、语言表达能力等综合能力。

5. 心理测试

心理测试是一种比较先进的测试方法,在国外被广泛应用。通过一系列测试方法,将人的某些心理特征数量化,来衡量应聘者的智力水平和个性方面的差异。

对不同岗位的人员需求侧重点不同,可以选择不同的甄选方法。

(1) 对于管理人员,适宜采用笔试、情景模拟、心理测试等方法。

(2) 对于仓储作业人员,适宜采用初步筛选、面试方法。

(3) 对于服务人员,可以采用初步筛选、面试的方法,考察其工作能力和岗位适应力。

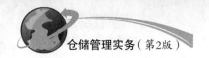

仓储企业员工的选聘工作,一般由用人部门与人事部门共同开展,由各部门经理拟定员工需求计划书,与人事部门协商后进行选聘运作,录用人数要确保部门员工的构成合理性,同时要兼顾录用后员工的配置、晋升、福利等问题。

## 四、仓储企业人员培训

企业通过招聘获得各类人员以后,为了使他们更好地胜任各岗位的工作,企业还需要对其加以培训。

（一）培训形式

1. 在职培训

在职培训是企业经常采用的一种方法,它通过平时工作中的指导、以老带新、岗位培训、项目小组、同事之间交流等方式,对员工进行培训。

2. 集中培训

集中培训是通过企业内部举办集中培训或委托培训机构对员工进行的专项培训等各种形式,还可以与其他企业一起定期举行会议进行专题研讨,也可到其他企业参观学习、考察。

（二）培训方法

1. 知识类培训——直接传授法

知识类培训是通过一定途径向培训对象发送培训信息。这种方法的主要特征是信息交流的单向性和培训对象的被动性。主要有讲授法、专题讲座、研讨法等。

2. 技能型培训——实践法

技能型培训是通过让受训者在实际工作岗位或真实的工作环境中,亲身操作、体验,掌握工作所需的知识、技能的培训方法。这种方法在在岗员工培训中最常见。它将理论与实践相结合,具有很强的实用性,是员工培训的有效手段,适宜从事具体岗位所应具备的能力、技能和管理实务类的培训。主要有工作指导法、工作轮换法等。

3. 综合性能力培训——参与式

参与式培训是调动受训对象积极性,让培训者与受训者双方在互动中学习的方法。其特征是:每个受训对象积极参与培训活动,从亲身参与中获得知识、技能和正确的行为方式,开拓思维、转变观念。主要有自学、案例研究法、模拟训练法等。

## 五、仓储企业人员绩效考核

仓储企业各类人员绩效考核是指对员工在工作过程中表现出来的工作业绩(工作的数量、质量和社会效益等)、工作能力、工作态度以及个人品德等进行评价,并用以判断员工与岗位要求是否相称。绩效考核的目的是:确认员工的工作成就,改进员工的工作方式,提高工作效率和经营效益。

（一）绩效考核的作用

1. 考核是人员调配的依据

通过绩效考核,能够对每个人的多方面情况进行评估,了解每个人的能力、专长、态度和工作,从而对其进行岗位调配,安置在适合的职位上,达到人岗的匹配。

## 2. 考核是员工任用的依据

绩效考核着重对员工的工作成果及工作过程进行考察,通过绩效考核,可以提供员工的工作信息,如工作态度、工作成就、知识和技能的运用程度等。根据这些信息,可以对员工进行晋升、降职等,充分发挥员工的长处,避免短处。

## 3. 考核是组织培训的依据

通过绩效考核,可以发现员工在知识、技能、思想和心理品质等方面的不足,进行有针对性的培训。

## 4. 考核有助于改善组织的工作

绩效考核有助于组织成员之间信息的传递和感情的融合,进一步促进员工之间的了解和协作,增强组织的凝聚力和竞争力。

## 5. 考核是薪酬分配和奖惩的依据

现代管理要求薪酬分配与工作效率挂钩,按劳付酬,绩效考核的结果是决定员工薪酬的重要依据。

### (二)绩效考核的基本内容

绩效考核包括"德、能、勤、绩"四个方面的内容。

德,是人的精神境界、道德品质和思想追求的综合体现。

能,是指人的能力素质,即认识世界和改造世界的能力。人的能力主要包括动手操作能力、认识能力、思维能力、协调能力等。

勤,指工作的态度,表现为员工的工作积极性。

绩,指员工的工作业绩,包括完成工作的数量、质量、经济效益、影响和作用。

### 比一比

**案例1:某连锁企业子公司配送中心组织架构**

**一、配送中心组织设置图**

配送中心组织设置如图2-7所示。

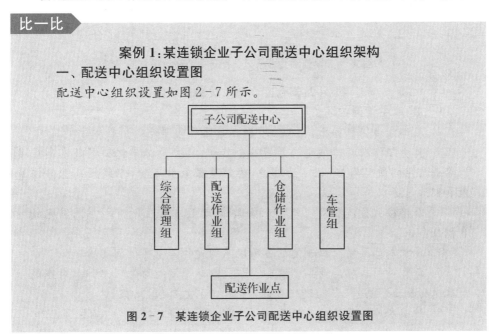

图2-7 某连锁企业子公司配送中心组织设置图

## 二、岗位设置图

配送中心岗位设置如图 2-8 所示。

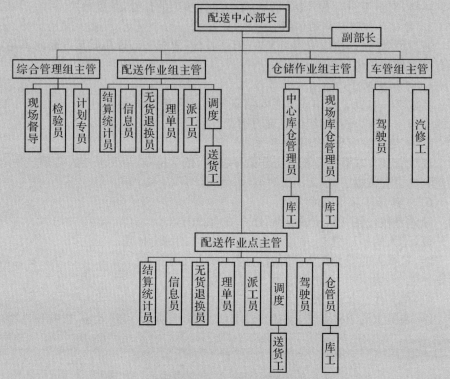

图 2-8　某连锁企业子公司配送中心岗位设置图

### 案例 2：某仓库仓储人员岗位职责

#### 一、仓库主管岗位职责

1. 在部门上级领导下，全面负责所在库区的各项行政和业务管理工作。

2. 负责组织所在库区员工学习业务知识，教育员工牢记公司基本制度及企业文化的所有内容，树立为客户、为销售服务的理念，不断提高业务技能和职业道德水平。

3. 严格按业务流程处理日常业务工作，带领本库区所有人员圆满完成仓储任务。

4. 负责本库区对上级制定的各项规章制度的具体贯彻落实情况。

5. 负责对所在库区商品的装卸、堆码、贮存等方面的管理工作。对违规现象进行制止，对违规行为进行查处，对重大问题应及时上报。

6. 组织本库区员工认真开展 6S 管理活动，保证库区整洁，确保商品和员工人身安全。

7. 定期组织员工进行消防知识的学习，练习消防器材使用，指定专人负责管理，确保库房消防设施完好无损。

8. 不折不扣地完成上级交给的其他任务。

## 二、仓管员岗位职责

1. 在本库区主管的直接领导下做好商品的收、发、存等业务管理工作，合理组织库工从事作业劳动，确保公司仓储任务的顺利完成。

2. 认真贯彻落实有关库区管理的各项规章制度，积极采纳和推行先进的科学管理方法，并确保实施"先进先出"等库房管理原则。

3. 保持高度的责任心，爱岗敬业，保质保量地完成工作任务。

4. 熟练掌握工作流程，明确业务要求，做到原始记录完整，账、物、卡相符。坚持盘点制度，不允许出现账物不符的现象，发现问题及时汇报。

5. 掌握库存商品的动态变化情况，及时反映并上报库存商品的积压、质变、残破等情况，供事业部品质管理人员了解并配合及时处理。

6. 随时保持库区储存条件良好，经常对库区环境进行检查，确保库区安全。

7. 接待客户主动、热情，自觉维护企业形象，牢记公司服务宗旨。

8. 坚持对库区进行每日清扫，保持商品清洁。

9. 爱护库区设施和办公设备，对作业工具、桌椅、电脑的故障和毁损要及时报修。

## 三、库工岗位职责

1. 严格遵守员工行为规范，不折不扣地执行公司各项管理规定，遵守纪律，讲究职业道德。

2. 在库区主管和仓管员的领导下从事商品装卸、堆码和保管工作，服从管理和调度。

3. 按规定的程序进行各种操作。爱护商品，遵守装卸规范，堆码作业时务必小心谨慎，轻拿轻放，严禁野蛮操作。

4. 严格按照仓库管理"九大原则"进行堆码作业，根据各类商品外包装上注明的堆码标准确定堆码层数，严禁商品倒置。

5. 商品进出货时必须检查入库商品的品牌、型号、数量和包装情况，商品需要入库开箱检验时应积极给予配合。

6. 爱护作业工具及设备，禁止将任何火种和易燃易爆物品带入库区，未经许可严禁携带外部人员进入库区。

7. 积极进行卫生清扫，保持室内和商品干净清洁，配合仓管人员进行下班闭库前的检查，关好门窗，切断水、电源。

8. 完成各项临时性的其他工作。

> 读一读

## 拓展知识：传统物流企业转型中的组织变革

随着我国物流业的发展和客户需求的个性化,传统物流企业向现代物流企业转型已经成为不可逆转的发展趋势。尽管我国传统的储运企业在发展物流业上做了大量的工作,但仍难以达到我国现代物流的要求。其中,组织变革是传统储运企业在向现代物流企业转型过程中的一个难点。

### 一、现代物流企业的组织特性

传统储运企业向现代物流企业发展,必须符合现代物流企业的组织特性。传统储运企业在向现代物流企业转型的过程中应对这些特性引起重视。

现代物流管理实现了由粗放化向集约化转变。现代物流与传统物流的区别在于物流管理的信息化,物流功能的集成化,物流服务的全程化、专业化,物流作业的机械化,物流过程的供应链化,物流方式的共同化,物流组织的网络化。也就是说,现代物流业追求的是物流的集约化而非粗放化。

现代物流使物流实现了由职能化向过程化的转变。现代物流强调"以人为本"的原则,以"物流过程"为中心,以"信息技术"为支撑的组织构建方式。物流过程化的组织能够跨越企业各职能部门、地区部门甚至企业之间而有效地组织物流活动,从而提高物流整体效率,从根本上改变由职能划分部门给物流组织带来的弊端。

现代物流要求组织结构由垂直化向扁平化转变。传统的科层式组织造成管理的机械、僵化、失灵,组织扁平化用价值观点剖析和调整过程,精简中间管理层,撤销对价值增值或主要目标毫无贡献的职能部门,精简不直接为产品增值的环节和工作岗位,删除不必要的审核、检查、控制等不增值的活动。

现代物流服务由固定化向柔性化转变。通过柔性管理以灵活的生产方式适应多变的市场环境,使生产与市场变化保持一致,以获得更大的利润和长久的发展。企业物流系统在强调对外部环境的变化有极强响应能力的同时,还要快速响应生产及企业物流系统内部各环节的变化,及时有效地协调各环节的关系,使之处于一种动态的平衡状态。

现代物流组织由实体化向虚拟化发展。虚拟物流组织使各成员仅保留其核心能力和资源,通过信息技术突破原有组织的有形边界,实现资源整合与共享,以最小组织来实现最大的物流职能。虚拟物流组织具有快速响应市场变化的能力,有利于分散物流风险,有利于企业抓住有利的物流机会和利用外部物流资源,专注于物流核心业务。

## 二、传统储运企业的组织变革策略

为适应企业内外部环境的变化,传统储运企业向现代物流企业转型除了在设备、设施、技术上的改进之外,对组织做相应变革是不可或缺的内容,主要可归结为以下几个方面:

### (一)进行经营战略调整,提高物流服务意识

传统储运企业向现代物流企业转型,首先要加强对物流的认识,根据物流的运作规则和市场需要,调整经营战略。树立以客户为中心的思想,将满足客户需求作为企业生存和发展的宗旨。从原有本业出发,提供多方位、全方位的物流服务;与用户建立长期合作关系,参与供应链的管理;充分利用现代信息技术发展物流服务等,提高现代物流服务意识。

### (二)重组业务流程,整合企业资源

我国传统运输企业可通过再造,实现以分立的职能部门为基础的业务流程到以跨越大多数或所有的功能活动为基础的核心流程的转变。与此相适应,企业的物流组织应由传统垂直职能组织转化为以流程为导向的水平组织模式。传统储运企业流程重组应以供应链管理思想为指导,应将内部流程系统纳入客户和协作者的整个供应链物流系统中。利用现代物流技术和管理理念,不断调整平衡物流系统各个组成部分,以适应客户不断变化的需求。

客户需求是现代物流发展的驱动力,传统物流企业必须不断地进行技术创新与组织创新,才能使组织变革适应现代物流发展的需要,增强物流企业组织的适应能力。在生产领域同工业企业紧密结合,围绕工业企业的物流需求提供物流服务。

### (三)立足传统物流服务,增值延伸服务

我国的传统储运企业积累了大量适合国情的经营管理经验和丰厚的基础资源,这些管理经验和资源在先进的现代综合物流管理理念指导下,使其在业务功能方面具有明显的可延伸性和继承性,有利于通过改造重组向现代物流企业转化。通过不断地改善服务水平,增值多元化、个性化的延伸服务,提升服务档次,加快向现代物流企业转变的步伐。

### (四)增强企业的组织柔性,提高组织结构的适应能力

传统的僵化、机械的组织结构已经不能适应现代物流的需要,只有结构简洁,反应灵敏、迅速,灵活多变的柔性组织才能适应现代化高柔性生产技术的要求。在现代物流活动中采用组织结构模块化、扁平化及团队工作方式等,能有效地提高企业适应市场的能力。增强传统储运企业的组织柔性,是适应当前技术发展的特征和提高市场竞争能力的必然。

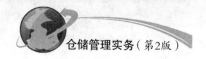

### (五)组建物流战略联盟,发展综合物流

我国目前的传统物流企业规模普遍较小,必须依靠不同的企业根据不同的核心能力组建战略物流联盟。现代综合物流服务强调为客户设计整套的物流解决方案,把客户的利益与自己的综合物流服务紧密地结合起来,形成真正的利益共同体。通过不同的企业组建的物流联盟,实现跨行业、跨区域经营是我国发展综合物流服务的有效途径。此外,在传统物流企业向现代物流企业转型的过程中,对员工进行技术与管理技能的培训与普及,可更好地为企业转型提供支持。因此,企业在引进人才的同时,应采取各种方式对企业内的物流从业人员进行物流专业培训,以满足企业对组织变革中的物流人才的需要。

## 任务实施

**看一看**

1. 查阅组织结构设计相关理论知识。
2. 查阅人力资源管理相关理论知识。
3. 调查现实仓储企业组织结构及人力资源考核现状。

**做一做**

小组在进行仓储企业组织架构设计及职位说明时,可以按以下步骤来进行:

第一步,选择确定组织架构的基础模式。这一步工作要求根据自己企业的实际,选择确定一个典型的组织模式,作为企业的组织架构的基础模式。在当代企业的实践中,选择直线职能制和事业部制结构的较普遍,并有越来越多的企业选择增加弹性模式的相应特征予以补充其基本模式的局限。

第二步,分析确定担负各子系统目标功能作用的工作量。这一步工作要求根据目标功能树系统分析模型,分析确定自己企业内部各个子系统目标功能作用所担负的工作量。要考虑的变数有二:一是企业的规模;二是企业的行业性质。

第三步,确定职能部门。这一步工作要求根据自己企业内部各个子系统的工作量大小和不同子系统之间的关系,来确定企业职能管理部门。即把关联关系和独立关系,并且工作量不大的子系统的目标功能作用合并起来,由一个职能管理部门作为主承担单位,负责所合并子系统的目标功能作用工作的协调和汇总。把制衡关系的子系统的目标功能作用分别交由不同单位、部门或岗位角色承担。

第四步,平衡工作量。这一步工作要求对所拟定的各个单位、部门的工作量进行大体的平衡。因为工作量过大的单位、部门往往会造成管理跨度过大,工作量过小的单位、部门往往会造成管理跨度过小,所以需要通过单位、部门之间的工作量平衡来使管理跨度实现合理化。在这里,要注意的一点是:存在制衡关系的子系统,要避免将其目标功能作用划归为同一单位承担,即要优先保证制衡关系子系统的目标功能作用的分开承担。

第五步,确立下级对口单位、部门或岗位的设置。如果企业下属的子公司、独立公司、分公司规模仍然比较大,上级职能管理部门无法完全承担其相应子系统目标功能作用的工作协调和汇总,就有必要在这个层次上设置对口的职能部门或者专员岗位。

第六步,绘制组织架构图。这一步工作要求直观地勾画出整个企业的单位、部门和岗位之间的关系,及所承担的子系统目标功能作用的相应工作。

第七步,拟定企业系统分析文件。这一步工作也就是为企业组织架构确立规范。企业系统分析文件是具体描绘企业内部各个子系统的目标功能作用该由哪些单位、部门或者岗位来具体承担,以及所承担的内容,并对职责和权力进行界定。

第八步,根据企业系统分析文件撰写组织说明书。这一步工作就是在组织构图的基础上,分析界定各个单位、部门组织和岗位的具体工作职责,所享有的权力、信息传递路线、资源流转路线等。

第九步,拟定单位、部门和岗位工作标准。明确界定各个单位、部门和岗位的工作职责、工作目标、工作要求。

第十步,根据企业系统分析文件、组织说明书及单位、部门和岗位工作标准进行工作分析,并撰写工作说明书。除了界定前述内容外,还要明确界定任职的条件和资格。

第十一步,就上述文件进行汇总讨论,通过后正式颁布,组织架构构建工作完成。

## 实践训练

**练一练**

练习1:调查当地一家物流仓储企业,画出其组织结构图。

练习2:你认为一个称职的仓储管理人员应该具备哪些素质?

**赛一赛**

竞赛1:比比哪个小组画的组织结构图更好。

竞赛2:比比哪个小组设计的岗位职责更合理。

# 项目3　仓库布局和设备

**学习目标**

1. **知识目标**：掌握仓库网点布局的原则和内容，仓库选址的方法；了解仓储设备的种类和功能；明确仓储设备配置的原则。
2. **能力目标**：根据相关因素对仓储区内部进行合理布局与结构设计；能合理选取仓储设备并进行相应的设备管理。
3. **素质目标**：具备成本意识、市场意识和仓储资源配置的能力。

**工作任务**

1. 针对AA公司业务进行自创公司仓库布局的规划，制定自创公司仓库选址方案。
2. 根据AA公司经营商品的特性及作业量，设计自创公司仓库的结构。
3. 根据作业要求，针对AA公司业务配置相应仓储机械设备，制定仓储机械设备的管理制度。

## 项目3.1　仓库网点布局和选址

### 任务描述

任务1：针对AA公司业务进行自创公司仓库布局的规划。
任务2：制定自创公司仓库选址方案。

### 任务分析

**想一想**

问题1：各组自己创设的模拟公司将设置在哪里？为什么？

**议一议**

话题1：仓库是否建得越多越好？
话题2：仓库是否建得越大越好？
话题3：各种不同的物品在库房中共同存放时要注意些什么？

## 相关知识

### 讲一讲

#### 一、仓库网点布局的含义及原则

随着当前物流业的快速发展,我国物流企业的数量越来越多,运营密度也越来越大,在竞争如此激烈的环境下,要想服务好客户,获取盈利空间,具有竞争优势,其中最重要的一点就是物流网点或仓储网点的合理布局。仓储网点已经成为企业重要的资源,对于物流企业来说,已经上升到核心竞争力的地位。

所谓仓储网点布局,是以物流系统的完善和经济效益为目标,用系统的理论和系统工程方法,综合考虑物资的供需状况、自身资源、运输条件、自然环境、竞争状况等因素,对仓储网点的数量、位置、规模、供货范围、直达供货和中转供货的比例等进行研究和设计,建立一个有效率的物流网络系统,达到费用低、服务好、效益高的目的。

仓库网点的布局应满足以下原则与功能要求:
(1) 与企业市场相适应;
(2) 与企业能力相适应;
(3) 与企业物流量相适应;
(4) 充分考虑地理与交通因素;
(5) 充分考虑竞争与发展因素;
(6) 符合政府规划与政策。

就仓库网点布局的目标而言,主要有服务好、费用省、效益高和具有一定的竞争优势与发展潜力等。

#### 二、仓库网点布局决策的内容

仓储外部布局关乎企业的发展战略与竞争优势的发挥,布局得当不仅可以提高运作效率与降低运作成本,而且还有利于企业的竞争。主要有以下内容:

(一) 仓库数量的决策

确定仓库的数量一般要考虑四个因素:销售机会损失的成本、存货成本、仓库成本以及运输成本。图3-1表明了除销售机会损失的成本外其他成本与仓库数量之间的关系。

从图3-1中可以看到,由于在每个仓库都应存有安全库存,存货成本将随着设施数目的增加而增加;更多的仓库意味着拥有、租赁或

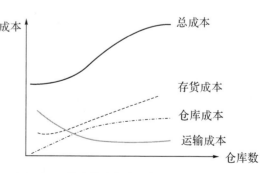

图3-1 物流成本与仓库数量之间的关系

租用更多空间,仓库成本也增加,但仓库数达到一定数量后,其增加趋势将会减缓;但是如果仓库数太多,将会导致进出运输成本的综合增加。

另外,客户的购买方式、竞争环境以及计算机和其他信息技术的使用也将影响到仓库的数量。

(二)仓库网点分布的决策

仓库网点的分布是仓库网点布局的重要内容。仓库设置在什么地方,各个仓库之间的相对位置如何安排等,都是仓库网点分布要解决的问题。在进行仓库网点分布决策时,要结合公司战略、客户分布、周围环境等因素。

(三)仓库网点规模的决策

在仓库网点布局中,仓库网点规模是指具体每个仓库单位的大小。根据每个仓库网点在整个仓库布局系统的作用与地位等因素,仓库网点的规模可以有不同的选择。一般来说,仓库网点的规模与仓库数量成反比。

## 三、仓库网点选址

仓库网点选址也即仓库选址,是指在一个具有若干供应点及若干需求点的经济区域内,选一个地址设置仓库的规划过程。首先要根据设施的特点选择建设的地区,然后在选定的地区内采用选址的某种方法进一步确定建设的具体地点。较佳的仓库选址方案是使商品通过仓库的汇集、中转、分发,直至输送到需求点的全过程的效益最好。仓库拥有众多建筑物、构筑物以及固定机械设备,一旦建成很难搬迁,如果选址不当,将付出长远代价。因此,仓库的选址是仓库规划中至关重要的一步。

(一)仓库选址的原则和考虑因素

仓库的选址过程应同时遵守适应性原则、协调性原则、经济性原则和战略性原则。

1. 适应性原则

仓库的选址须与国家以及省市的经济发展方针、政策相适应,与我国物流资源分布和需求分布相适应,与国民经济和社会发展相适应。

2. 协调性原则

仓库的选址应将国家的物流网络作为一个大系统来考虑,使仓库的设施设备,在地域分布、物流作业生产力、技术水平等方面互相协调。

3. 经济性原则

仓库发展过程中,有关选址的费用,主要包括建设费用及物流费用(经营费用)两部分。仓库的选址定在市区、近郊区或远郊区,其未来物流辅助设施的建设规模及建设费用,以及运费等物流费用是不同的,选址时应以总费用最低作为仓库选址的经济性原则。

4. 战略性原则

仓库的选址应具有战略眼光,一是要考虑全局,二是要考虑长远。局部要服从全局,目前利益要服从长远利益,既要考虑目前的实际需要,又要考虑日后发展的可能。

(二)仓库选址的影响因素

仓库的选址主要应考虑以下因素：

1. 自然环境因素

主要包括气象条件、地质条件、水文条件、地形条件等。

2. 经营环境因素

主要包括经营环境、商品特性、物流费用、服务水平等。

3. 基础设施状况

主要包括交通条件、公共设施状况等。

4. 其他因素

主要包括国土资源利用、环境保护要求。另外，由于仓库是火灾重点防护单位，不宜设在易散发火种的工业设施（如木材加工、冶金企业）附近，也不宜选择居民住宅区附近。

(三)仓库选址的步骤

1. 调查准备

(1)组织准备。由投资策划方组织相关的工程技术人员、系统设计人员和财务核算人员成立一个专门的工作小组。

(2)技术准备。根据拟新建仓库的任务量大小和拟采用的储存技术、作业设备对仓库需占用的土地面积进行估算。调查了解仓库所处地区的自然环境、协作条件、交通运输网络、地震、地质、水文、气象等资料。

(3)现场调查。现场调查的主要任务是具体考察拟建仓库地点的实际情况，为提出选址报告掌握第一手资料，并进行综合分析确定多个备选地址。

2. 提出选址报告

仓库选址报告应该包括以下内容：

(1)选址概述。这一部分要简单扼要地阐述选址工作组的组成、选址工作进行的过程、选址的依据和原则，简单介绍可供选择的几个地点，并推荐一个最优方案。

(2)选址要求及主要指标。这部分说明为了适应仓库作业的特点，完成仓储生产任务，备选地址应满足的基本要求，简述各备选地址满足要求的程度。列出选址的主要指标，如仓库总占地面积、仓库存储能力、仓库职工总数、水电需用量等。

(3)库区位置说明及平面图。这部分说明库区的具体方位，四周距主要建筑物及大型设施的距离，附近的地形、地貌、地物等，并画出区域位置图。

(4)建设占地及拆迁情况。这部分要说明仓库建设占地范围内的耕地情况、拆迁户数及人口数，估算征地和拆迁费用。

(5)当地地质、地震、气象和水文情况。这部分包括备选地的地质情况、地震烈度、气温、降水量、汇水面积、历史洪水水位等。

(6)交通及通信条件。这部分要说明备选地址的铁路、公路、水运及通讯的设施条件和可利用程度。

(7) 地区协作条件。这部分要说明备选地址的供电、供水、供暖、排水等协作关系以及职工福利设施共享的可能程度。

对提出的几个备选地址,依照已经确定的原则和具体指标进行对比分析,分析每个仓库方案的利弊得失,最后形成选址报告。

(四) 仓库选址的基本方法

1. 在现有仓库中确立一个仓库

如果可以在现有仓库中确立一个仓库,那么用总距离最短、总运输周转量最小、总运输费用最小来计算比较简单。

2. 确立一个新的仓库地址

当完全新建一个仓库时,可用因素比重法、重心法、盈亏平衡分析法、微分法和运输模型法来进行评估选址。

(1) 因素比重法。选址中要考虑的因素很多,但是总是有一些因素比另一些因素相对重要。决策者要判断各种因素孰轻孰重,从而使评估更接近现实。这种方法有 6 个步骤:

①列出所有相关因素;

②赋予每个因素以权重,以反映它在决策中的相对重要性;

③给每个因素的打分取值设定一个范围(1~10 或 1~100);

④用第③步设定的取值范围就各个因素给每个备选地址打分;

⑤将每个因素的得分与其权重相乘,计算出每个备选地址的得分;

⑥对比以上计算结果,以总分最高者为最优。

(2) 重心法。重心法是单设施选址中常用的模型。在这种方法中选址因素只包含运输费率和该点的货物运输量,在数学上被归纳为静态连续选址模型。

设有一系列点分别代表供应商位置和需求点位置,各自有一定量物品需要以一定的运输费率运往待定仓库或从仓库运出,那么仓库应该处于什么位置? 计算方法如下:

$$\min TC = \sum_i V_i R_i d_i$$

$$d_i = \sqrt{(x-x_i)^2 + (y-y_i)^2}$$

式中:$TC$——总运输成本;

$V_i$——$i$ 点的运输量;

$R_i$——到 $i$ 点的运输费率;

$d_i$——从拟建的仓库到 $i$ 点的距离;

$x, y$——新建仓库的坐标;

$x_i, y_i$——供应商和需求点位置坐标。

> 比一比

## 案例：廊坊国际区域物流中心的选址分析

廊坊国际区域物流中心的候选地在廊坊地区，在服从廊坊市区的整体规划的前提下，在有限的可选地点之中，运用定性和定量相结合的分析手段，确定一个比较合理的选址地点。

### 一、可选地的详细介绍

在用因素比重法对候选地进行粗略筛选后，选出 6 块可选地，编号为 1~6，具体信息如表 3-1 所示。

表 3-1　备选地情况

| | | 1 | 2 | 3 | 4 | 5 | 6 |
|---|---|---|---|---|---|---|---|
| 自然环境 | 气象条件 | 基本相同 | | | | | |
| | 地质条件 | | | | | | |
| | 水文条件 | | | | | | |
| | 地形条件 | | | | | | |
| 交通运输 | 中心位置到高速出口距离/km | 1.2 | 3.0 | 4.3 | 5.7 | 4.75 | 3.9 |
| 经营环境 | 周边企业情况 | 无 | 佑昌电器公司、瑞兴公司、垃圾场、供热站、南住宅小区 | 光明联合公司、祥云集团、华森花园、华日家具 | 无 | 开发区管委会 | 华升富士达电梯公司、外国中小企业工业园（四个公司） |
| 候选地 | 面积/万 m² | 200 | 43.5 | 322 | 429.2 | 392 | 580 |
| | 位置 | 京津塘高速东北面 | 开发区东南面 | 开发区正南侧 | 开发区西南侧 | 开发区西南侧 | 开发区西侧 |
| 地域 | 周边干线 | 京津塘高速公路 | | | | | |
| | 地价 | 地价基本相同 | | | | | |
| 公共设施 | 供电 | 暂未开发 | 京津电网 | 暂未开发 | | | |
| | 供水 | | 开发区水厂 | | | | |
| | 供暖 | | 开发区供热 | | | | |
| | 供气 | | 廊坊燃气公司 | | | | |
| | 排水 | | 开发区排污站 | | | | |
| | 工业蒸气 | | 开发区供热站 | | | | |
| | 通信 | | 先进的通信设施 | | | | |

续表 3-1

| | | 1 | 2 | 3 | 4 | 5 | 6 |
|---|---|---|---|---|---|---|---|
| 道路 | | 全兴路、创业路、祥云道、耀华道 | 华新路、华谊路、薛南路（待开发） | 薛南道、京津塘高速引路、北外环路、和平路、东外环路、梨园路、桐西路（待开发） | 祥云道、耀华道、汇源道、东外环路、梨园道、桐西路（待开发） | 云鹏道、花园道、汇源道、东外环路、梨园道、桐西路（待开发） | |
| 固体废物处理 | | 垃圾场一座 | | | | | |

## 二、因素评价表

根据以上情况，由于选址中考虑情况较多，故应用综合因素评价相关理论，采用因素比重法进行打分。对于每个考虑因素，建立一个评价标准体系，给每个因素设置最高分为 6 分，分值高者满意度高，最后按分值高低决定选取顺序，并设置参考评分标准，如表 3-2 所示。

表 3-2　因素分析

| 因素 | | 评价标准 |
|---|---|---|
| 自然环境 | 气象条件 | 温度、湿度、风力、降水、日照等气象因素适中 |
| | 地质条件 | 符合建筑承载力要求 |
| | 水文条件 | 远离泛滥的河流 |
| | 地形条件 | 坡度平缓、适于建筑 |
| 交通运输 | 中心位置到高速出口距离 | 要求距离最短 |
| 经营环境 | 周边企业情况 | 要求周边环境和谐、企业密度适中 |
| 候选地 | 面积 | 考虑近期及远景规划，面积不宜过小 |
| | 形状 | 形状尽量规则，以矩形为宜，适合物流中心布局 |
| 地域 | 周边干线 | 要求路况好 |
| | 地价 | 适中 |
| 公共设施 | 水、电、热、气、通信、道路 | 公共设施便利，符合标准 |

根据以上评分标准由专家进行评分，评分结果并未显示出非常显著的差距，所以 6 块地皆可作为廊坊国际区域物流中心的可选地，评分按从高到低的最终排序为 6-4-1-5-2-3，按照分值高者满意度越高的原则，廊坊国际物流中心首选 6 号地，依次选 4 号地、1 号地、5 号地、2 号地、3 号地。

> 读一读

### 拓展知识：选址问题的图上作业法

选址问题也可以用图上作业法求解，例如有 $m$ 个原料生产点，要集中加工配置后，再转运到其他地方。这些生产点之间的道路不含回路。计划选择一个生产点，在此建立一个集配加工中心，使各生产点到此点的运输成本最低。选择方法是对运输路线上的端点进行分析，如果端点的数值超过总量的一半，则此点就是最优地点。如果端点的数值不超过总量的一半，则把此点数值合并到前一站去，继续分析。

下面举一个简单的例子说明求解过程。假定有 6 个点，数值分别为 500，600，700，200，400 和 300，运输路线如图 3-2 所示。

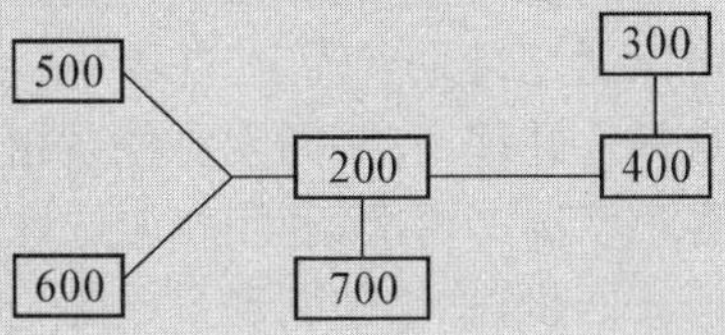

为了方便分析，我们可以绘出图 3-3（上部），图中圈内数字表示生产点的编号，数值记在编号的旁边，道路交叉点看作数值为 0 的点。把那些只有一条道路连接的生产点称为端点，即图中的①、②、④、⑦诸点。

图 3-2 运输路线

首先计算这些点的总数值，本例为 2 700，然后分析各端点，都没有超过总值的一半，所以把各端点的数值合并到前一站，即把①和②的数值合并到③；把④的数值合并到⑤；把⑦的数值合并到⑥，如图下部所示。

各端点都进一站以后，③和⑥变成了图中的端点，然后对它们进行分析，其数值都不超过总值的一半，所以它们不是最佳点。把它们合并到前一站，即把③和⑥的数量合并到⑤，则⑤的数量为 2 700，超过总量的一半，所以⑤是最佳点，集配加工中心应建在⑤号生产点。

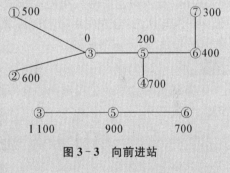

图 3-3 向前进站

# 任务实施

> 看一看

1. 了解目标市场客户分布状况。
2. 调查 AA 仓储公司市场区域影响仓储选址的具体因素。

### 做一做

在此项目任务的操作中,可以按以下步骤考虑:

第一步,确定客户分布及相应业务量。小组成员可以制定相应客户资料及其业务量。可以根据仓储企业服务的对象进行调查,以假设客户的实际物流量作为仓储企业的业务量,可以进行适当假设。

第二步,根据客户分布及业务量确定仓库的大体位置及仓库数量、规模。在当地地区内,大体确定仓储的区域位置及规模。

第三步,仓库具体位置的选择。首先,分析确定仓库选址的具体影响因素。小组可以通过讨论来确定,并给每一因素赋以不同的权重。其次,对具体影响因素进行数量化处理,有些因素要经过相应调查,如交通状况等,有些因素可以进行假设,如客户状况。再次,利用相应选址方法进行仓库选址。

第四步,总结并制定企业的仓库选址规范。把前面仓库选址的分工、步骤、因素方法及审批权限制度化。

### 实践训练

#### 练一练

练习1:调查当地一家物流仓储企业,了解其选址时的考虑因素是什么。

练习2:有人说仓库网点布局应按照客户导向,以最有利于服务客户为原则,而另一些人却认为,仓库网点布局应以成本为导向,以企业的利润最大化为原则。你的观点是什么,并说明原因。

#### 赛一赛

竞赛1:比一比哪个公司选择的仓库地址更好。

## 项目3.2 仓库内部布局

### 任务描述

任务1:根据AA公司经营商品的特性及作业量,设计自创公司仓库的布局。

### 任务分析

#### 想一想

问题1:办公室为什么不能设在生产作业区?
问题2:如何理解"单一物流方向"?

> 议一议
>
> 话题1:仓库内部布局应考虑哪些因素?

**相关知识**

**讲一讲**

## 一、仓库平面布置

仓库平面布置指对仓库的各个部分——存货区、入库检验区、理货区、流通加工区、配送备货区、通道以及辅助作业区在规定范围内进行全面合理的安排。仓库平面布置是否合理,将对仓储作业的效率、储存质量、储存成本和仓库盈利目标的实现产生很大影响。

（一）影响仓库平面布置的因素

1. 仓库的专业化程度

仓库专业化程度主要与库存物品的种类有关,库存物品种类越多,仓库的专业化程度越低,仓库平面布置的难度就越大;反之则难度小。因为储存物品种类越多,各种物品的理化性质就会有所不同,所要求的储存、保管、保养方法及装卸搬运方法也将有所不同。因此,在进行平面布置时,必须考虑不同的作业要求。

2. 仓库的规模和功能

仓储的规模越大、功能越多,则需要的设施设备就越多,设施设备之间的配套衔接成为平面布置中重要问题,增加了布置的难度;反之则简单。

（二）仓库平面布置的要求

一个仓库通常由生产作业区、辅助生产区和行政生活区三大部分组成,仓库平面布置如图3-4所示。

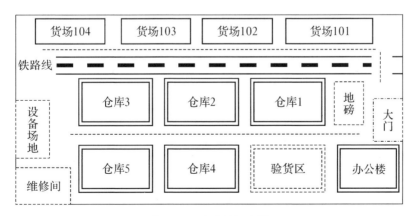

图3-4　仓库平面布置

生产作业区：生产作业区是仓库的主体部分，是商品储运活动的场所，主要包括储货区、铁路专运线、道路、装卸台等。

辅助生产区：辅助生产区是为商品储运保管工作服务的辅助车间或服务站，包括车库、变电室、油库、维修车间等。

行政生活区：行政生活区是仓库行政管理机构和员工休憩生活的区域，一般设在仓库入口附近，便于业务接洽和管理。行政生活区与生产作业区应分开，并保持一定距离，以保证仓库的安全及行政办公和居民生活的安静。

对于总体平面布置来说，应该考虑以下要求：

1. 仓库平面布置要适应仓储作业过程的要求，有利于仓储作业的顺利进行
(1) 仓库平面布置的物品应该是单一的流向。
(2) 最短的搬运距离。
(3) 最少的装卸环节。
(4) 最大限度地利用空间。

2. 仓库平面布置要有利于提高仓储经济效益

要因地制宜，充分考虑地形、地质条件，利用现有资源和外部协作条件，根据设计规划和库存物品的性质能够更好地选择和配置设施设备，以便最大限度地发挥其效能。

3. 仓库平面布置要有利于保证安全和职工的健康

仓库建设时严格执行《建筑设计防火规范》的规定，留有一定的防火间距，并有防火防盗安全设施，作业环境的安全卫生标准要符合国家的有关规定，有利于职工的身体健康。

## 二、仓库内部布局与结构

仓库内部布局包括平面布局和空间布局。仓库内部平面布局是对保管场所内的货垛（架）、通道、垛（架）间距、收发货区等进行合理规划，并正确处理它们的相对位置。

（一）单层仓库平面布局原则

(1) 重（大）件物品、周转量大和出入库频繁的物品，宜靠近出入口布置，以缩短搬运距离，提高出入库效率。
(2) 易燃的物品，应尽量靠外面布置，以便管理。
(3) 要考虑充分利用面积和空间，使布置紧凑。
(4) 有吊车的仓库，汽车入库的运输通道最好布置在仓库的横向方向，以减少辅助面积，提高面积利用率。
(5) 仓库内部主要运输通道一般采用双行道。
(6) 仓库出入口附近，一般应留有收发作业用的面积。
(7) 仓库内设置管理室及生活间时，应该用墙与库房隔开，其位置应靠近道路

一侧的入口处。

（二）多层仓库平面布局原则

多层仓库平面布局除必须符合单层仓库布局原则要求外，还必须满足下列要求：

（1）多层仓库最大占地面积、防火隔间面积、层数，根据储存物品类别和建筑耐火等级遵照现行建筑设计防火规范来确定。

（2）一座多层库房占地面积小于 300 $m^2$ 时，可设一个疏散楼梯；面积小于 100 $m^2$ 的防火隔间，可设置一个门。

（3）多层仓库建筑高度超过 24 m 时，应按高层库房处理。

（4）多层仓库存放物品时遵守上轻下重，周转快的物品分布在低层。

（5）当设地下室时，地下室净空高度不宜小于 2.2 m。

（6）楼板载荷控制在 2 $kN/m^2$ 左右为宜。

### 三、货场布局与结构

（一）集装箱货场布局结构设计

集装箱货场是堆存和保管集装箱的场所。根据集装箱堆存量的大小，货场可分为混合型和专用型两种。专用型货场是根据集装箱货运站的生产工艺分别设置重箱货场、空箱货场、维修与修竣箱货场。设置货场时应满足发送箱、到达箱、中转箱、周转箱和维修箱等的生产工艺操作和不同的功能要求，并尽可能缩短运送距离，避免交叉作业，便于准确、便捷地取放所需集装箱，利于管理。

在设计集装箱货场时，在考虑上述三要素的同时，还应该尽量达到下面三项目标：

（1）服务的精确性。由于集装箱存放货物无须拆箱，所以，箱内货物的质量和数量完全靠货物证件以及其他相关单据来确定，在分类堆存时也完全以证件及其单据进行分类，所以应在集装箱货场的存放和管理过程中尽量做到认真细致，力求达到服务的精确性。

（2）增大单位堆放和加快流转速度。为了尽量减少堆场的占地面积，在设计集装箱堆场的过程中，在选取存放堆垛方式过程中，应尽量增大单位堆存，同时尽量缩短保管时间，加快集装箱的流转速度，尽可能充分发挥集装箱的优越性。操作要求尽可能快，与堆存区要求的服务水平相适应。

（3）旺季储存能力。这与前面的因素有关，系统设计者应该满足一定时期内 95% 的库存需求。一定时期可以是一个月、一年，依服务类型确定。最后的 5% 通常要花费巨大的代价才能满足。在集装箱码头中，泊位利用率是服务的一个重要因素。所以，及时抓住储运旺季，充分发挥集装箱货场的优势，最大限度地达到集装箱货场的优势，最大限度地达到集装箱货场的储存能力是非常重要的。

（二）杂货货场

大多数杂货的货位布置形式均采用分区、类布置，即对存储货物在"三一致"

(性能一致、养护措施一致、消防方法一致)的前提下,把货场划分为若干保管区域;根据货物大类和性能等划分为若干类别,以便分类集中堆放。

（三）散货货场

散货是指无包装、无标志的小颗粒,直接以散装方式进行运输、装卸、仓储、保管和使用的货物。在仓储中不受风雨影响的散货一般直接堆放在散货货场上,如沙、石、矿等。

散货货场根据所堆放货物种类的不同,地面的结构也不完全相同,可以是沙土地面、混凝土地面等。由于存量巨大,要求地面有较高的强度。由于散货都具有大批量的特性,散货货场往往面积较大。为了便于疏通,采取明沟的方式排水,并且通过明沟划分较大的面积货位。散货都采用铲车或者输送带进行作业,所堆的垛形较为巨大。

## 四、货位布置

货位布置的目的,一方面是为了提高仓库平面和空间利用率,另一方面是为了提高物品保管质量,方便进出库作业,从而降低物品的仓储处置成本。

（一）货位布置的基本要求

(1) 根据物品特性分区分类储存,将特性相近的物品集中存放。

(2) 将单位体积大、单位重量大的物品存放在货架底层,并且靠近出库区和通道。

(3) 将周转率高的物品存放在进出库装卸搬运最便捷的位置。

(4) 将同一供应商或者同一客户的物品集中存放,便于进行分拣配货作业。

（二）货位布置的形式

保管面积是库房使用面积的主体,它是货垛、货架所占面积的总和。货垛、货架的排列形式决定了库内平面布置的形式,仓库货位布置一般有横列式布置、纵列式布置和混合式布置三种类型。

露天货场的货位布置,一般都与物品的主要作业通道成垂直方向排列货垛。应当注意,库房、货场布置要留出合适的墙距和垛距。

### 比一比

**案例:企业仓库布置的改进**

Y厂是一家外商投资的中小型企业,主要供应商和客户均在国外。该厂采用订单驱动的生产模式,产品品种多、批量小,所需的原材料品质要求高、种类繁杂,对仓库的利用程度高,仓库的日吞吐量也较大。因此,该厂选择在距车间较近的地方建造了自营仓库,仓库采用拣选货区和存储区混合使用的方式。

一、Y厂原仓库布局

Y厂仓库有三层。一、二层分别存储主料、辅料;三层主要用于存放成品,按照各个车间来划分存储区域。一层用于存放主料,主料质量重、荷种大,考虑到楼板的承载能力,将其置于一层是合理的选择。由于每单位主料的重量均不在人工搬运能力的范围之内,一层的搬运设备主要是为平衡重式叉车。一层通道大约宽3～4 m,充满车可以在仓库通行及调转方向。货区布置采用的是垂直式,主通道长且宽,副通道短,便于存取查拣,且有利于通风和采光,一层的布局如图3-5(a)所示。

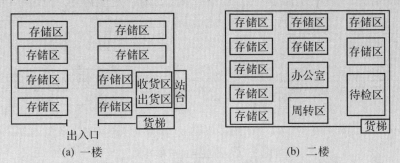

图3-5 原有仓库布局

二层仓库存放辅料,部分零散的物料使用货架存放,节省空间。大部分物料直接放置于木质托盘上,托盘尺寸没有采用统一标准。托盘上的物料采用重叠堆码方式,其高度在工人所及的能力范围之内。物料搬运借助手动托盘搬运车完成,操作灵活轻便,适合于短距离水平搬运。通道比一层仓库窄,主通道大约宽2 m。

## 二、存在的问题

Y厂采用将存储区与拣货区混合使用的布局方法,给仓管员及该厂的生产带来了诸多问题和不便。首先,Y厂在确定所需要的仓库空间类型的时候,对于本厂整体工作流程的需要并未充分考虑。该厂仓库的库存物料始终在不断的变化之中,由于物料消耗速度不同,导致置于托盘物料高度参差不齐,很多物料的堆垛高度不足1 m,严重浪费了存储空间。其次,仓管员和物料员还是停留在以找到物料为目的的阶段,未关注合理设计行走时间、行走路线及提高工作效率等问题。

## 三、改进措施

首先,Y厂对于从国外购进的部分不合格原材料,需要批退或者作其他处理,不能与正常的物料混放在一起,需要专门设立一个不良品隔离区,以区分不良品与正常品。其次,Y厂客户对原材料的要求不同,可以根据客户的要求设置特定的区域分别存放。Y厂仓库小部分空间用于半永久性或长期存储,大部分空间则暂时存储货物,因此,仓库布局应注重物料流动更快速、更通畅。仓库一层可以部分设立半永久性存储区用于存放不经常使用的主料,部分空间用作拣货区,用来存储消耗快、进货频繁的大客户的主料。仓库二层增设不良品隔离区放置检验不合格的原料和产品,并可在最深处设置半永久性存储区存放流通量很低的物料;余下的空间作为拣货区,以方便仓管员快速拣货。改进后的仓库布局如图3-6所示。

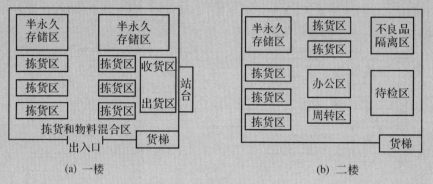

图3-6 改进后的仓库布局

中小制造企业的自营仓库主要用于存储生产过程中需要的原材料,由于每天的生产消耗速度快,仓库日吞吐量大,因此,在对企业业务流程分析的基础上,将仓库划分多个有效的区域,并采用适合于中小制造企业的将拣货区与存储区分开的设计方案,能够降低仓库内部的物流量与物流成本,进而提高企业效益。

### 读一读

**拓展知识:仓库有效面积的组成及计算**

仓库有效面积是指仓储作业占用面积,由实用面积、通道、检验作业场地面积等部分构成。计算方法主要有比较类推法、系数法和直接计算法。

(一)比较类推法

比较类推法以现已建成的同级、同类、同种仓库面积为基准,根据储存量增减比例关系,加以适当调整来推算新建库的有效面积。公式为:

$$S = S_0 \cdot \frac{Q}{Q_0} \cdot k$$

式中:$S$——拟新建仓库的有效面积($m^2$);

$S_0$——参照仓库的有效面积($m^2$);

$Q$——拟新建仓库的最高储备量(t);

$Q_0$——参照仓库的最高储备量(t);

$k$——调整系数(当参照仓库的有效面积不足时,$k>1$;当参照仓库的有效面积有余时,$k<1$)。

## (二）系数法

系数法是根据实用面积及仓库有效面积利用系数计算拟新建仓库的有效面积。公式为：

$$S=\frac{S_\text{实}}{\alpha}$$

式中：$S$——拟新建仓库的有效面积（$m^2$）；

$S_\text{实}$——实用面积（$m^2$）；

$\alpha$——仓库有效面积利用系数，即仓库实用面积占有效面积的比重。

## （三）直接计算法

先计算出货垛、货架、通道、收发作业区、垛距、墙距所占用的面积，然后将它们相加求和。

# 任务实施

### 看一看

1. 查阅资料了解建筑物设计考量的基本指标。
2. 查阅资料了解不同商品对仓库的不同要求。

### 做一做

仓库设计的基本步骤如下：

1. 决定仓库空间大小

（1）对公司业务量做出预测。这一部分内容可以利用前一项目任务的资料，并做适当的发展预测。

（2）决定各类产品的数量。不同产品要求不同的仓储布局，要对每一类产品的储存量及流通状况进行了解。

（3）计算各部分所占的体积。依据以上内容进行仓库容量的确定。

2. 进行仓储内部布局设计

在设计的时候要注意以下几点：

（1）与运输的接口：关注收发货物的体积和频率。

（2）按订单进行分拣的空间。

（3）存储空间。

（4）其他类空间。

3. 回收区域、办公区域、后勤区域的设计

# 实践训练

### 练一练

练习1：调查当地一家物流仓储企业仓库，了解其仓库结构布局。

练习 2：你认为物流标准化对仓储内部结构布局有何影响？

**赛一赛**

竞赛 1：比比哪个小组设计的 AA 公司四种货物的仓库布局最好。

# 项目 3.3　仓库设备

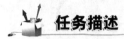

任务 1：根据作业要求，针对 AA 公司业务配置相应的仓储机械设备。
任务 2：制定仓储机械设备的管理制度。

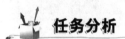

**想一想**

问题 1：现代化仓库区别于传统仓库的特征是什么？

**议一议**

话题 1：谈一谈仓储设备的作用。
话题 2：是不是设备越先进越好？

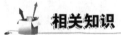

**讲一讲**

## 一、仓库设备配置的原则

仓库是物流的重要组成部分。仓库的设备种类很多，为使其发挥最佳效用，必须进行合理的选择配置和管理使用，应选择和配置最经济、合理、适用、先进的技术设备。除此之外，要求每一类设备工作可靠，无论在什么作业条件下，都要具有良好的运行稳定性。

（一）适用性原则

仓储企业在选择运输设备时，要充分考虑到仓库作业的实际需要，所选设备要与货物的特性和储存量的大小相匹配，能够在不同的作业条件下灵活方便地操作。另外，仓库设备并不是功能越多越好，因为在实际作业中，并不需要太多的功能，如果设备不能被充分利用，则造成资源和资金的浪费。同样，功能太少也会导致仓储企业的低效率。因此要根据实际情况，正确选择设备功能。

（二）先进性原则

先进性主要是指设备技术的先进性，主要体现在自动化程度、环境保护、操作条件等方面。但是先进性必须服务于适用性，尤其是要有实用性，来取得经济效益的最大化。

（三）最小成本原则

最小成本原则指的是设备的使用费用低，整个寿命周期的成本低。有时候，先进性和低成本会发生冲突，这就需要企业在充分考虑适用性的基础上，进行权衡，做出合理选择。

（四）可靠性和安全性原则

可靠性和安全性原则日益成为选择设备、衡量设备好坏的主要因素。可靠性是指设备按要求完成规定功能的能力，是设备功能在时间上的稳定性和保持性。但是可靠性不是越高越好，必须考虑到成本问题。安全性要求设备在使用过程中能保证人身及货物的安全，并且尽可能地不危害到环境（符合环保要求，噪音少，污染小）。

## 二、仓库设备的种类

完整的仓储作业绝不仅仅只包括储存，还涉及物流的各个环节，只是偏重不同。因此，在仓库设备的配置上，也几乎包含了所有的物流设备。物流设备门类全，型号规格多，品种复杂。一般以设备所完成的物流作业为标准，把设备分为包装设备、物流仓储设备、集装单元器具、装卸搬运设备、流通加工设备和运输设备。

（一）包装设备

包装设备是指完成全部或部分包装过程的机器设备。包装设备是使产品包装实现机械化、自动化的根本保证。主要包括填充设备、罐装设备、封口设备、裹包设备、贴标设备、清洗设备、干燥设备、杀菌设备等。

（二）物流仓储设备

物流仓储设备主要包括货架、堆垛机、室内搬运车、出入库输送设备、分拣设备、提升机、搬运机器人以及计算机管理和监控系统。这些设备可以组成自动化、半自动化、机械化的商业仓库，来堆放、存取和分拣承运物品。

（三）集装单元器具

集装单元器具主要有集装箱、托盘、周转箱和其他集装单元器具。货物经过集装器具的集装或组合包装后，具有较高的灵活性，随时都处于准备运行的状态，利于实现储存、装卸搬运、运输和包装的一体化，达到物流作业的机械化和标准化。

（四）装卸搬运设备

装卸搬运设备指用来搬移、升降、装卸和短距离输送物料的设备，是物流机械设备的重要组成部分。从用途和结构特征来看，装卸搬运设备主要包括起重设备、连续输送设备、装卸搬运车辆、专用装卸搬运设备等。

（五）流通加工设备

流通加工设备主要包括金属加工设备、搅拌混合设备、木材加工设备及其他流通加工设备。

### （六）运输设备

运输在物流中的独特地位对运输设备提出了更高的要求，要求运输设备具有高速化、智能化、通用化、大型化和安全可靠的特性，以提高运输的作业效率，降低运输成本，并使运输设备达到最优化利用。根据运输方式不同，运输设备可分为载货汽车、铁道货车、货船、空运设备和管道设备等。对于第三方物流公司而言，一般只拥有一定数量的载货汽车，而其他的运输设备就直接利用社会的公用运输设备。

## 三、仓库的主要设备及其作用

随着科学化现代化仓库的建立，仓库设备也在日益更新，朝着经济、适用、安全可靠、合理、稳定等方面发展。仓库设备在完善仓库功能中起着非常重要的作用，下面仅介绍几种常用的仓库设备的结构、特点及用途。

### （一）货架

随着仓库机械化和自动化程度的不断提高，仓库设施特别是货架技术也在不断发展。仓库广泛使用传统的货架，如抽屉式货架、橱柜式货架、U 形架、悬臂架、棚架、鞍架、轮胎专运架。除此之外，还出现了重力式货架、移动式货架、层格式货架、阁楼货架、驶入/驶出式货架、托盘式货架、悬臂式货架、立体化自动仓库货架等现代化的新型货架。

这里主要介绍几种通用性强和比较新型的货架。

#### 1. 层架

层架的应用非常广泛，如果按层架存放货物的重量来分类，层架可以分为重型和轻型；按其结构特点分类，层架有层格式（如图 3-7）、抽屉式等类型。

一般轻型层架主要适合人工存取作业，其规格尺寸及承载能力都与人工搬运能力相适应，高度通常在 2.4 m 以下，厚度在 0.5 m 以下；而中型和重型的货架尺寸则较大，高度可达 4.5 m，厚度达 1.2 m，宽 3 m 以上。一些层架具有特殊的保管功能，如加密锁、冷藏、恒温等。

图 3-7 层格式货架

#### 2. 托盘式货架

托盘式货架专门用于存放堆码在托盘上的货物。其基本形态与层架类似，但承载能力和每层空间适于存放整托盘货物（如图 3-8）。目前多采用杆件组合，不仅拆迁容易，层间距还可依码货高度进行调整。通常总高度在 6 m 以下，架底撑脚

图 3-8 托盘式货架

需要装叉车防撞装置。

托盘式货架结构简单,可调整组合,安装简易,费用低廉;出入库不受先后顺序的限制;储物形态为托盘装载货物,配合升降式叉车存取。

3. 阁楼式货架

阁楼式货架是将储存空间做上、下两层规划,利用钢架和楼板将空间间隙隔为两层,下层货架结构支撑上层楼板(如图3-9)。

阁楼式货架可以有效增加空间使用率,通常下层适用于存放轻量物品,不适合重型搬运设备行走,上层物品搬运需配垂直输送设备。

4. 悬臂式货架

悬臂式货架是在立柱上装设杆臂构成的,悬臂常用金属材料制造,其尺寸一般根据所存放物

图3-9 阁楼式货架

料尺寸的大小确定。为防止物料损伤,常在悬臂上加垫木质衬垫或橡胶带以起保护作用(如图3-10)。悬臂式货架为开放式货架,不太便于机械化作业,需配合跨距较宽的设备。一般高度6 m以下,空间利用率较低,约为35%~50%。

图3-10 悬臂式货架

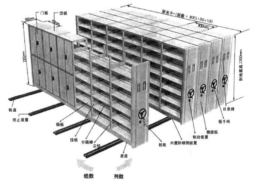

图3-11 移动式货架

5. 移动式货架

移动式货架(如图3-11)底部装有滚轮,通过开启控制装置,滚轮可沿轨道滑动。其货架结构可以设计成普通层架,也可以设计成托盘式货架。控制装置附加有变频控制功能,用来控制启动、停止时的速度,以维持货架上货物的稳定,有时还设有确定位置的光电感测器及刹车电机,以提高启动或停止时的稳定度和精确度。

移动式货架平时密集相接排列,存取货物时通过手动或电力驱动装置使货架沿轨道水平移动,形成通道,可以大幅度减少通道面积,地面使用率可达80%。而且可直接存放每一种货物,不受先进先出的限制。但相对来说机电装置较多,建造成本较高,维护也比较困难。

### 6. 重力式货架

重力式货架的基本结构与普通层架类似(如图3-12),不同的是其层间间隔使用了由重力滚轮组成的滚筒输送装置,并且输送装置与水平面呈一定的倾斜角度,低端作为出货端,而高端作为入货端。这样托盘或箱装货物便会因重力作用自动向低端滑移,还可以在滚轮下埋设充气软管控制倾斜角度,以调整货物滑移的速度。

重力式货架通常呈密集型配制,能够大规模密集存放货物,减少了通道数量,可有效节约仓库面积。重力式货架能保证先进先出,并且方便拣货,作为分拣式货架普遍应用于配送中心作业中。重力式货架其拣货端与入货端分离,能提高作业效率和作业的安全性。重力式货架还可以根据需要设计成适合托盘、纸箱、单件货物储存的结构和形式。

图3-12 重力式货架

### 7. 驶入/驶出式货架

驶入/驶出式货架采用钢质结构,钢柱上有向外伸出的水平突出构件或悬轨,叉车将托盘送入,由货架两边的悬轨托住托盘及货物(如图3-13)。货架上无货时可方便叉车及人出入。驶入式货架只有一端可以出入,驶入/驶出式货架则两端均可出入。

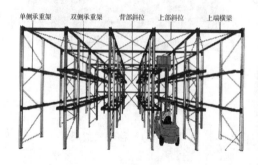

图3-13 驶入/驶出式货架

驶入/驶出式货架属高密度配置,高度可达10 m,库容利用率可以高达90%以上,适用于大批量少品种配送中心使用,但不太适合太长或太重的物品。驶入式货架存取货时受先后顺序的限制。

### (二)叉式装卸车

#### 1. 结构

叉式装卸车又称为叉车(如图3-14),是仓库装卸搬运机械中应用最广泛的一种,它由自行的轮胎底盘和能垂直升降的货叉、门架等组成。主要用于仓库内货物的装载搬运,是一种既可做短距离水平运输,又可堆拆垛和装卸卡车、铁路平板车的机械,在配备其他取物装置以后,还能用于散货和各种规格品种货物的装卸作业。

2. 特点及用途

叉车与其他搬运机械一样,能够减轻装卸工人繁重的体力劳动,提高装卸效率,缩短车辆停留时间,降低装卸成本。它有以下特点和用途:

图 3-14 叉车

(1) 机械化程度高。使用各种自动的取物装置或在货叉与货板配合使用的情况下,可以实现装卸工作的完全机械化,不需要工人的辅助体力劳动。

(2) 机动灵活性好。叉车外形尺寸小,重量轻,能在作业区域内任意调动,适应货物数量及货流方向的改变,可机动地与其他起重运输机械配合工作,提高机械的使用率。

(3) 可以"一机多用"。在配备和使用各种取货装置如货叉、铲斗、臂架、吊杆、货夹、抓取器等的条件下,可以适应各种品种、形状和大小货物的装卸作业。

(4) 能提高仓库容积的利用率,堆码高度一般可达 3 m,采用高门架叉车可达到 5 m。

(5) 有利于开展托盘成组运输和集装箱运输。

(6) 成本低、投资少,能获得较好的经济效果。

(三) 托盘

1. 结构

托盘是用于集装、堆放、搬运和运输的放置货物和制品作为一单元负荷的水平平台装置(如图 3-15)。在平台上集装一定数量的单件货物,并按要求捆扎加固,组成一个运输单位,便于运输过程中使用机械进行装卸、搬运和堆存。这种台面有供叉车从下部叉入并将台板托起的叉入口。以这种结构为基本结构的台板和在这种基本结构基础上形成的各种形式的集装器具都统称为托盘。

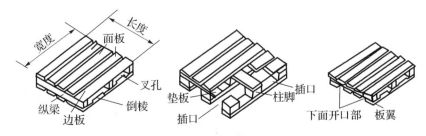

图 3-15 托盘各部分名称术语

**2. 特点**

(1) 搬运或出入库场都可用机械操作,减少货物堆码作业次数,从而有利于提高运输效率,缩短货运时间,减小劳动强度。

(2) 以托盘为运输单位,货运件数变少、体积重量变大,而且每个托盘所装数量相等。既便于点数、理货交接,又可以减少货损、货差事故。

(3) 投资比较小,收益比较快。

(4) 托盘的回收利用、组织工作难度较大,会浪费一部分运力。托盘本身也占用一定的仓容空间。

**3. 种类和规格**

(1) 托盘的种类

托盘按结构可以分为平板托盘、箱型托盘、立柱型托盘、折叠式托盘;按材料可分为塑料托盘、金属托盘、木质托盘、纸质托盘。另外,还有单面托盘、两面托盘;单面叉入、两面叉入、四面叉入式托盘。

(2) 托盘的规格

我国托盘规格与国际标准化组织规定的通用尺寸一致,主要有三种规格:1 000 mm×800 mm,1 200 mm×800 mm,1 200 mm×1 000 mm。

美国主流托盘为 48 in×40 in(约为 1 200 mm×1 000 mm);日本主流托盘为 1 100 mm×1 100 mm 和 1 200 mm×1 000 mm。

**(四) 起重机**

起重机适用于装卸大件笨重货物(如图 3-16),借助于各种吊索具装卸货物。起重机是唯一以悬吊方式装卸搬运货物的设备。其吊运能力较大,一般为 3~30 t。最常用的起重机有龙门起重机、桥式起重机和汽车起重机等几种。

120 t 装卸桥　　　　　　750 t 防爆桥式起重机

图 3-16　起重机

**(五) 堆垛机**

堆垛机是专门用来堆码货垛或提升货物的机械(如图 3-17)。普通仓库使用的堆垛机(又称上架机)是一种构造简单,用于辅助人工堆垛,可移动的小型货物垂直提升设备。商业储运系统定型生产的一种堆垛机,其外形尺寸为 1 260 mm×712 mm×2 550 mm(长×宽×高),最大起重量 300 kg,提升高度 3.4 m,提升速度

20 m/min，自重 500 kg，电动机功率 2.2 kW。这种机械的特点是：构造轻巧，人力推移方便，能在很窄的走道内操作，减轻堆垛工人的劳动强度，且堆码或提升高度较高，仓库的库容利用率较高，作业灵活。所以，堆垛机在中小型仓库内被广泛使用。堆垛机有桥式堆垛机、巷道式堆垛机等类型。

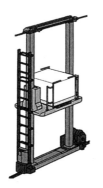

图 3-17　堆垛机

（六）出入库输送机

图 3-18 所示的出入库输送机系统是大型、复杂自动化仓库的重要组成部分，高层货架、堆垛机易实现标准化产品；但出入库输送机系统要根据仓库的平面布置、出入库作业的内容、出入库的工位数、分流和合流的需求等进行具体规划和设计。出入库输送机系统的规划和设计是自动化仓库适用性的关键。出入库输送机系统的规划设计与托盘的外形尺寸、下部结构，相关物流设备的装卸方法、自动化控制、检测方法等都有密切的关系。

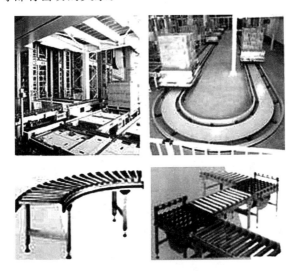

图 3-18　出入库输送机

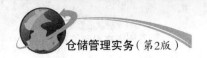

虽然每个用户的出入库输送机系统各不相同，但还是由下列几种形式的输送机及其基础模块组成：

(1) 链式输送机；

(2) 辊道输送机；

(3) 链式—辊道复合型输送机；

(4) 链式—带辊道输送功能升降台的复合型输送机；

(5) 带链式输送机或带辊道输送机的单轨车输送系统；

(6) 自动搬运车及其系统等。

### 四、仓库设备的使用管理

设备的管理方式根据仓库规模的大小、设备数量的多少以及设备的集中与分散、固定与流动等使用情况而定。除少数固定的设备统一使用外，其余的都是分散使用。因此，设备的管理方式通常在统一管理的基础上，实行分级管理、专人负责、专门管理部门负责的方式，以确保设备完好率，保证仓储业务的正常进行。

对于仓库中的设备必须建立管理、使用、维修、保养制度，这是仓储管理工作中的一个重要环节。尤其是一些大型仓库，机械设备较多，更应加强管理。装卸搬运机械设备的管理工作有以下几个要点：

(1) 制定必要的规章制度、操作规程，并认真贯彻执行；

(2) 加强对操作、维修人员的安全教育和技术培训，实行使用、维修相结合的方法，不断提高技术水平；

(3) 加强技术资料的管理工作，建立设备技术档案；

(4) 及时总结推广先进经验，努力节约原材料、燃料，降低装卸搬运成本。

### 比一比

**案例：无锡高新物流中心机械设备管理规定**

1. 目的

为本中心日常工作管理提供符合要求的过程设备。

2. 适用范围

适用于对本中心工作使用的机械设备的管理和维护。

3. 定义

属于固定资产的机械设备。

4. 内容

(1) 行政部统一管理好物流中心的机械设备，运调部合理调度和使用，经常检查设备的运转情况，及时排除故障，做到管理好、使用好、保养好。

(2) 根据设备状况有计划、有准备地订购零配件，并由行政部管理，建立账卡和领用手续，做到不积压、不浪费。

（3）建立和健全设备技术档案，每台一卷，并详细登记机械设备的名称、制造国家（地区）和工厂以及出厂年月、购进年月、型号功率等并随时记载日常作业和维修、保养情况，系统地积累资料，全面掌握机械设备情况。

（4）培养技术熟练和会维修的操作人员。

（5）切实抓好机械设备的维修保养工作，坚决做到定期保养和及时维修。

（6）严格遵守机械设备报废申请规定：

①凡达到使用年限、确无修复价值的、主要配件无来源的、因事故损坏无法修理的均可申请报废。

②要抓紧对报废机械设备的残值回收。

5. 相关记录

做好《设备维护运行记录表》的记录工作。

### 读一读

**拓展知识：我国物流设备发展的趋势**

随着现代物流的发展，物流设备出现了以下几个方面的发展趋势：

**一、自动化与智能化**

随着信息化的快速发展，物流设备的自动化程度不断提高。已经在烟草行业配送中心广泛运用的 AGV 系统就是直接的体现。另外，京东一号仓库利用自动存取系统（AS/RS 系统），可实现高密度储存和高速拣货，"多层阁楼拣货区"可实现自动拣货、快速拣货、多重复核、多层阁楼自动输送，这些都是物流设备自动化不断发展的成果。这些先进的信息技术在整个物流行业的全面普及是物流设备未来发展的主要趋势。另外，物流设备执行任务时可进行动态决策的智能化功能也是物流设备发展的主要趋势。

**二、标准化与定制化**

标准化思想一直是制造一线的主流思想，同样适用于物流设备的研发。物流行业的快速独立发展，促使了物流设备多样化的长期发展，也在某种程度上导致了物流设备通用性的降低及作业效率的低下，同时造成了物流设备制造资源的浪费、设备制造时间的拉长及制造成本的增高。因此，回归物流发展与制造业联动统一的模式，物流设备会在很多应用领域呈现标准化的发展趋势。另处，对于刚刚兴起的使用物流设备的行业，例如农产品物流和冷链物流，以及一些使用物流设备解决特殊问题的行业，物流设备的定制化也有很大需求。因此，标准化与定制化并存并以标准化为主是物流设备未来的发展趋势。

### 三、集成化与系统化

根据集成化与系统化思想，各类物流设备的集成可构成一个高效的物流系统。以前我国从国家顶层设计层面到基层操作层面对系统集成都不太重视，有人认为"集成"就是把各种设备放在一起，没有创新性，这种想法缺乏系统化思想。例如立体仓库的取放货，用全自动的方式有时反而成本高、效率低，技术先进但实际应用效果却不如人意。如果在需要大量人工判断和寻找的出库拣选作业流程中使用自动化系统，而在简单易操作的入库作业中使用人工配合设备操作，既可以避免自动化设备的高故障率对出入库作业的影响，又可以降低投资。这种不同性质设备的集成化和系统化也是未来物流设备发展的方向。

### 四、绿色化与节能化

随着物流设备不断向大型化发展，对于电力等能源的需求也越来越大。大型物流设备的启动和待机状态的耗电情况根据设计方法的不同有明显差异。因此，将节能化的思想引入物流设备的研发是物流设备的发展趋势。另外，如天然气、光能等清洁能源的应用对于物流设备向绿色节能方向发展具有重要意义。

## 任务实施

**看一看**

1. 查阅相关资料，了解目前主要的仓库机械设备及功能。
2. 了解仓库设备的市场价格。

**做一做**

仓库设备的选择，一般可按以下步骤进行：

1. 详细说明设备必须履行的功能和服务的作业目标

所选设备是做什么的？这个问题至关重要，这也是所有管理者在开始确定设备方案之前必须准确回答的问题。为仓库选择恰当的设备之前，必须对作业、动作、流程及在运行的系统有一个清晰的理解。对仓库内的某个作业如何影响其他作业，从设备选择角度来看是极其重要的。例如，叉车搬运前，是否有必要选择规划可伸缩式输送系统以提高非单元化货品的卸货效率。应列举机械要求、空间需求，并让与备选设备有关的所有物流作业成员参与评论，以确认没有遗漏任何要素,并以此需求为出发点,着手制订设备方案。

2. 规划设备方案来满足已确定的作业要求

在设备规划过程中,其目的不是确定设备方案的详细规格,而是确定设备的一般分类。例如货架设备,首先要制订的设备方案是以托盘货架,或者是悬臂式货架为分类依据;然后,在设备规划与选择过程中的第四和第五个步骤中,再制订更详细的规格形式,如镀锌还是表面喷塑工艺。

3. 评估备选设备方案

评估方案过程中,最重要的一点是定量(经济评估)与定性分析相结合。对于设备方案的经济评估,首先是成本计算。通常,成本分两类:投资成本和年运行成本。最普遍的投资成本是设备的采购费用。年运行成本是使用设备过程中不断发生的费用。典型的年运行成本项目包含物流作业人员的工资、设备维护费用、税和保险费等。其次应该计算设备方案的现值。折旧、税赋计算和企业所得税是经济分析的重要方面。这里不再详细说明。

进行定性分析时,先确定定性因素,定性因素确定后,将所有因素按重要程度赋予权数,然后针对不同方案进行打分。一般而言,安全性比灵活性重要三倍,而成本比安全性更加重要。具体评估过程中还有一些技巧,如权重的讨论可以借助项目组成员的投票值加权。有时,为了更切实地评估每个考评因素,还可以将每个因素赋予多个等级,例如,可以赋予"安全性 5 个等级",1 级得分 30、2 级得分 26、3 级得分 22……5 级得分 14 分,再一步一步得出总分。

4. 选择设备和供货商

选定设备方案后,接下来的工作是说明所需设备的详细规格。通常这个阶段的重要工作是说明设备需求的详细规格,以及接触供应商,详细咨询供应商资质及设备的说明。

5. 准备设备/系统招标书

这方面的具体操作方法不再赘述。

通过以上的步骤分析大致可得出以下结论:仓库设备选择工作,最大的挑战是清晰描述仓库作业需求,具体恰当地说明设备的规格要求以及正确地评估相关方案。实践证明,设备规划与选择工作既需要科学性,同时也需要艺术性。作业经验的积累、设备相关知识的配备是成功的关键。对于复杂的仓库,请一个专业工程公司和顾问机构协助不失为英明之举。

## 实践训练

练习 1:调查当地一家仓储企业,了解其主要有哪些机械设备。

练习2：根据你的观点，是不是仓库的机械设备越先进对仓储企业的经营越有利？为什么？

**赛一赛**

判断下列描述的正确性。比比谁的速度快！

1. 托盘属于集装单元设备。
2. 移动式货架地面使用率可达 90%。
3. 重力式货架可实现货物的先进先出。
4. 我国托盘标准为 1 200 mm×1 000 mm 和 1 100 mm×1 100 mm 两种规格。
5. 悬臂式货架空间利用率较高。

# 项目4 仓库作业流程

**学习目标**

**1. 知识目标**:掌握仓库的出入库和在库管理的基本流程;掌握各种单据的填写和处理方法;明确仓库作业的具体要求;熟悉各步骤的操作要点。

**2. 能力目标**:能设计仓库出入库和在库作业流程及保管方案,会设计和填写各种单据。

**3. 素质目标**:能够根据企业要求设计操作流程和保管方案。

**工作任务**

1. 设计 AA 公司货物的入库作业流程及全套单据。
2. 设计 AA 公司货物的在库管理流程、产品的盘点方案及全套单据。
3. 设计 AA 公司货物的出库流程、出库作业的全套单据。

## 项目 4.1 入库作业

**任务描述**

任务 1:设计 AA 公司货物的入库作业流程及全套单据。
任务 2:进行 AA 公司货物的储位安排。

**任务分析**

**想一想**

问题 1:仓库作业的第一道环节是什么?
问题 2:入库作业要用到哪些单据?

**议一议**

话题 1:货物入库前要做好哪些准备?
话题 2:进行储位安排时,要注意哪些事项?

## 相关知识

**讲一讲**

### 一、入库作业的概念

入库作业是指物资进入仓库储存时所进行的检验和接收等一系列技术作业过程,包括物资的接收、装卸、验收、搬运、堆码和办理入库手续等技术作业,是仓储业务管理的开始。

入库工作的好坏将直接影响物资的保管和销售。

### 二、入库作业的流程

入库作业包括入库前准备、物资接运、物资验收、物资入库四个环节(如图4-1)。

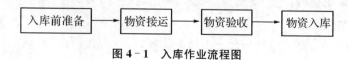

图4-1 入库作业流程图

(一)入库前准备

1. 编制仓库物资入库计划

物资入库计划是仓库业务计划的重要组成部分。其目的是为了有计划地安排仓位,筹集各种器材,配备作业的劳动力,使仓库的仓储业务最大限度地做到有准备、有秩序地进行。

首先,仓库的业务员和管理人员应该通过查阅货物资料、询问存货人等途径了解入库物资的品种、规格、数量、包装状况、单件体积、重量、确切的到库时间、物资存期、物资的物理化学特征、保管的要求等具体情况;其次,仓库业务员和管理人员应动态地掌握仓库货位的使用情况、机械设备条件、劳动力状况等;最后,仓库业务部门应根据掌握的详细信息,制订仓储计划,并将各项具体任务下达到相关作业单位。

企业物资供应部门的物资储存计划、进货安排会经常发生变化。为适应这种情况,仓库管理上可采取长计划短安排的办法,按月编制计划。

2. 货位准备

仓库业务部门根据入库物资的类别、性能、数量、包装、存放时间等情况,结合仓库分区、分类、定位保管的要求,核算占用货位大小,根据货位的使用原则,妥善安排货位。仓库管理人员负责具体的货位准备工作,如腾仓、清洁货位、清理排水系统、消毒除虫等。

选择货位主要有如下原则:

(1)以周转率为基础法则。即将货品按周转率由大到小排序,再将此序分为若干段(通常分为三至五段),同属于一段中的货品列为同一级,依照定位或分类存储法的原则,指定存储区域给每一级货品,周转率越高应离出入口越近。

(2)产品相关性法则。即把相关物品放在相邻区域,这样可以缩短提取路程,减少人员工作强度,简化清点工作。产品的相关性大小可以利用历史订单数据作分析。

(3) 产品同一性法则。所谓同一性的原则,就是把同一物品储放于同一保管位置。这样作业人员对于货品保管位置能熟知,并且对同一物品的存取花费最少搬运时间,是提高物流中心作业生产力的基本原则之一。否则,当同一货品散布于仓库内多个位置时,进行存放取出等作业时不方便,也会对盘点以及作业人员对料架物品掌握程度造成困难。

(4) 产品互补性原则。互补性高的货品也应存放于邻近位置,以便缺货时可迅速以另一品项替代。

(5) 产品相容性法则。相容性低的产品不可放置在一起,以免损害品质。

(6) 产品尺寸法则。在仓库布置时,我们同时考虑物品单位大小以及由于相同的一群物品所造成的整批形状,以便能供应适当的空间满足某一特定要求。所以在存储物品时,必须要有不同大小位置的变化,用以容纳不同大小的物品和不同的容积。此法则可以使物品存储数量和位置适当,使得拨发迅速,搬运工作及时间都能减少。一旦未考虑存储物品单位大小,将可能造成存储空间太大而浪费空间,或存储空间太小而无法存放;未考虑存储物品整批形状亦可能造成整批形状太大无法同处存放。

(7) 重量特性法则。所谓重量特性的原则,是指按照物品重量的不同来决定存放物品于货位的高低位置。一般而言,重物应保管于地面上或料架的下层位置,而重量轻的物品则保管于料架的上层位置;若是以人手进行搬运作业时,人腰部以下的高度用于保管重物或大型物品,而腰部以上的高度则用来保管重量轻的物品或小型物品。

(8) 物品特性法则。物品特性不仅涉及物品本身的危险及易腐蚀,同时也可能影响其他的物品,因此在物流中心布局时应考虑。

准备货位时除了遵循上面的原则外,还要计算货位存货量。

(1) 确定库场货物单位面积定额,即单位仓容定额 $p$。单位仓容定额 $p$ 通过库场单位面积技术定额 $p_{库}$ 和货物单位面积堆存定额 $p_{货}$ 两个指标来确定。

库场单位面积技术定额 $p_{库}$ 是指库场地面设计和建造所达到的强度,用 $t/m^2$ 表示。如某仓库标注 $3\ t/m^2$,该指标确定了该货位的最大允许存放的货物数量。一般仓库的地面单位面积技术定额为 $2.5\sim3\ t/m^2$,楼层增高则该值相应减,加强型地面为 $5\sim10\ t/m^2$。

货物单位面积堆存定额 $p_{货}$ 则是货物本身的包装及其本身强度所确定的堆高限定。如某电冰箱注明限高 4 层,每箱底面积为 $0.8\ m\times0.8\ m$,每箱重 80 kg,则该电冰箱的单位面积堆存定额为:

$$p_{货}=\frac{80\times4}{0.8\times0.8\times1\ 000}=0.5(t/m^2)$$

库场货物单位面积定额则由以上两者确定,使用较小的数值,这样才能同时保证库场地面不会被损坏及货物本身不会被压坏。

即:如果 $p_库 < p_货$,则 $p = p_库$;若 $p_库 > p_货$,则 $p = p_货$。

如上例中 $p_库 > p_货$,因而库场货物单位面积定额就为 $0.5\ t/m^2$。

(2) 计算货位存货量。货位存货量是计算所选用的货位能堆存拟安排货物的总数量,亦即货位的存储能力 $q$。

$$q = ps$$

式中:$q$——某货位的储存能力(t);

$p$——某类货物的仓容定额($t/m^2$);

$s$——该类货物所存放货位的有效占用面积($m^2$)。

(3) 计算仓库储存能力。仓库存储能力 $Q$ 包括某一仓库或整个库区对特定货物的存放能力。

$$Q = \sum ps$$

式中:$Q$——仓库的储存能力(t);

$p$——某类货物的仓容定额($t/m^2$);

$s$——该类货物的有效占用面积($m^2$)。

**3. 苫垫材料准备**

根据入库物资的性能、保管要求、数量及库场的具体条件确定堆垛方法,制定苫垫方案,准备好苫垫材料,以确保入仓货物的安全。

**4. 设备器具准备**

大批量货物入库,必须有装卸搬运机械的配合。仓库应该事前设计好装卸搬运工艺,做好设备的申请调用工作;准备好验收用的检验工具,如衡具、量具等,确保这些工具的准确性。

**5. 资料准备**

仓库管理人员对货物入库所需的各种报表、单证、记录簿(如入库记录、理货检验记录、料卡、残损单等)按要求准备妥当,以备使用。

**(二)物资接运**

物资接运人员要熟悉交通运输部门及有关供货单位的制度和要求,根据不同的接运方式,处理接运中的各种问题。

**1. 接运方法**

(1) 专用线接运。专用线接运是指铁路部门将转运的物资直接运送到仓库内部专用线的一种接运方式。仓库接到车站到货通知后,应确定卸车货位,力求缩短场内搬运距离,准备好卸车需要的人力和机具。车皮到达后,要引导入位。

使用专用线接运物资时应做好如下工作:

①卸车前的检查工作。卸车前的检查工作十分重要,通过检查可以防止误卸和分清物资运输事故的责任。若发现问题,应及时与车站联系,进行相应处理。卸车前检查的主要内容如下:核对车号;检查车门、车窗有无异状,货封是否脱落、破

损或印纹不清、不符等；检查物资名称、箱件数与物资运单上填写的名称、箱件数是否相符；对盖有篷布的敞车，应检查覆盖状况是否严密完好，尤其应该查看有无雨水渗漏的痕迹和破损、散捆等。

②卸车中应注意的要点。必须按照车号、品名、规格分别堆码，做到层次分明，便于清点，并标明车号及卸车日期；注意外包装的指示标志，要正确钩挂、铲兜、升起、轻放，防止包装和物资损坏；妥善处理苫盖，防止受潮和污损；对品名不符、包装破损、受潮或损坏的物资，应另外堆放，写明标志，并会同承运部门进行检查，编制记录；力求与保管人员共同监卸，争取做到卸车和物资件数一次点清；卸后货垛之间留有通道，并要与电杆、消防栓保持一定的距离，要与专用线铁轨外侧距离1.5 m 以上；正确使用装卸机具、工具和安全防护用具，确保人身和物资安全。

③卸车后的清理工作。检查车内物资是否卸净，关好车门、车窗，通知车站取车；做好卸车记录，如卸车货位、物资规格、数量等，连同有关证件和资料尽快向保管人员或验收人员交代清楚，办好内部交接手续。内部交接手续包括调运机构或接运人员将卸车记录、货运记录和进货物资件数交付保管人员。

（2）车站、码头提货。到车站提货，应向车站出示领货凭证。如果领货凭证发货人未予寄到，也可凭单位证明或在货票存查联上加盖单位提货专用章，将货物提回。

到码头提货的手续与到车站提货稍有不同。提货人要事先在提货单上签名并加盖公章或附单位提货证明，到港口取回货物运单，即可到指定的库房提取货物。

提货时应根据运单和有关资料认真核对物资的名称、规格、数量、收货单位等。仔细进行外观检查，如包装是否铅封完好，有无水渍、油渍、受潮、污损、锈蚀、破损等。如果发现与运单记载不相符合，应立即会同承运部门共同查清，并开具文字证明；对短缺、损坏等情况，应追究承运部门责任，并做好货运记录。

货到库后，接运人员应及时将运单连同提取回的物资与保管人员办理交接手续。

（3）自提货。自提货是指仓库直接到供货单位提货。这种方式的特点是提货与验收同时进行。仓库根据提货通知，要了解所提物资的性质、规格、数量，准备好提货所需的设备、工具和人员。到供货单位进行物资验收时，应当场点清数量，查看外观质量，做好验收记录。提货回仓库后，交验收员或保管员复验。

（4）库内接货。这是供货单位将物资直接送达仓库的一种供货方式。当货物到达后，保管员或验收员直接与送货人办理接收工作，当面验收并办理交接手续。如果有差错，应填写记录，由送货人员签字证明，向有关方面提出索赔或以其他办法处理。

2. 接运中的差错处理

在接运过程中，有时会发现或发生差错，如错发、混装、漏装、丢失、损坏、受潮、污损等。这些差错，有的是发货单位造成的，有的是承运单位造成的，也有的是在接运短途运输装卸中自己造成的。这些差错，除了由于不可抗拒的自然灾害或物资本身性质引起的以外，所有差错损失应向责任者提出索赔。

差错记录主要有以下两种：

（1）货运记录。货运记录是表明承运单位负有责任，收货单位据此索赔的基本文件。物资在运输过程中发生差错，应填写货运记录。货运记录包括物资名称、件数与运单记载不符，物资被盗、丢失或损坏，物资污损、受潮、生锈、霉变或其他货物差错等。记录必须在收货人卸车或提货前，通过认真检查后发现问题，经承运单位复查确认后，由承运单位填写并交收货单位。

（2）普通记录。普通记录是承运部门开具的一般性证明文件，不具备索赔效力，仅作为收货单位向有关部门交涉处理的依据。遇有下列情况并发生货损、货差时，填写普通记录：

①铁路专用线自装自卸的物资；
②棚车的铅封印纹不清、不符或没有按规定施封；
③施封的车门、车窗关闭不严，或者门窗有损坏；
④篷布苫盖不严实，漏雨或其他异状；
⑤责任判明为供货单位的其他差错事故等。

以上情况的发生，责任一般在发货单位。收货单位可持普通记录向发货单位交涉处理，必要时向发货单位提出索赔。

在完成物资接运工作的同时，每一个步骤都需要详细记录。接运记录（如表4-1）应详细列出物资到达、接运、交接等各环节的情况。

表4-1 接运记录单

| 序号 | 到达记录 | | | | | | | 接运记录 | | | | 交接记录 | | |
|---|---|---|---|---|---|---|---|---|---|---|---|---|---|---|
| | 通知到达时间 | 运输方式 | 发货站 | 发货人 | 运单号 | 车号 | 货物名称 | 件数 | 重量 | 日期 | 件数 | 重量 | 缺损情况 | 接货人 | 日期 | 提货单编号 | 附件 | 收货人 |

接运工作全部完成后，所有的接运资料，如接运记录、运单、运输普通记录、货运记录、损耗报告单、交接证以及索赔单和文件、提货通知单及其他有关资料等均应分类输入计算机系统以备复查。

3. 核对凭证

物资运抵仓库后，仓库收货人员首先要检验物资入库凭证，然后按物资入库凭证所列的收货单位、货物名称、规格数量等具体内容，逐项与物资核对。如发现送错，应拒收退回。一时无法退回的，应进行清点并另行存放，然后做好记录，待联系后再处理。经复核查对无误后，即可进行下一道工序。

4. 大数点收

大数点收是按照物资的大件包装（即运输包装）进行数量清点。点收的方法有两种：一是逐件点数计总数；二是集中堆码点数。

逐件点数，如靠人工点计则费力易错，可采用简易计算器，计数累计以得总数。

对于花色品种单一、包装大小一致、数量大或体积较小的物资,适于用集中堆码点数法,即入库的商品堆成固定的垛形(或置于固定容量的货架上),排列整齐,每层、每行件数一致。一批商品进库完毕,货位每层(横列)的件数与以下各层的件数不一样,这时要注意避免由于统一统计而产生差错。大数点收应注意以下事项:

(1) 件数不符。大数点收中,如发生件数与通知单所列不符,数量短少,经复点确认后,应立即在送货单各联上批注清楚,按实数签收,同时,由收货人员与承运人员共同签章。经验收核对属实,由保管人员将查明的短少物资的品名、规格、数量通知运输部门、发货单位和货主。

(2) 包装异状。收货中如发现物资包装有异状,收货人员应会同送货人员开箱、拆包检查,查明确有残损或细数短少情况的,由送货人员出具入库物资异状记录,或在送货单上注明。同时,应通知保管人员另行堆放,勿与以前入库的同种物资混堆在一起,以待处理。如入库物资包装损坏十分严重,仓库不能修复无法保证储存安全时,应联系货主或供货单位派人员协助整理,然后再验收入库。未正式办理入库手续的物资,仓库要另行堆存。

(3) 物资串库。在点收本地入库物资时,如发现货与单不符,有部分物资错送来库的情况(俗称串库),收货人员应将这部分与单不符的物资另行堆放,待应收的商品点收完毕后,交由送货人员带回,并在签收时如数减除。如在验收、堆码时才发现串库物资,收货人员应及时通知送货人员办理退货更正手续,不符的物资交送货或运输人员提回。

(4) 物资异状损失。物资异状损失是指接货时发现物资异状和损失的问题。设有铁路专用线的仓库,在接收物资时如发现短少、水渍、污染、损坏等情况时,由仓库收货人员直接向交通运输部门交涉。如遇车皮或船舱铅封损坏,经双方共同清查点验,确有异状、损失情况的,应向运输部门按章索赔。

在大数点收的同时,对每件物资的包装和标志要认真查看。检查包装是否完整、牢固,有无破损、受潮、水渍、油污等异状。物资包装的异状,往往是物资受到损害的外在现象。如果发现异状包装,必须单独存放,打开包装详细检查内部物资有无短缺、破损和变质。逐一查看包装标志,目的是防止不同物资混入,避免差错,并根据标志指示操作,确保入库储存安全。

(三) 物资验收

物资验收是按照验收业务作业流程,核对凭证等规定的程序和手续,对入库物资进行数量和质量检验的经济技术活动的总称。由于物资来源复杂,渠道繁多,从结束其生产过程到入库前,经过一系列储运环节,各种到库物资的数量和质量可能会受到储运水平和其他外界因素影响;虽然各类物资在出厂前都经过了检验,但也不排除错检、漏检情况的发生。因此,所有到库物资在入库前必须进行检验,验收合格后方可正式入库。

1. 物资查验方式

(1) 全验。全验需要耗费大量人力、物力和时间,检验成本高,但可以保证验收质量。在商品批量小、规格复杂、包装不整齐的情况下,可采用此法。数量和外观质量一般要求全验。

(2) 抽验。物资质量和储运管理水平的提高以及数理统计的发展,为抽验方式提供了物质条件和理论基础。对于大批量、同包装、同规格、信誉较高的存货单位的物资可采用抽验的方式检验。若在抽验中发现问题较多,应扩大抽验范围,直至全验。

2. 物资检验内容

1) 数量检验。数量检验一般采用检斤、计件、检尺求积等形式,是由仓库保管职能机构组织进行的。

(1) 检斤。检斤是指对以重量为计量单位的物资进行数量检验时的称重,以确定其毛重和净重。值得注意的是,按理论换算重量的物资,先要通过检尺,然后按照规定的换算方法和标准换算成重量验收,如金属材料中的板材、型材等。所有检斤的物资都应填写磅码单。

(2) 计件。计件是指对以件数为单位的商品进行件数的理算。一般情况下,计件物资应逐一点清。固定包装物的小件商品,如果包装完好,则不需要打开包装。国内物资只检查外包装,不拆包检验。进口物资按合同和惯例检验。

(3) 检尺求积。检尺求积是指对以体积为计量单位的商品先检尺后求积所做的数量检验,如木材等货物,根据实际检验结果填写磅码单。

2) 质量检验。质量检验包括外观质量检验和内在质量检验。

(1) 外观质量检验

①包装检验。通过人的感觉器官,检验物资的外包装或装饰有无被撬开、开封、污染、破损、水渍等情况,检查外包装的牢固程度。

②物资外观检验。对无包装的商品,直接查看其表面,检查是否有撞击、变形、生锈、破碎等损害。

③物资的重量尺寸检验。由仓库的技术管理职能机构组织进行。对入库物资的单件重量、货物尺寸进行测量,确定货物的重量。

④标签、标志检验。检查商品标签、标志是否具备,是否完整、清晰,标签、标志与商品内容是否一致。

⑤气味、颜色、手感检验。对某些特定物资必须通过物品的气味、颜色、手感来判定其是否新鲜,有无干涸、结块、溶化等现象。

⑥打开外包装检验。外观有缺陷的物品,有时可能影响其质量,当检验人员判定物品内容有受损可能时,就应该打开包装检验。开包检验必须有两人以上在场。检验后,根据实际情况及时封装或更换包装,并印贴已验收的标志。

商品的外观检验通过外观来判断质量,简化了仓库的质量验收工作,避免了各部门反复进行复杂的质量检验,节约了成本。凡经过外观质量检验的商品都应填写检验记录单。

(2) 内在质量检验。内在质量检验是对物品内在质量和物理化学性质所进行的检验。对物品内在质量的检验要求有一定的技术支持和检验手段。目前,大多数仓库不具备这些条件,所以,一般由专业技术检验单位进行,经检验后出具检验报告。

3. 验收中发现和处理的问题

在物品检验过程中会产生许多问题,仓库管理部门应区别不同情况给予及时处理。同时,验收中发现有问题需等待处理的物品,应该单独存放,妥善保管,防止混杂、丢失、损坏。现将几种常见的问题归纳如下:

1) 数量方面的问题

(1) 数量短缺在误差规定的范围内的,可按原数入账。

(2) 数量短缺超过误差规定的范围的,应做好验收记录,填写磅码单,交主管部门会同货主向供货单位交涉。

(3) 实际数多于原发料量的,可由主管部门向供货单位退回多发数或补发货款。

2) 质量方面的问题

(1) 凡物品质量不符合规定要求的,应及时向供货单位办理退货、换货。

(2) 物品规格不符或错发的,应将情况做成验收记录交给主管部门办理退货。

仓库对物资验收中数量和质量方面的具体问题,可用书面形式通知货主或发货方要求查明情况进行处理。可采用物资溢余、短缺、破损查询单的形式(如表4-2)。

表4-2 物资溢余、短缺、破损查询单

| 到货日期 | 年 | 月 | 日 | | | 车单编号 | | 字 | 号 |
| 验收日期 | 年 | 月 | 日 | | | 材料库编号 | | 字 | 号 |

| 发货单位 | | 合同号 | | 运次 | | 车号 | | 凭证号 | | 质量证明书 | |
| 运输方式 | | 发站 | | 运单号 | | 到站 | | 承付日期 | | 发货件数 | |
| 目录编号 | 原始凭证记录 | | | | 实收数 | 溢收 | 短缺 | 残损 | 质差 | 规格不符 | 备注 |
| | 器材名称及规格 | 单位 | 数量 | 总价 | | 数量/金额 | 数量/金额 | 数量/金额 | 数量/金额 | 数量/金额 | |
| | | | | | | | | | | | |
| | | | | | | | | | | | |
| | | | | | | | | | | | |
| | | | | | | | | | | | |
| | | | | | | | | | | | |
| 收料部门验收及处理意见: | | | | | | 发料部门复查及处理意见: | | | | | |
| 收料单位: | 审核: | | 经办人: | | | 发料单位: | 签复人: | | 年 月 日 | | |

3) 资料方面的问题

入库物资必须具备入库通知单,订货合同副本,供货单位提供的材质证明书、装箱单、磅码单、发货明细表以及承运单位的运单等资料。凡资料未到或资料不齐的,应及时向供货单位索取,该物品则作为待验物品堆放在待验区,待与物品相关的资料到齐后再验收。

入库前的物品检验是一项技术要求高、组织严密的工作,直接关系到整个仓储业务能否顺利进行,必须做到及时、准确、严格、经济。

（四）物资入库

入库物品经过仓库的检验后,由仓库保管员根据验收结果,在货物入库单上签收。同时,要在入库单上注明该批货物的货位编号,以便记账、查货、发货。仓库收货员还应在送货人提供的送货单上签名盖章,并留存相应单证。如果验收过程中发现差错、破损等不良情况,必须在送货单上详细注明差错的数量、破损状况等,并由当事人签字,以便与供货方、承运方分清责任。

物资入库的手续包括登账、立卡、建档、信息录入等。

1. 登账

登账是指建立入库物品明细账。该明细账动态地反映商品进库、出库、结存等详细情况。该明细账的主要内容有商品名称、数量、规格、累计数或结存数、存货人或提货人、批次、单价、金额、商品的具体存放位置等。仓库物资保管部门负责该明细账的登记和管理,凭此进行货物的进出库业务。

2. 立卡

商品入库后,仓库保管员应该将各种商品的名称、数量、规格、质量状况等信息编制成一张卡片,即物资保管卡片,这个过程即为立卡。

物资保管卡片的管理办法主要有两种：一是由保管员集中保存管理。这种方法有利于责任制的贯彻,即专人专责管理。但是如果有进出业务而该保管员缺勤时就难以及时进行。二是将物资保管卡片直接挂在物资垛位上。挂放位置要明显、牢固。这种方法的优点是便于随时与实物核对,有利于物资进出业务及时进行,可以提高保管员的工作效率。

3. 建档

将物资入库业务作业全过程的有关资料证件进行整理、核对,建立资料档案,为物资的保管、出库业务活动创造良好的条件。

4. 信息录入

到达物流中心的物资,经验收确认后一般应填写入库验收单,单据的格式根据物资及业务形式而不同,但一般包含如下信息：

（1）供应商信息：名称、送货日期、送货订单完成情况。

（2）物资信息：品种、数量、质量验收记录、生产日期或批号。

（3）订单信息：订单对应号、序号、当日收货单序号。

填写入库验收单后,还需将有关入库信息及时准确地录入库存物资信息管理系统,更新库存物资的有关数据。物资信息录入的目的在于为后续作业提供管理和控制的依据。

对于初次收到的物资,需要严格进行入库检验,并将信息及时输入仓库管理信息系统。入库物资信息需要录入以下内容:

(1) 物资的一般特征,如物资名称、类别、规格、型号,物资的包装单位、包装尺寸、包装容器、单位重量及价格等。

(2) 物资的原始条码、内部编号、进货入库单据号码、物资的储位。

(3) 供应商信息,如供应商名称、编号、合同号等。

录入以上信息后,仓库管理信息系统将自动更新和储存录入的信息,特别是物资入库数量的录入将增加在库物资账面余额,从而保证物资账面数目与实际库存数量一致,既为保管物资数量与质量提供依据,也为库存物资数量的控制和采购决策提供参考。对作业过程中产生的单据和其他原始资料应注意根据一定的标准,如按不同的供应商或时间顺序等归类整理,留存备查。

### 比一比

**案例:无锡高新物流中心普通货物入库流程及要点**

一、流程

普通货物入库流程如图 4-2 所示。

二、普通货物入库作业要点

1. 接到入库通知。必须是有效的传真、邮件、入库单据等。

2. 保管员填写入库单,主管安排入库货位、人员。

3. 送货人必须有送货单或者运单。

4. 接收货物,操作人员按照主管安排进行入库;保管员必须亲自到场核对数量、质量(只针对货物外包装),并按照实际情况填写质量交接凭证,如有破损,必须进行破损登记,并通知送货人到现场来确认,严格把好入库关。

5. 货物放入指定货位,并注意按照外包装标识进行搬运和摆放(如层数、向上、易碎、防潮等),同一批货物应尽量摆放在相邻货位。

6. 输单员要及时将货物信息输入系统。

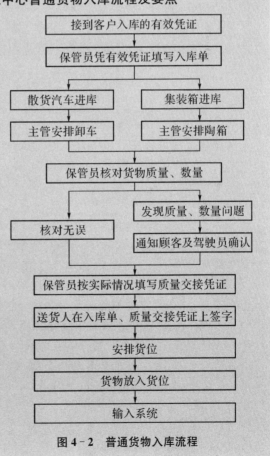

图 4-2 普通货物入库流程

> 读一读

## 拓展知识:仓储管理的八部曲关键管理模式

第一部曲:追。仓储管理应具备资讯追溯能力,前伸至物流运输与供应商生产出货状况,与供应商生产排配及实际出货状况相衔接。同时,仓储管理必须与物流商进行ETD/ETA连线追溯。ETD(Estimated to Departure)——离开供应商工厂出货的码头多少量?离开供应商外包仓库的码头多少量?第三方物流与第四方物流载具离开出发地多少量?ETA(Estimated to Arrival)——第三方物流与第四方物流载具抵达目的地多少量?抵达公司工厂的码头多少量?抵达公司生产线边仓多少量?与VMI Min/Max库存系统连线补货状况。

第二部曲:收。仓库在收货时应采用条码或更先进的RFID扫描来确认进料状况,关键点包括:供应商送货时,送货资料没有采购VPO号,仓库应及时找相关部门查明原因,确认此货物是否今日此时该收进;在清点物料时如有物料没有达到最小包装量的散数箱时,应开箱仔细清点,确认无误,方可收进;收货扫描确认时,如系统不能识别,应及时找相关部门查明原因,确认此货物是否收进。

第三部曲:查。仓库应具备货物的查验能力,对于甲级流氓(只有几家供应商可供选择的有限竞争市场和垄断货源的独家供应市场的A类物料)特别管制,严控数量,独立仓库,24小时保安监控;建立包材耗材免检制度,要求供应商对于线边不良包材耗材无条件及时补货退换;对于物料储存时限进行分析并设定不良物料处理时限。

第四部曲:储。物料进仓做到或至少做到不落地(储放在栈板上,可随时移动),每一种物料只能有一个散数箱或散数箱集中在一个栈板上,暂存时限自动警示,尽量做到储位(Bin-Location)管制,做到No Pick List(工令备拣单),不能移动!

第五部曲:拣。拣料依据工令消耗顺序来做,能做到依灯号指示拣料(Pick to Light)则属上乘,拣料时最好做到自动扫描到扣账动作,及时变更库存信息,并告知中央调度补货。

第六部曲:发。仓库依据工令备拣单发料,工令单、备料单与拣料单应三合一为佳,做到现场工令耗用一目了然,使用自动扫描系统配合信息传递运作。

第七部曲:盘。整理打盘始终遵循散板散箱散数原则。例如一种物料总数103个,10箱(每箱10个)加3个零数,在盘点单上用盘点数数方法应写成10箱×10个+3个=103个。对于物料要进行分级分类,进而确定各类物料盘点时间。定期盘点可分为日盘、周盘、月盘。日盘点搭配Move List(库存移动单)盘点;要设定每月1号中午12点结账完成的目标。

第八部曲：退。以整包装退换为处理原则,处理时限与处理数量应做到达到整包装即退或每周五下午3点整批退光,使用Force Parts（线边仓自动补换货）制度取代RMA（退料确认：Return Material Authorization）做法,与VMI Hub退货暂存区共享原则,要求供应商供应免费包装箱。

**经营模式与仓储模式相关联的重要名词解释**

（1）BTS/BTF：Build to Stock/Build to Forecast,根据事前与客户协议的库存水平自动补货的一种交易模式。

（2）BTO：Build to Order,根据客户订单进行生产排配、物料采购、交货安排的弹性接单交易模式。

（3）CTO：Configuration to Order,依客户选配订单由标准半成品起做测试组装交货的弹性接单交易模式。

（4）VMI：Vendor Managed Inventory,供应商免费存放,在距离组装地1~2小时车程、3~14天的订单或预测前置库存。

（5）VMSA：Vendor Managed Staging Area,制造商免费存放,在距离客户销货地1~2小时车程、3~14天的订单或预测前置成品库存。

BTS/BTF是传统的接单方式,在客户提供的预测需求下拟定生产计量,按既定的规格生产半成品、成品入库,客户下订单与交货通知时再由库存出货。其交期承诺的关键要素在"半成品在手库存量和成品在手库存量"能给已排定的生产计量补货并满足订单需求,必要时建立Hub（中转仓）与最后组装线以满足客户最大需求。在BTS/BTF交易方式下,不同仓储模式的管理重点如下：

VMI：在原物料方面,要求贵重与自制的供应商进驻VMI Hub,生产前段尽量做到无库存（库存属供应商）,要货时再调动,其真义已如名词解释；在半成品方面,依预计需求备料,但注意市场需求变量,随时调整库存量。最好用Min/Max（最小需求量/最大需求量）加配套管制其补充量。半成品需用SFC（现场车间管理系统——Shop Floor Control,在工令投入前自动抓取库存信息,自动排配出较佳出货计划进行供应链管理活动）管制为佳。

VMSA：设在客户处的Hub,根据客户销售状况及Forecast的变量与客户共同协商调整Hub的Min/Max,要做到客户提货时自动反映库存与补货量回制造基地。

在BTO接单方式下,客户下订单后才排生产计划,仍按Forecast备料,愈靠近客户做最后组装愈有利,其交货期承诺的关键要素在于原物料供应与产能产量爬坡的速度。在BTO交易方式下,不同仓储模式的管理重点如下：

VMI：在原物料方面,贵重与自制的供货商进驻VMI Hub,生产前段尽量做到无库存（库存属供货商）,供应商做到线边仓服务。在成品拣料方面,成品库存存放于出货口,按同一包装号、SKU号排列,出货时把打包完成的订单货物放置到托盘上。单据上有发货通知(Delivery Note)和运输序列(Transportation Order)两种出货指示表单。从拣料到成品离开出货口,最好不要超过4~8小时。

VMSA:设在客户处的Hub,根据客户销售状况及Forecast的变量与客户共同协商调整Hub的Min/Max,在客户提货时自动反映库存与补货量回制造基地。

CTO是随着产品多样少量化的市场趋势,允许客户就既定规格进行产品细节上的多样选择组态,客户下单后最终确认"组态的技术性",再根据物料状况,确定组装生产计划,作交货期承诺。在CTO交易方式下,不同仓储模式的管理重点如下:

VMI:要求贵重与自制的供应商进驻VMI Hub,生产前段尽量做到无库存(库存属供货商),要货时再调动。在CTO模式下,VMI将发挥及时正确供料的功能。

Pick To Light(生产时依灯号指示拣料):依据生产工单拣料,因CTO订单小样多,拣料较频繁;因机种不同但又很接近,所以拣料区应设定N个区域,隔离各机种不同拣料并标示。Pick To Light的灯号管制与工令条形码信息极为相关。

Merge:CTO模式中,将终端用户所需最终产品的高组合件在运输途中Bounded(绑在一起),一起出货至指定地点交货,是为Merge。通常Merge都是委托交给物流业者来做,第四方物流能够做到Merge功能,下一步即可做到在最终客户桌上测试组装及代收款业务功能。

## 任务实施

### 看一看

1. 搜集和阅读有关入库作业的知识。
2. 了解与仓储作业流程有关的信息技术。

### 做一做

### 一、设计AA公司货物的入库作业流程及全套单据

具体思路如下:

(1)按常规模式设计一般的作业流程:入库前准备→接运→验收→入库。

(2)考虑四种不同商品的特殊要求,在一般作业流程的基础上,进行调整或改进。比如:蔬菜作为生鲜物品,入库前的准备工作有哪些特殊要求?验收时又要注意哪些问题?家电产品在具体的接运过程中又有哪些特殊要求?应该怎样处理?

把各类具体商品的入库作业流程进行细化和精化。

(3) 在第二步的基础上,通过查阅资料和小组讨论,论证经过精化和细化后各类货物的流程合理性。

(4) 根据小组意见再进行改进,并最终确定流程,画出流程图。

(5) 在确定流程的基础上,对入库作业的人员配备、设备配备、相关的管理制度等进行设计,并设计好全套单据。

特别提示:对从事蔬菜和食品作业的人员,要不要制定卫生管理制度?如果要,应该包括哪些方面的内容?

## 二、进行 AA 公司货物的储位安排

(1) 先考虑在安排货位时要用到哪些原则,比如:周转率原则、相关性原则、同一性原则、相容性原则等。

(2) 针对四种商品的特性,分别适用不同原则进行考虑。比如:先从周转率原则考虑,哪类商品应该放在最外面,哪类商品应该放在最里面?然后再分别从相关性原则、同一性原则等要求出发,考虑哪两类商品可以相邻存放,确定四种商品存放的前后次序,得出初步方案。

(3) 对初步方案进行讨论论证,确定是否正确合理,得出定论。

(4) 按照讨论结果画出储位的平面布置图。

## 实践训练

**练一练**

练习1:请画出详细的入库流程图。

**赛一赛**

竞赛1:现有入库流程:

(1) 入库计划录入:录入入库货物基本信息,包括数量、尺码、重量、预计时间等,有的还可提供条码序列;

(2) 送货车辆登记:此环节控制进入收货区的车辆,防止过度拥挤而降低效率;

(3) 理货:清点货物,记录具体货物信息,包括扫描、打托等;

(4) 入库:货物移入库内存放,需要货物状态、库位管理、机械调度等;

(5) 完工:货物入库作业完毕。

如图4-3所示,用条码识别仪器读取数据。试分析此流程有哪些不足。

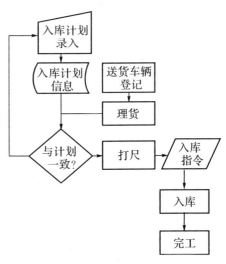

图4-3 流程图

# 项目 4.2　在库作业

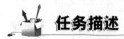
### 任务描述

任务 1：设计 AA 公司货物的在库管理流程。
任务 2：设计 AA 公司产品的盘点方案及全套单据。

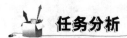
### 任务分析

**想一想**

问题 1：货物存放在仓库中应注意哪些问题？
问题 2：为了保证仓储作业准确而迅速地进行，必须做好哪些准备工作？

**议一议**

话题 1：众多的货物放在一起，如何对它们进行编号？
话题 2：货物存放过程中，对码垛有什么要求？

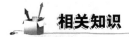
### 相关知识

**讲一讲**

## 一、在库作业概述

在库作业是指对在库物品进行理货、堆码、苫垫、维护保养、检查盘点等保管工作。为了确保物品的数量和质量完好无损，减少出入库的操作时间，提高效率，方便拣选和搬运，必须重视在库作业和保管过程。

## 二、保管方式与作业规范要求

（一）保管方式

保管方式有以下五种类型：
（1）地面平放式：将保管物品直接堆放在地面上进行保管。
（2）托盘平放式：将保管物品直接放在托盘上，再将托盘平放于地面上进行保管。
（3）直接堆放式：将货物在地面上直接码放堆积成各种垛形进行保管。
（4）托盘堆码式：将货物直接堆码在托盘上，再将托盘放在地面上进行保管。
（5）货架存放式：将货物直接码放在货架上进行保管。

（二）保管中的作业规范要求
（1）面向通道：将货物面向通道保管，便于货物在仓库内移动、存放和取出。

(2)先进先出：根据入库时间确定发货时间，避免发生过期变质、损耗现象。

(3)周转频率对应：依据货物收发货的不同频度来确定货物的存放位置，便于搬运和提高物流效率。

(4)同类归一：同类货物放于相同或相近位置，便于分拣，提高物流效率。

(5)重量对应：根据货物重量确定存入的位置和保管方法。重物放于地面或货架低层，轻物放在货架上层。这样便于分拣，提高作业效率。

(6)形状对应：根据货物形状确定存放位置和保管方法。包装标准化的货物堆放在货架上保管。

(7)标记明确：对保管物品的品种、数量及保管位置做明确详细的标记，便于提高货物存放、拣出的物流作业效率。

(8)分层堆放：利用货架等设备对货物进行分层堆放保管，有利于提高仓库的利用效率，保证货物不受挤压及作业的安全性。

(9)五五堆放：根据各种物料的特性做到"五五成行，五五成方，五五成串，五五成堆，五五成层"，流动后零头和尾数要及时合并，使物料叠放整齐，便于点数、盘点和取送。

### 三、理货

（一）理货的作用

仓库理货是指仓库在接受入库货物时，根据入仓单、运输单据、仓储合同和仓储规章制度，对货物进行清点数量、检查外表质量、分类分拣、数量接收的交接工作。理货主要有以下五大作用：

1. 仓库履行仓储合同的行为

仓库理货工作是仓库确认收存货物实物的作业过程，经过理货意味着接收货物，因而是仓库履行仓储合同的保管人义务的行为。仓库理货是对货物数量和表面质量的检查，确认货物是仓储合同所约定的货物。发现货物与合同约定的不同，包括数量不同、品种不同、状态不符合约定时，仓库可以拒绝接受和追究存货人的违约责任。如果事先未订立合同，仓库对货物进行理货确认，也表明仓库接受货物的仓储，成为一种通过行为订立合同的方式。

2. 仓库保管质量的第一道关口

理货是货物入库的第一次检查，通过对货物的全面检查，及时发现货物的不良情况，对已残损、玷污、变质的货物可以拒绝接受；对已存在质量隐患的货物，予以认定和区别，并采取针对性妥善处理措施，或者采用特别的保管手段，防止损害扩大，有利于提高保管质量。

3. 划分责任

通过理货确定货物的数量、质量状况，发现货物短少、残损的，则仓库对所发现的短少和残损不承担责任，否则未发现的残损就会成为仓储期间的损耗而要由仓

库承担责任。经检查发现的货物质量隐患的认定,减轻了仓库对货物保管质量的负责程度。另外,理货工作也是从时间上划分了仓库负责的期限,在理货之后发生的残损,原则上由仓库负责。

4. 仓储作业的过程

理货过程同时也是仓库管理员安排仓储、指挥装卸搬运作业的过程,仓库承担货物分类、分拣的作业过程。若采用外来人员作业时,也是监督作业质量的过程。采用内部员工作业的,理货人员就是内部作业质量管理的监控人。

5. 交接工作

货物经理货确认,由理货人员与送货部门或者承运人办理货物交接手续,签署送货单或交接清单,签署现场单证,接受送货文件。

(二) 理货的内容

仓库理货是仓库管理人员在货物入库现场的管理工作,其工作内容不只是狭义的理货工作,还包括货物入库的一系列现场管理工作。

1. 清点货物件数

对于件装货物,包括有包装的货物、裸装货物、捆扎货物,根据合同约定的计数方法,点算完整货物的件数。如合同没有约定,则仅限在点算运输包装件数(又称大数点收)。合同计件方法为约定细数以及需要在仓库拆除包装的货物,则需要点算最小独立(包装)的件数,包括捆内细数、箱内小件数等;对于件数和单重同时要确定的货物,一般只点算运输包装件数。对入库拆箱的集装箱,则要在理货时开箱点数。

2. 查验货物单重、尺度、重量

货物单重是指每一运输包装的货物重量。单重确定了包装内货物的含量,分为净重和毛重。对于需要拆除包装的,需要核定净重。货物单重一般通过称重的方式核定。对于以长度或者面积、体积交易的商品,入库时必然要对货物的尺度进行丈量,以确定入库货物数量。丈量的项目(长、宽、高、厚等)根据约定或者货物的特性确定,通过使用合法的标准量器,如卡尺、直尺、卷尺等进行丈量。同时,货物丈量还是区分大多数货物规格的方法,如管材、木材的直径,钢材的厚度等。

3. 查验货物重量

查验货物重量是指对入库货物的整体重量进行查验。对于计重货物(如散装货物)、件重并计(如包装的散货、液体)货物,需要衡定货物重量。货物的重量分为净重和毛重,毛重减净重为皮重。根据约定或具体情况衡量毛重或净重。衡重方法可以采用以下几种方式:

(1) 衡量单件重量,则:总重等于所有单件重量之和。

(2) 分批衡量重量,则:总重等于每批重量之和。

(3) 入库车辆衡重,则:总重＝总重车重量－总空车重量。

(4) 抽样衡量重量,则:总重＝(抽样总重/抽样样品件数)×整批总件数。

(5) 抽样重量核定,误差在1‰以内,则:总重＝货物单件标重×整批总件数。

对设有连续法定计量工具的仓库,可以直接用该设备进行自动衡重。连续计量设备主要有轨道衡、胶带衡、定量灌包器、流量计等。连续计量设备必须经国家计量行政管理部门检验发证(审证)方可有效使用。

此外,还可以通过对容器或运输工具的液体货物体积量算(容器、货舱体积)和液体的密度测定,计算重量,此法称为液量计算。船舶的排水体积乘以水的密度减去空船、储备、油水重量的非精确计算货物重量的方法,称为船舶水尺计量。

4. 检验货物表面状态

理货时应对每一件货物进行外表感官检验,查验货物外表状态,接受外表状态良好的货物。外表检验是仓库的基本质量检验要求,确定货物有无包装破损、内容外泄、变质、油污、散落、标识不当、结块、变形等不良质量状况。

5. 剔除残损

在理货时发现货物外表状况不良,或者怀疑内容损坏等,应将不良货物剔出单独存放,避免与其他正常货物混淆。待理货工作结束后进行质量确定,确定内容有无受损以及受损程度。对不良货物可以采取退货、修理、重新包装等措施处理,或者制作残损报告,以便明确划分责任。

6. 货物分拣

仓库原则上采取分货种、分规格、分批次的方式储存货物,以保证仓储质量。对于同时运入库的多品种、多规格货物,仓库有义务进行分拣、分类、分储。理货工作就是要进行货物确认和分拣作业。对于仓储委托的特殊的分拣作业,如对外表分颜色、分尺码等,也应在理货时进行,以便分存。需开包进行内容分拣时,则需要独立进行作业。

7. 安排货位、指挥作业

由理货人员进行卸车、搬运、垛码作业指挥。根据货物质量检验的需要,指定检验货位,无需进一步检验的货物直接确定存放位置;要求作业人员按照预定的堆垛方案堆码货或者上架;货垛有需要的垫垛,堆垛完毕的苫盖,指挥作业人员按要求进行;作业完毕,要求作业人员清扫运输、搬运工具及作业现场,收集地脚货。

8. 处理现场事故

对于在理货中发现的货物残损,不能退回的,仓库只能接受,但要制作残损记录,并由送货人、承运人签署确认。对作业中发生的工损事故,也应制作事故报告,由事故责任人签署。

9. 办理交接

由理货人员与送货人、承运人办理货物交接手续,接收随货单证、文件,填制收费单据,代表仓库签署单证,提供单证由对方签署等。

(三)理货的方法

1. 在运输工具现场进行理货

仓库理货必须在送货入库的运输工具现场进行理货。一般在车旁与卸货同时进行;或者在车上点数,卸车时查验外表状态。除非在特殊情况下或者是特殊货物,经送货人、存货人同意,可以在其他地方理货,如双方同意在货垛点数,有开箱查验货物内容质量的要求时,约定卸车时不查验外表质量等。

2. 与送货人共同理货

理货又称为理货交接,是货物交接的一个环节,因而理货必须有交接双方在场共同理货,以免将来发生争议。如果送货人或存货人拒绝参与理货,表明其放弃理货权利,只能接受仓库单方的理货结论。

3. 按送货单或者仓储合同理货

理货员在理货时,应按照仓储合同的约定或者送货单的货物记载、质量要求进行理货,只要货物符合单据、合同所描述的状态和质量标准,符合送货人提供的验收标准,就可以验收,无需要求货物的绝对质量合格。如运单记载货物使用旧包装,则并不要求包装物表面无污迹。没有约定质量标准的,按照国家标准、行业标准或者能保证储藏保管质量不发生变化的要求进行验收,验收货物的品种、规格、数量、外表状态、包装状态等。

4. 在现场进行记录并及时签署单证

对在理货中查验的事项、发现的问题,理货员应在现场进行记录和编写单证,并要求送货人签署证明,不能等待事后补编补签。

(四)理货单据

1. 计数单

计数单是理货员在现场使用的记录簿。理货点数时不能仅依靠记忆进行计数,这样容易出现差错。应采用统一格式的计数单进行记数,对每一单元的点数进行记载,同时记载发现的残损等不良货物的货号、残损量、存位等,以便统计数量和查找残损。

2. 入库单

入库单是仓库统一设置的入库单证。一般由仓库管理部门预填入库货物信息后交付到仓库,作为向仓库下达的仓库作业命令。在查验货物后,将实收货物数、存放货位位置填写在单上,把货物不良情况在备注栏里批注,最后需要送货人签署入库单。入库单一式多联(三联),一联交送货人,仓库留存一联,一联交记账,其他则根据需要相应增加联数。

3. 送货单、交接清单

送货单或者交接清单是送货人随货提交的单证,仓库根据来单理货验收。验收完毕,理货人员签署该单据,并将验收情况,特别是短少和残损记录在单据上,并收留其中一联。

4. 现场记录

现场记录是理货员对作业现场所发生的事故、不当作业、气候突变,或者其他影响到货物质量、作业安全的事件所进行的记录。现场记录既是明确责任,也是仓库严格管理的需要。

## 四、商品编码与货位编号

为了保证仓储作业准确而迅速地进行,必须对商品进行清楚有效的编码以及对货位进行编号,这是极其重要的。即每种商品都有地址和姓名,商品存取才能迅速而准确,并可通过计算机进行高效和标准化的管理。

（一）商品编码

商品编码是对商品按分类内容进行有序编排,并用简明文字、符号或数字来代替商品的名称、类别。商品编码有利于大量商品的有序管理。

1. 商品编码的作用

（1）提高商品资料的准确性。商品编码使商品的领用、发放、盘点、储存、保管、账目等一切管理事务性的工作均有编码可查,商品管理有序,准确率高。

（2）提高商品管理的效率。用编码代替文字记录,简单省事,提高效率,更有利于计算机系统的管理,方便进行处理、检索、分析、查询。

（3）降低商品库存,降低成本。商品编码有利于商品库存的控制,有利于防止呆滞废料,并提高商品活动的工作效率,减少资金积压,降低成本。

（4）防止各种商品舞弊事件的发生。商品编码有利于商品收支两条线管理,对商品进出容易跟踪,商品记录也非常准确。商品储存保管有序,可以减少或防止商品舞弊事件的发生。

2. 商品编码的原则

（1）简单性。商品编码的目的就是化繁为简,所以,商品编码使用各种文字、符号、字母、数字时应尽量简单明了,便于记忆、查询、阅读、抄写等各种工作,并减少错误概率。

（2）完整性。商品编码时,所有的商品都要有对应的编码,这样编码才完整。

（3）对应性。一个编码只对应一项商品,商品编码具备单一性,一一对应。

（4）规律、易记性。应选择有规律、易记忆的方法,有暗示和联想作用,便于记忆。

（5）可拓展性。商品编码要考虑未来新产品、新材料发展扩充的情况,要留有一定的余地,使新材料也有对应的唯一编码。

（6）分类延展性。对于复杂的商品编码系统,进行大分类后,还要进行细分类。在对各分类编码时,应注意字母或数字的可延展性。

（7）计算机的易处理性。编码应便于计算机查询、输入和检索。

3. 商品编码的方法

（1）数字法。以阿拉伯数字为编号工具,按商品特性、流水等方式进行编号的一种方法。如:1—毛巾、2—肥皂、3—洗涤剂、4—清洁剂……再利用编号末尾数字,对同类商品进行分类:1.1 为白毛巾、1.2 为蓝毛巾、1.3 为花毛巾等。也可将数字分段分组,如 1—10 为毛巾、11—20 为肥皂等。

(2) 字母法。以英文字母为编码工具,按各种特性进行编码的方法(如表4-3)。

表4-3 字母编码法

| 商品价格 | 商品种类 | 商品颜色 |
| --- | --- | --- |
| A:高价材料<br>B:中价材料<br>C:低价材料 | A:五金　B:交电<br>C:化工　D:塑料<br>E:电子 | A:红色 B:橙色 C:黄色<br>D:绿色 E:青色 F:蓝色 |

(3) 实际意义编码法。按照商品名称、重量、尺寸、分区、储位、保存期限等实际情况来编码。

例如:FO4810A2-15

FO 表示食品类;

4810 表示包装尺寸 4 m×8 m×10 m;

A2 表示 A 区第 2 排货架;

15 表示有效期为 15 天。

(4) 暗示编码法。用数字和文字组合来编码,字母数字与商品有一定的关联性,看到编码就能联想到相应的商品,也暗示了商品内容。此法易记忆(如表4-4)。

表4-4 暗示编码法

| 品名 | 尺寸 | 颜色与类型 | 供应商 |
| --- | --- | --- | --- |
| BY | 26 | WM | 10 |

表中:BY 表示自行车(bicycle);

26 表示车轮半径为 26 cm;

WM 表示白色(white)、男式(men);

10 表示供应商代码。

(二) 货位编号

1. 货位编号的概念

货位编号是对库房、货场、货棚、货架按地址、位置顺序统一编列号码,并做出明显标志。货位编号应符合"标志明显易找,编排规律有序"的要求,使商品存取工作顺利、快捷地进行。

2. 常见的货位编号方法

(1) 地址编号法。利用保管区的参考单位,如建筑物的第几栋、区段、排、行、层、格等,按相关顺序编号。较常用的方法是"四号定位法",即用库号(或库内货区代号)、架号(货架、货柜代号)、层号(货架或货柜的层次代号)、位号(层内货位代号)这四个号码对应货位进行编号。

(2) 区段编号法。就是把保管区分成几个区段,再对每个区段进行编码。这种方法是以区段为单位,每个编码代表的储区较大,区域大小根据物流量而定。

(3) 品类群编号法。把相关物品集合后分成几个品类群,再对每个品类群进行编码。这种方式适合于品牌差距大的物品,如服饰群、食品群等。

3. 货位编号示例

(1) 库房的编号。把整个仓库的储存场所依地理位置按顺序编号,编号统一在库房外墙或库门上,编号要清晰醒目,易于查找,如图4-4所示。

图4-4 库房的编号

(2) 库房内货位编号。根据库内业务情况,按库内主干和支干道分布,划分为若干货位,按顺序以各种简明符号与数字表示货区,并标于明显处,如图4-5所示。

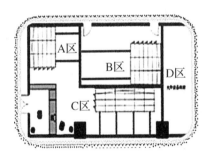 

图4-5 库房内货位的编号

(3) 货架上的货位编号。按四号定位法顺序,从里到外、从上到下、从左到右编好号码,并贴于货架上,如图4-6所示。

图4-6 货架上的货位编号

(4) 货场的货位编号。常见有两种方法:一种是在整个货场内先编上排号,然后再按排号顺序依次编上货位号;另一种是不分排号,直接编上货位号。对于集装箱堆场,应对每个箱位进行编号,并画出箱门和四角位置标记。如图4-7所示。

图4-7 货场的货位编号

### 五、堆码与苫垫作业

(一) 堆码作业

1. 堆码的概念

堆码也称码垛,就是将存放的商品整齐、规划地摆放成货垛的作业。也就是根据商品的包装外形、重量、数量、性能和特点,结合地坪负荷、储存时间,将商品分别堆成各种垛形。

合理堆码有利于确保商品完好无损,提高仓容利用率,安全而快速地作业。进行商品堆码时,必须对堆码的方式、形状、高度等进行科学的研究和必要的计算。

2. 堆码的基本要求

1) 堆码商品应具备的条件

(1) 商品的数量、质量已彻底查清,验收合格;

(2) 对需取样的商品,堆码时注意取样的方便;

(3) 包装完好,标志清楚;

(4) 外包装已清扫干净,或包装虽有污染,但不影响商品质量;

(5) 不合格品已加工修复或分开堆码。

2) 码垛的基本要求(如图4-8)

(1) 合理。要求不同货物的性质、品种、规格、等级、批次和不同客户的货物,应分开堆放。货垛形式适应货物的性质,有利于货物的保管,能充分利用仓容和空间;货垛间距符合作业要求以及防火安全要求;大不压小,重不压轻,缓不压急,不围堵货物,特别是后进货物不堵先进货物,确保"先进先出"。

(2) 牢固。堆放稳定结实,货垛稳定牢固,不偏不斜,必要时采用衬垫物料固定,不压坏底层货物或外包装,不超过库场地坪承载能力。货垛较高时,上部适当向内收小。易滚动的货物,使用木契或三角木固定,必要时使用绳索、绳网对货垛进行绑扎固定。

（3）定量。每一货垛的货物数量保持一致，采用固定的长度和宽度，且为整数，如50袋成行，每层货量相同或成固定比例递减，能做到过目知数。每垛的数字标记清楚，货垛牌或料卡填写完整，排放在明显位置。

（4）整齐。货垛堆放整齐，垛形、垛高、垛距标准化和统一化，货垛上每件货物都应排放整齐，垛边横竖成列，垛不压线；货物外包装的标记和标志一律朝垛外。

（5）节约。尽可能堆高，避免少量货物占用一个货位，以节约仓容，提高仓库利用率；妥善组织安排，做到一次作业到位，避免重复搬倒，减少劳动消耗；合理使用苫垫材料，避免浪费。

（6）方便。选用的垛形、尺寸、堆垛方法应方便堆垛、搬运装卸作业，提高作业效率；垛形方便理数、查验货物；方便通风、苫盖等保管作业。

图4-8 码垛的基本要求

3. 商品堆码的"五距"

商品堆码要做到货堆之间，货垛与墙、柱之间保持一定距离，留有适宜的通道，以便货物的搬运、检查和养护。要把货物保管好，"五距"很重要。"五距"是指顶距、灯距、墙距、柱距和堆距。

（1）顶距。顶距是指货堆的顶部与仓库屋顶平面之间的距离。留顶距主要是为了通风，平顶楼房，顶距应在50 cm以上为宜。

（2）灯距。灯距是指仓库里的照明灯与商品之间的距离。留灯距主要是为了防止火灾，商品与灯的距离一般不应少于50 cm。

（3）墙距。墙距是指货垛与墙的距离。留墙距主要是为了防止渗水，便于通风散潮。

（4）柱距。柱距是指货垛与屋柱之间的距离。留柱距是为了防止商品受潮和保护柱脚，一般留10～20 cm。

(5) 堆距。堆距是指货垛与货垛之间的距离。留堆距是为了便于通风和检查商品,一般留 10 cm 即可。

4. 货物堆码的基本方法

根据货物的特性、包装方式和形状、保管的需要,确保货物质量、方便作业和充分利用仓容,以及仓库的条件确定存放方式。仓库货物存放的方式有:地面平放式、托盘平放式、直接码垛式、托盘堆码式、货架存放式。货物储存的堆码方法有:

1) 散堆法

散堆法适用于露天存放的没有包装的大宗货物,如煤炭、矿石、黄沙等,也可适用于库内少量存放的谷物、碎料等散装货物。散堆法是直接用堆扬机或者铲车在确定的货位后端起,直接将货物堆高,在达到预定的货垛高度时,逐步后退堆货,后端先形成立体梯形,最后成垛,整个垛形呈立体梯形状。由于散货具有的流动性、散落性,堆货时不能堆到太靠近垛位四边,以免散落的货物超出预定的货位。散堆法绝不能采用先堆高后平垛的方法堆垛,以免堆超高时压坏场地地面。

2) 货架存放

货架存放适用于小件、品种规格复杂且数量较少、包装简易或脆弱、易损害不便堆垛的货物,特别适合价值较高而需要经常查数的货物仓储存放。货架存放需要使用专用的货架设备。常用的货架设备有:橱柜架、悬臂架、U 形架、板材架、栅格架、钢瓶架、多层平面货架、托盘货架、多层立体货架等。

3) 堆垛法存货

对于有包装(如箱、桶、袋、箩筐、捆、扎等包装)的货物,包括裸装的计件货物,采取堆垛的方式储存。堆垛法存货能充分利用仓容,做到仓库内整齐,方便作业和保管。堆垛法有以下几种具体形式:

(1) 重叠式。重叠式也称直堆法,逐件、逐层向上重叠堆码,一件压一件的堆码方式。为了保证货垛稳定,在一定层数后(如 10 层)改变方向继续向上,或者长宽各减少一件继续向上堆放(俗称"四面收半件")。该方法方便作业、计数,但稳定性较差。适用于袋装、箱装、箩筐装货物,以及平板、片式货物等。

(2) 纵横交错式。每层货物都改变方向向上堆放。适用于管材、捆装、长箱装等货物。该方法较为稳定,但操作不便。

(3) 仰伏相间式。对上下两面有大小差别或凹凸的货物,如槽钢、钢轨、箩筐等,将货物仰放一层,再反一面伏放一层,仰伏相间相扣。该垛极为稳定,但操作不便。

(4) 压缝式。将底层并排摆放,上层放在下层的两件货物之间。如果每层货物都不改变方向,则形成梯形形状;如果每层都改变方向,则类似于纵横交错式。上下层件数的关系分为"2 顶 1""3 顶 2""4 顶 1""5 顶 3"等(如图 4 - 9)。

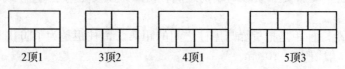

图 4 - 9　压缝式堆垛法示意图

（5）通风式。货物在堆码时，每件相邻的货物之间都留有空隙，以便通风。层与层之间采用压缝式或者纵横交叉式。此法适用于需要通风量较大的货物堆垛。

（6）栽柱式。码放货物前在货垛两侧栽上木桩或者钢棒（如 U 形货架），然后将货物平码在桩柱之间，几层后用铁丝将相对两边的柱拴连，再往上摆放货物。此法适用于棒材、管材等长条状货物。

（7）衬垫式。堆垛时，隔层或隔几层铺放衬垫物，衬垫物平整牢靠后，再往上码。此法适用于不规则且较重的货物，如无包装电机、水泵等。

（8）直立式。货物保持垂直方向码放的方法，适用于不能侧压的货物，如玻璃、油毡、油桶、塑料桶等。

（二）垫垛

垫垛是指在货物码垛前，在预定的货位地面位置，使用衬垫材料进行铺垫。

常见的衬垫物有：枕木、废钢轨、货板架、木板、帆布、芦席、钢板等。

（1）垫垛的目的：使地面平整；堆垛货物与地面隔离，防止地面潮气和积水浸湿货物；通过强度较大的衬垫物使重物的压力分散，避免损害地坪；地面杂物、尘土与货物隔离；形成垛底通风层，有利于货垛通风排湿；货物的泄漏物留存在衬垫之内，不会流动扩散，便于收集和处理。

（2）垫垛的基本要求：所使用的衬垫物与拟存货物不会发生不良影响，具有足够的抗压强度；地面要平整坚实，衬垫物要摆平放正，并保持同一方向；层垫物间距适当，直接接触货物的衬垫面积与货垛底面积相同，垫物不伸出货垛外；要有足够的高度，露天堆场要达到 0.3～0.5 m，库房内 0.2 m 即可。

例题：衬垫面积的确定。

某仓库内要存放一台自重 30 t 的设备，该设备底架为两条 2 m×0.2 m 的钢架。该仓库库场单位面积技术定额为 3 t/m$^2$。问需不需要垫垛？如何采用 2 m×1.5 m、自重 0.5 t 的钢板垫垛？

解：物对地面的压强为：$30/(2×2×0.2)=37.5(t/m^2)$。远远超过库场单位面积技术定额，必须垫垛。

假设衬垫钢板为 $n$ 块，根据：重量（含衬垫重量）＝面积×库场单位面积技术定额，则

$30+n×0.5=n×2×1.5×3$

$n≈3.3$（块）

即需要使用 4 块钢板衬垫。将 4 块钢板平铺展开，设备的每条支架分别均匀地压在 2 块钢板之上，如图 4-10 所示。

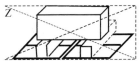

图 4-10 衬垫

（三）苫盖

苫盖是指采用专用苫盖材料对货垛进行遮盖，以减少自然环境中的阳光、雨雪、刮风、尘土等对货物的侵蚀、损害，并使货物由于自身理化性质所造成的自然损

耗尽可能减少,保护货物在储存期间的质量。常用的苫盖材料有帆布、芦席、竹席、塑料膜、铁皮铁瓦、玻璃钢瓦、塑料瓦等。

1. 苫盖的方法

(1) 就垛苫盖法。直接将大面积苫盖材料覆盖在货垛上遮盖。适用于起脊垛或大件包装货物。一般采用大面积的帆布、油布、塑料膜等。就垛苫盖法操作便利,但基本不具有通风条件。

(2) 鱼鳞式苫盖法。将苫盖材料从货垛的底部开始,自下而上呈鱼鳞式逐层交叠围盖。该法一般采用面积较小的席、瓦等材料苫盖。鱼鳞式苫盖法具有较好的通风条件,但每层苫盖材料都需要固定,操作比较繁琐复杂。

(3) 活动棚苫盖法。将苫盖物料制作成一定形状的棚架,在货物堆垛完毕后,移动棚架到货垛遮盖;或者采用即时安装活动棚架的方式苫盖。活动棚苫盖法较为快捷,具有良好的通风条件,但活动棚本身需要占用仓库位置,也需要较高的购置成本。

2. 苫盖的要求

苫盖的目的是为了给货物遮阳、避雨、挡风、防尘。苫盖的要求就是实现苫盖的目的。

(1) 选择合适的苫盖材料。选用符合防火、无害的安全苫盖材料;苫盖材料不会与货物发生不利影响;成本低廉,不易损坏,能重复使用,没有破损和霉烂。

(2) 苫盖牢固。每张苫盖材料都需要牢固固定,必要时在苫盖物外用绳索、绳网绑扎或者采用重物镇压,确保风刮不开。

(3) 苫盖的接口要有一定深度的互相叠盖,不能迎风叠口或留空隙;苫盖必须拉挺、平整,不得有折叠和凹陷,防止积水。

(4) 苫盖的底部与垫垛平齐,不腾空或拖地,并牢固地绑扎在垫垛外侧或地面上的绳桩上,衬垫材料不露出垛外,以防雨水顺延渗入垛内。

(5) 使用旧的苫盖物或雨水丰沛季节,垛顶或者风口需要加层苫盖,确保雨淋不透。

为了在保管过程中及时掌握货物资料,需要在货垛上张挂与该垛货物有关的资料标签。记载货物资料的标签称为货垛牌或者货物标签、料卡等。货物码垛完毕后,仓库管理人员就需要根据入库货物资料、接受货物情况等制作货垛牌,并摆放或拴挂在货垛正面明显的位置。

货垛牌的主要内容有:货位号、货物名称、规格、批号、来源、进货日期、存货人、该垛数量、接货人(制单人)等。根据不同特点的仓库可以相应增减内容。

### 六、保管养护

(一) 保管养护的意义

入库货物的保管养护是指仓库针对货物的特性,结合仓库的具体条件,采取各种科学手段对货物进行养护,防止和延缓货物质量变化的行为。货物保管的目的在于保持库存货物的使用价值,最大限度地减少货物自然耗损,杜绝保管不善而造成的货物损害,防止造成货物损失。保管人对仓储物进行妥善保管是仓储合同赋予仓储保管人的责任,由于保管不善所造成的损失,保管人要承担赔偿责任。

仓库应高度重视货物保管养护工作,以制度性、规范性的方式确定保管工作责任;针对各种货物的特性制定保管方法和程序,充分利用现有的技术手段开展针对性的保管养护。

仓库遵循"以防为主、防治结合"的保管原则。要特别重视货物损害的预防,及时发现和消除事故隐患,防止损害事故的发生。特别要预防发生爆炸、火灾、水浸、污染等恶性事故和造成大规模损害事故。在发生、发现损害现象时,要及时采取有效措施,防止损害扩大。

仓库货物保管养护的手段主要有:经常对货物进行检查,及时发现异常情况;合理地对货物进行通风;控制阳光照射;防止雨、雪、水浸湿货物,及时排水除湿;除虫灭鼠,消除虫鼠害;妥善进行湿度控制、温度控制;防止货垛倒塌;防霉除霉,剔出变质货物;对特殊货物采取有针对性的保管措施等。

(二)货物保管养护的基本措施

1. 掌握货物的性能,适当安排储存场所

产品由生产部门转入流通领域,首先进入储存部门。为了确保其质量不变,应根据货物的性能,选择适当的储存地点,同时要注意避免与同库储存的货物在性质上相互抵触性,避免受串味、沾染以及其他影响。同时应注意采取的养护措施以及方法必须一致。

2. 严格入库验收

货物在入库之前,通过运输、搬运、装卸、堆垛等,可能受到雨淋、水湿、玷污或操作不慎以及运输中震动、撞击致使货物或包装受到损坏,通过入库验收能及时发现,以分清责任。因此,对入库货物除了核对数量、规格外,还应该按比例检查其外观有无变形、变色、玷污、生霉、虫蛀、鼠咬、生锈、老化、沉淀、聚合、分解、潮解、溶化、风化、挥发、含水量过高等异状,有条件的还应进行必要的质量检验。

3. 合理堆垛苫垫

入库货物应根据其性质、包装条件、安全要求采用适当的堆垛方式,达到安全牢固、便于堆垛且节约仓库的目的。为了方便检查、通风、防火和保障库房建筑安全,应适当地留出垛距、墙距、柱距、顶距、灯距以及一定宽度的主走道和支走道。为了防止货物受潮和防汛需要,货垛垛底应适当垫高,对怕潮货物垛底还需要加垫隔潮层。

4. 加强仓库温湿度管理

各类货物在储存过程中发生的质量变化,多数是由于受到空气温度和湿度的影响。因此,不同的货物在储存过程中都要求有一个适宜的温湿度范围,这就需要掌握自然气候变化规律,并通过采取各种措施,使库房内的温度和湿度得到控制与调节,创造适合货物储存的温湿度条件以保护货物的质量不变。

5. 坚持在库检查

货物在储存期间受到各种因素的影响,在质量上可能发生变化,如未能及时发现,就可能造成损失,因此需要根据其性质、储存条件、储存时间以及季节气候变化分别确定检查周期、检查比例、检查内容,分别按期进行检查或进行巡回检查。在检查中发现异状,要扩大检查比例,并根据问题情况,及时采取适当的技术措施,及时处理,防止货物损坏。

6. 开展科学实验研究

对入库储存的货物及时检验质量,开展对货物质量变化规律的研究和养护措施的科学实验,是养护科研工作的一项主要内容。通过实验的可靠数据,证实养护措施的可靠性并指导实践。再通过保管实践的数据反馈,使养护措施的可靠性得到验证,或根据其不足处再作进一步研究改进。

具体的保管养护方法,将在下一项目中详述。

## 七、盘点

货品因不断的进出库,长期累积的库存资料容易与实际数量产生不符的现象。或者有些产品因存放过久、不恰当,致使品质机能受影响,难以满足客户的要求。为了有效地控制货品数量,而对各储存场所进行数量的清点作业,就是盘点作业。

(一)盘点作业的目的

1. 为了确定现存量,并修正货账不符产生的误差

通常货品不断接收与发放后,容易产生误差,这些误差的形成主因有:

(1)库存资料记录不详实,如多记、误记、漏记等。

(2)库存数量有误,如损坏、遗失、验收与出货清点有误。

(3)盘点方法选择不恰当,如误盘、重盘、漏盘等。

这些差异必须在盘点后查找起因,并予以更正。

2. 为了计算企业的损益

企业的损益与总库存金额有相当密切的关系,而库存金额又与库存量及其单价成正比。因此为了能准确地计算出企业实际的损益,就必须针对现有数量加以盘点。一旦发觉库存太多,即表示企业的经营受到压迫。

3. 为了稽核货品管理的绩效,使出入库的管理方法和保管状态变得清晰

如呆料、废品的处理状况,存货周转率、物料的保养维修等,均可借由盘点发现问题,以谋改善之策。

(二)盘点作业的步骤

一般盘点必须依循图 4-11 所示步骤逐步实施。

1. 盘点前准备

盘点作业的事先准备工作是否充分,攸关盘点作业进行的顺利程度,为了使盘

点能在较短的时间内利用有限的人力达到迅速准确的目标,事先的准备工作内容如下:

(1) 明确建立盘点的程序方法;
(2) 配合会计决算进行盘点;
(3) 盘点、复盘、监盘人员必须经过训练;
(4) 经过训练的人员必须熟悉盘点用的表单;
(5) 盘点用的表格必须事先印制完成;
(6) 库存资料必须确实结清。

2. 决定盘点时间

一般性货品就货账相符的目标而言盘点次数越多越好,但因每次实施

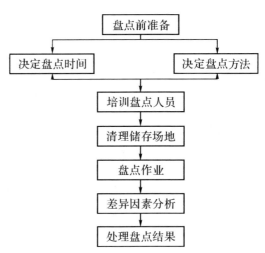

图 4-11 盘点作业的步骤

盘点必须投入人力、物力、财力,这些成本耗资不少,所以要控制盘点次数。事实上,导致盘点误差的关键原因是在出入库的过程中,可能是因出入库作业票据的输入、检查点数的错误,或是出入库搬运造成的损失,因此一旦出入库作业次数多时,误差也会随之增加。所以,对一般生产企业仓库而言,其货品流动速度不快的,半年至一年实施一次盘点即可。但对物流中心、配送中心仓库,在货品流动速度较快的情况下,既要防止过久盘点对公司造成的损失,又要节约盘点资源,最好能视物流中心各货品的性质制定不同的盘点时间。例如,在有商品 ABC 管理体系的公司,一般会建议:A 类主要货品,每天或每周盘点一次;B 类货品,每两三周盘点一次;C 类较不重要货品,每月盘点一次即可。

而未实施商品 ABC 管理的业者,至少也应对较容易损耗、毁坏及高单价的货品增加其盘点次数。另外应注意的是,当实施盘点作业时,时程应尽可能缩短,以 2~3 日内完成较佳。至于具体时间一般会选择在:

(1) 财务决算前夕——因便利决算损益以及表达财务状况。
(2) 淡季进行——因淡季储货量少盘点容易,人力的损耗相对降低,且调动人力较为便利。

3. 决定盘点方法

因盘点场合、要求的不同,盘点的方法亦有差异,为应对不同情况,盘点的方法必须明确。具体方法会在下面再作详述。

4. 培训盘点人员

为使盘点工作得以顺利进行,盘点时必须增派人员协助进行。对于由各部门增援的人员必须组织短期训练,使每位参与盘点的人员能切实发挥其功能。而人

员的培训必须分为两部分：

(1) 针对所有人员进行盘点方法训练。其中对盘点的程序、表格的填写必须充分了解，工作才能得心应手。

(2) 针对复盘与监盘人员进行认识货物的训练。因为复盘与监盘人员对货物大多数并不熟悉，故而应加强对货品的认识，便于盘点工作顺利进行。

5. 清理储存场所

(1) 在盘点前，对厂商交来的物料必须明确其所有数，如已验收完成，应即时整理归库；若尚未完成验收程序，则物料仍属厂商，应划分清楚避免混淆。

(2) 储存场所在关闭前应通知各需求部门预领所需的物项。

(3) 完成储存场所整理、整顿，以便计数盘点。

(4) 预先鉴定呆料、废品、不良品，以便盘点时鉴定。

(5) 账卡、单据、资料均应整理后加以结清。

(6) 储存场所的管理人员在盘点前应自行预盘，以便提早发现问题并加以预防。

6. 盘点作业

盘点时，因工作单调琐碎，人员较难持之以恒，为确保盘点的正确性，除人员培训时加强指导外，工作进行期间也应加强指导与监督。

7. 差异因素分析

当盘点结束后，发现所得数据与账本资料不符时，应追查差异的主因。着手的方向有：

(1) 是否因记账员素质不高，导致货品数目无法表达；

(2) 是否因账目处理制度的欠缺，导致货品数目无法表达；

(3) 是否因盘点制度的欠缺导致货账不符；

(4) 盘点所得的数据与账簿资料的差异是否在容许误差内；

(5) 盘点人员是否尽责，产生盈亏时应由谁负责；

(6) 是否产生漏盘、重盘、错盘等状况；

(7) 盘点的差异是否可事先预防，是否可以降低货账差异的程度。

8. 处理盘点结果

差异原因追查后，应针对原因进行恰当的调整与处理，至于呆料、废品、不良品等减少的部分，应与盘亏一并处理。

物品除了盘点时产生数量的盈亏外，有些货品在价格上会产生增减，这些变迁在经主管审核后必须利用货品盘点盈亏及数目增减更正表进行修改。

(三) 盘点的种类与方法

1. 盘点的种类

就像账面库存与现货库存一样，盘点也分为账面盘点及现货盘点。

"账面盘点"又称为"永续盘点"，就是把每天入库及出库货品的数量及单价记录在电脑或账簿上，从而不断地累计加总算出账面上的库存量及库存金额。

而"现货盘点"亦称为"实地盘点"或"实盘",也就是实际去调查仓库内的库存数,再依货品单价计算出实际库存金额的方法。

如要得到最正确的库存情况并确保盘点无误,最直接的方法就是确定账面盘点与现货盘点的结果完全一致。一旦存在差异,即产生货账不符的现象,究竟是账面盘点记错还是现货盘点点错,则须再多费工夫来找寻出错原因,才能得出正确结果,并追究责任归属。

2. 盘点的具体方法

1) 账面盘点法

账面盘点的方法系将每一种货品分别设账,然后将每一种货品的入库与出库情况详加记载,不必实地盘点即能随时从电脑或账册上查悉货品的存量。通常量少而单价高的货品较适合采用此方法。

2) 现货盘点法

现货盘点依其盘点时间频度的不同又分为期末盘点及循环盘点。期末盘点系指在期末一起清点所有货品数量的方法,而循环盘点则是在每天、每周即作少种少量的盘点,到了月末或期末则每项货品至少完成一次盘点的方法。

(1) 期末盘点法。由于期末盘点是将所有品项货品一次盘完,因而需要全体员工一起出动,采取分组的方式进行盘点。一般来说,每组盘点人员至少要三人,以便能互相核对,减少错误,同时也能彼此牵制避免流弊。其盘点方法程序如下:

步骤1:将全公司员工分组。

步骤2:由一人先清点所负责区域的货品,将清点结果填入各货品的盘存单上半部。

步骤3:由第二人复点,填入盘存单的下半部。

步骤4:由第三人核对,检查前二人的记录是否相同且正确。

步骤5:将盘存单交给会计部门,合计货品库存总量。

步骤6:等所有盘点结束后,再与电脑或账册资料进行对照。

(2) 循环盘点法。循环盘点是将每天或每周当作一周期来盘点,其目的除了减少过多的损失外,对于不同货品施以不同管理也是主要原因。就如同前述商品ABC管理的做法,价格越高或越重要的货品,盘点次数就越多;价格越低或越不重要的货品,就尽量减少盘点次数。循环盘点因一次只进行少量盘点,因而只需专门人员参与即可,不必动用全体人员。

### 比一比

**案例:DIRECTV 使用 RFID 技术减少库存盘点时间**

直播卫星公司 DIRECTV 部署 RFID 系统,用于追踪三个广播中心及 200 个小型设施的 200 000 件设备。该系统可将库存跟踪时间减少为原来的 1/10,同时将库存准确率从 75% 提升到 97%。这个解决方案是由 RFID

Global Solution 提供的,让 DIRECTV 可使用手持及桌面读取器对服务器等其他设备进行库存盘点。DIRECTV 公司拥有视频压缩设备、放大器、路由器、交换机、解码器和天线相关系统等设备,为实现快速追踪,公司在这些设备上附着了无源超高频 EPC Gen 2 RFID 嵌体。

2014 年 12 月,该 RFID 系统投入使用。有限的库存盘点记录表明,使用这一系统后,公司完整的库存清点时间可从几年缩短到几个月。下一阶段,公司计划将该系统用于埃尔塞贡多实验室以及 190 个远程场所(其中 13 个广播中心,其他的则是信号收集或上行中心)的标记及追踪。

DIRECTV 拥有三个主要的广播中心(一个在科罗拉多,另两个在洛杉矶区域)以及几个信号收集及上行链路中心(用于接收地方电台数据并将其传输到公司卫星)。公司每个场所的机架上都放置着很多设备,这些资产每隔 3~5 年都会进行更新换代。公司需要花费 5 年时间对 200 个场所的价值 10 亿美元的资产进行完整的库存盘点。这意味着,有些资产甚至还没录入公司基于软件的库存记录就被淘汰。为让库存追踪更加高效、准确,DIRECTV 和一些 RFID 供应商进行了探讨。最后,由于 RFID Global 的灵活性及专注于定制化开发,公司选择了 RFID Global 的 Visi-Trac 系统。

在这个方案中,DIRECTV 使用了 Omni-ID 等供应室的 UHF 标签。新设备运达公司三个大型广播中心及新罕布什尔州的配送仓库前,公司对其进行标记。当设备到达卸货地点时,工作人员会将 RFID 标签及条形码标签附着在这些物品上,并在 Visi-Trac 系统上输入对应 ID 号码标签的设备序列号、模型等描述信息。大多数标签都是通过粘贴方式附着的,另一小部分则是通过金属环挂在设备孔上。条形码标签是公司原有的追溯系统的一部分。现在,工作人员需要在附着 RFID 标签时,将条形码 ID 号码和 RFID 唯一标识符在 Visi-Trac 系统上进行绑定并将其上传到 DIRECTV 管理软件里。当物品放置在机架上时,Visi-Trac 会存储其位置信息。每个机架也附着了 RFID 标签,并可通过摩托罗拉 MC3190-Z 手持读写器和物品标签 ID 号码进行绑定。

库存盘点时,工作人员需要使用斑马手持读取器及 RFID Global SmartCarts 读取机架及设备的标签 ID 号码。然后,这些数据将通过 Wi-Fi 传回到 DIRECTV 服务器上的 Visi-Trac 软件。Visi-Trac 软件可作为 DIRECTV 后端服务器的接口并可使用读取器进行访问。这样,库存盘点人员便可及时发现物品放置位置错误等异常。另外,该软件还具备查找功能,用户可使用该功能对资产进行定位并对其进行信息添加(如维修记录或故障信息)或位置信息更改。此外,用户可在 PC 端查看广播中心布局地图,已读的物品会在地图上用不一样的颜色进行标记。此外,管理人员可登录 Visi-Trac 查看广播中心设备详情。

该系统不仅提升了库存检查的速度,还提高了库存准确度。过去,由于员工找不到或输错物品序列号,库存信息经常出错。现在,RFID技术大大减少了出错概率。此外,公司还可利用收集到的数据进行资产生命周期追踪及其他商业分析(如资产移动的频率)。若公司可以将库存准确率提升到97%,大约可以减少2.2亿美元的因资产丢失或错放导致的损失。

**读一读**

### 拓展知识:堆垛形状

堆垛形状简称垛形,是指货物在库场码放的形状。垛形的确定根据货物的特性,保管的需要,能实现作业方便、迅速和充分利用仓容的原则。仓库常见的垛形有:平台垛、起脊垛、立体梯形垛、行列垛、井形垛、梅花形垛。

(1) 平台垛:平台垛是先在底层以同一个方向平铺摆放一层货物,然后垂直继续向上堆积,每层货物的件数、方向相同,垛顶呈平面,垛形呈长方体(如图4-12)。当然在实际堆垛时并不是采用层层加码的方式,往往从一端开始,逐步后移。平台垛适用于包装规格单一的大批量货物,包装规则,能够垂直叠放的方形箱装货物、大袋货,规则的软袋成组货物、托盘成组货物。平台垛适用于在仓库内和无需遮盖的堆场堆放的货物码垛。

平台垛具有整齐、便于清点、占地面积小、堆垛作业方便的优点。但该垛形的稳定性较差,特别是小包装、硬包装的货物有货垛端头倒塌的危险,所以在必要时(如太高、长期堆存、端头位于主要通道等)要在两端采取稳定的加固措施。对于堆放很高的轻质货物,往往在堆码到一定高度后,向内收半件货物后再向上堆码,以保证货垛稳固。

标准平台垛的货物件数为:

$$A = LBh$$

其中:$A$为总件数;$L$为长度方向件数;$B$为宽度方向件数;$h$为层数。

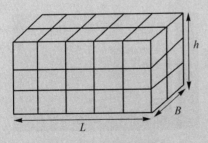

图4-12 平台垛示意图

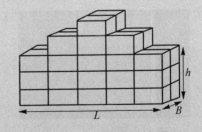

图4-13 起脊垛示意图

(2) 起脊垛:先按平台垛的方法码垛到一定的高度,以卡缝的方式逐层收小,将顶部收尖成屋脊形(如图4-13)。起脊垛是用于场地堆货的主要垛形,货垛表面的防雨遮盖从中间起向下倾斜,便于雨水排泄,防止水湿货物。有些仓库由于陈旧或建筑简陋有漏水现象,仓内的防潮货物也采用起脊垛堆垛并遮盖。起脊垛是平台垛为了满足遮盖、排水的需要的变形,具有平台垛操作方便、占地面积小的优点,适用平台垛的货物都可以采用起脊垛堆垛。但是起脊垛由于顶部压缝收小,形状不规则,无法在垛堆上清点货物,顶部货物的清点需要在堆垛前以其他方式进行。另外,由于起脊垛的货垛中间的压力大于两边,因而采用起脊垛时库场使用定额要以脊顶的高度来确定,以免中间底层货物或库场被压损坏。

起脊垛的货物件数为:

$$A = LBh + 起脊件数$$

其中:$A$为总件数;$L$为长度方向件数;$B$为宽度方向件数;$h$为未起脊层数。

(3) 立体梯形垛:立体梯形垛是在最底层以同一方向排放货物的基础上,向上逐层同方向减数压缝堆码,垛顶呈平面,整个货垛呈下大上小的立体梯形形状(如图4-14)。立体梯形垛用于包装松软的袋装货物和上层面非平面而无法垂直叠码的货物的堆码,如横放的桶装、卷形、捆包货物。立体梯形垛极为稳固,可以堆放得较高,仓容利用率较高。露天堆放的货物采用立体梯形垛时,为了排水需要也可以在顶部起脊。

为了增加立体梯形垛的空间利用率,在堆放可以立直的筐装、矮桶装货物时,底部数层可以采用平台垛的方式堆放,在一定高度后才用立体梯形垛。

每层两侧面(长度方向)收半件(压缝)的立体梯形垛件数为:

$$A = \frac{(2L - h + 1)hB}{2}$$

其中:$A$为总件数;$L$为长度方向件数;$B$为宽度方向件数;$h$为层数。

(4) 行列垛:行列垛是将每批货物按件排成行或列排放,每行或列一层或数层,垛形呈长条形(如图4-15)。行列垛用于存放批量较小货物的库场,如零担货物。为了避免混货,每批独立开堆存放。长条形的货垛使每个货垛的端头都延伸到通道边,可以直接作业而不受其他货物阻挡。但每垛货量较少,垛与垛之间都需留空,垛基小而不能堆高,使得行列垛占用库场面积大,库场利用率较低。

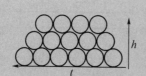

图4-14 立体梯形垛示意图

图4-15 行列垛示意图

(5) 井形垛：井形垛用于长形的钢材、钢管及木方的堆码。它是在以一个方向铺放一层货物后，再以垂直的方向铺放第二层货物，货物横竖隔放，垛顶呈平面(如图4-16)。井形垛垛形稳固，但层边货物容易滚落，需要捆绑或者收进。井形垛的作业较为不便，需要不断改变作业方向。

井形垛货量计算：

$$A = \frac{(L+B)h}{2}$$

其中：$A$ 为总件数；$L$ 为纵向方向件数；$B$ 为横向方向件数；$h$ 为层数。

(6) 梅花形垛：对于需要立直存放的大桶装货物，将第一排(列)货物排成单排(列)，第二排(列)的每件靠在第一排(列)的两件之间卡位，第三排(列)同第一排(列)一样，后面每排(列)依次卡缝排放，形成梅花形垛(如图4-17)。梅花形垛货物摆放紧凑，充分利用了货件之间的空隙，节约库场面积。逐层交错逐层堆对于能够多层堆码的桶装货物，在堆放第二层以上时，将每件货物压放在下层的三件货物之间，四边各收半件，形成立体梅花形垛。

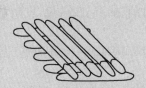
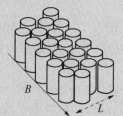

图4-16 井形垛示意图　　图4-17 梅花形垛示意图

单层梅花形垛货量计算：

$$A = \frac{(2B-1)L}{2}$$

其中：$A$ 为总件数；$L$ 为长度方向件数；$B$ 为宽度方向件数。

 **任务实施**

**看一看**

1. 阅读在库管理知识要点和相关的案例。
2. 了解与货物相关的商品知识。

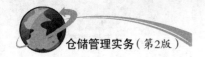

**做一做**

## 一、设计 AA 公司货物的在库作业流程

具体思路如下：

（1）按常规模式设计一般的作业流程：理货—堆码—苫垫—在库保管养护、盘点作业等。

（2）考虑四种不同商品的特殊要求，在一般作业流程的基础上进行调整或改进。比如，考虑到蔬菜作为生鲜物品，在库管理有哪些特殊要求？要不要用到冷藏、冷冻仓库？低温冷藏的温度如何控制？是否需要缓存？是否要进行消毒处理？而家电产品作为高精度的电器产品，在具体的保管过程中又有哪些特殊要求？对温湿度有什么要求？堆高及搬运时是否考虑其正确的位置朝向？把各类具体商品的在库作业流程进行细化和精化。

（3）在第二步的基础上，通过查阅资料和小组讨论（比如查看《食品卫生法》等），论证经过精化和细化后各类货物流程的合理性。

（4）根据小组意见再行改进，并最终确定流程，画出流程图。

（5）在确定流程的基础上，对在库作业的人员配备、设备配备、相关的管理制度等进行设计。

在库作业流程中涉及以下单据：

（1）货物保管卡：一般包括品名、规格、时间、摘要、收入量、发出量、结存量、操作者等要素。

（2）仓库检查记录表：从周一到周日，对库房清洁、作业通道、温度、湿度、照明、用具、消防设备、防盗设施等进行检查。

（3）库存明细账：包括货品编码、规格、名称、客户名称、时间、入库数量、出库数量、结存数量、批次、储位号、经办人等要素。

（4）材料库存卡：包括材料编号、品名、规格、单位、储存位置、使用范围、订购量、收入、发出、结存日期、凭证编号、制造编号等要素。

## 二、进行 AA 公司货物盘点方案的设计

（1）按图 4-11 的步骤进行设计。

（2）考虑四种货物分别属于哪类货物，根据 ABC 分类法大体确定盘点的周期和时间。

（3）成立盘点小组。确定人员组成，进行业务培训。

（4）做好盘点前准备。结清库存，明确盘点程序和方法，准备好盘点所用的器具和各种表格。

（5）确定特点方法。用账面盘点法还是实物盘点法。

（6）设计盘点用的全套单据。首先考虑需要哪些单据？一般应设以下几类：

①盘点单；

②盘盈单和盘亏单;
③库存盘点汇总表。

(7) 盘点后处理。要将差异原因报告给财务主管复核,并交主管领导审批。

练习1:仓库中分别存有以下三种商品,请分别设计其盘点方案:(1) 黄金;(2) 钢材;(3) 黄沙。

练习2:货垛设计和计算货垛大小(定脚桩):现有罐头食品5 000纸箱,纸箱尺寸50 cm×25 cm×20 cm,限高10层。拟安排在长度为10 m的货位堆垛,采用纵横交叉式平台垛,需要开多宽的脚桩?

下列选择题,看哪组做得对,做得快!

1. 为了便于机械设备装卸、堆码,节省包装费和运费,大宗散货通常选取的堆码方式为 ( )
A. 散堆方式　　B. 货架方式　　C. 成组堆码方式　D. 垛堆方式

2. 适合于存放小件货物、怕压或不宜堆高的物品的普通堆码方式是 ( )
A. 散堆方式　　B. 货架方式　　C. 成组堆码方式　D. 垛堆方式

3. 轻泡货的垛高,主要受_____因素的影响 ( )
A. 物品性质　　B. 仓库空间高度　C. 物品包装　　D. 仓库地坪载荷

4. 四号定位法中,第3位表示的是 ( )
A. 库号　　　　B. 层号　　　　C. 架号　　　　D. 位号

5. 下列既是仓储作业管理的核心环节,也是物品出库作业基础的作业环节是 ( )
A. 入库作业管理　　　　　　　B. 在库作业管理
C. 物流作业管理　　　　　　　D. 库存控制

# 项目 4.3　出库作业

任务1:设计AA公司货物的出库流程。
任务2:设计出库作业的全套单据。

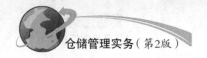

## 任务分析

**想一想**

问题1：出库作业中要注意哪些问题？
问题2：核单要核哪些内容？

**议一议**

话题1：如何办理销账手续？
话题2：出库中发生问题如何解决？

**讲一讲**

### 一、物资出库作业管理

物资出库作业管理是仓库根据出库凭证，将所需物资发放给需用单位所进行的各项业务管理。物资出库作业的开始，标志着物资保管养护业务的结束。物资出库作业管理包括两方面工作：一是用料单位持有规定的领料凭证，如领料单、提货单、调拨单等，并且所领物资的品种、规格、型号、数量等项目及提取货物的方式等必须书写清楚、准确。二是仓库方面必须核查领料凭证的正误，按所列物资的品种、规格、型号、数量等组织备料，并保证把物资及时、准确、完好地发放出去。

### 二、物资出库的要求

商品出库要做到"三不、三核、五检查"。"三不"即未接单据或电子数据不翻账，未经审单不备货，未经复核不出库；"三核"即在发货时要核实凭证、账卡、实物；"五检查"即要检查单据和实物品名、规格、包装、件数、重量等。商品出库要求严格执行各项规章制度，提高服务质量，积极与用户联系，为用户提供、创造方便条件，杜绝差错事故。出库作业时要遵循以下要求：

1. 凭证发货

物资出库必须按规定程序进行，领料提货单据必须符合要求。"收有据、出有凭"是物资收发的重要原则，凭证发货就是指出库必须凭正式单据和手续，对于非正式凭证或白条一律不予发放（国家或上级指令的紧急抢险救灾物资除外）。

2. 坚持先进先出原则

在保证物资使用价值不变的前提下，坚持先进先出原则。同时要做到保管条件差的先出，包装简易的先出，容易变质的先出，有保管期限的先出，回收复用的先出。

3. 做好发放准备

为使物资得到合理使用、及时投产，必须快速、准确发放。为此，必须做好发放的各项准备，如化整为零、备好包装、复印资料、组织搬运人力、准备好设备工具等。

4. 及时记账

物资发出后，应随即在物资保管账上核销，并保存好发料凭证。

**5. 保证安全**

在物资出库作业时,要注意安全操作,防止损坏包装和震坏、压坏、摔坏物品;要保证运输安全,做到物品包装完整,捆扎牢固,标志正确清楚,性能不互相抵触,避免运输差错和损坏物品的事故;同时也要保证物品质量安全。仓库人员必须经常注意物品的安全保管期限等,对已变质、已过期失效、已失去原使用价值的物品不允许分发出库。

### 三、仓储物资出库方式

仓储物资出库方式一般有托运、自提、送料、移仓、过户等。

**1. 托运**

托运是由仓库将物资通过运输单位托运,发到物资需用单位的一种出库方式。由仓库货物会计根据货主事先送来的发货凭证开出商品出库单或备货单,交仓库保管员做好货物的配送、包装、集中、理货、待运等准备作业。

由仓库备完货后,到运输单位代用户办理货运手续,通过承运部门(如铁路、水运、汽运、航空、邮局等)将物资运送到用户所在地,然后由用户去提取。在办理托运前,仓库应根据需用单位的要求,进行物资的分割(如金属材料、电缆等)、配套(如机电设备等)、包装等,并做好发运日记(如表4-5)。在中转仓库中,仓库应有专职人员办理出库物资的包装。包装工作应符合下列要求:

(1) 根据物资的特点和运输部门的规定,选择包装材料,确定包装的大小和形状。包装应牢固,便于装卸。

(2) 充分注意物资在运输中的安全。怕潮物资应垫防潮纸,容易破碎的物资应垫软质衬垫物。在包装外部要有明显的标志,表明对装卸的要求,特别是危险品,须按照危险品的要求进行包装,并加上危险品的标志。

(3) 绝对禁止性能不同、互有影响的物资混合包装,危险品必须单独包装。

**表4-5 发运日记**

| 日期 | 运输方式 | 到站 | 净重 | | | | 托运 | | 发货 | | | 备注 |
|---|---|---|---|---|---|---|---|---|---|---|---|---|
| | | | 名称 | 件数 | 重量 | 收货人 | 日期 | 经办人 | 日期 | 件数 | 运单号 | 经办人 | |
| | | | | | | | | | | | | | |
| | | | | | | | | | | | | | |
| | | | | | | | | | | | | | |

**2. 自提**

自提是指由提货人凭货主所填制的发货凭证,用自备的运输工具到仓库提取货物的一种物资出库方式。仓库会计人员根据发货凭证开出物资出库单。仓库保管人员按上述证、单配货,经专人逐项复核后,将货物当面点交给提货人员,在库内办清交接手续,开出门单,由提货人员提走货物。

### 3. 送料

送料是指仓库直接把物资送到用户手中的一种物资出库方式。

送料必须以定额为依据,完善交接手续,分清责任。以送料方式出库,须由送料人办理发料凭证,一式四份。一份由送料人签收后交保管员留存并依此核销库存;一份经保管员签章后由送料人留存;一份由送料人、保管员共同签章后交用料单位;一份由送料人、保管员签章后交给物资统计员。

送料人员必须了解所送物资的性质、体积、重量、紧迫性等,以便选择运送工具,组织装卸力量,安排装车的先后顺序,尽量节约运力。装车后,应检查捆绑、加固、苫盖等是否稳妥。卸车后,必须收回苫盖和加固材料。

送料的组织方式可采取专人定路线。采用这种方式,可以用集装箱的办法巡回送料,也可采取由保管员每日定时送料的办法。保管员直接送料可以减少交接手续,直接由用料单位签收即可。

在送料过程中以及在向用料单位交接物资中,如果发现物资包装损坏、物资受损或物资数量短少等现象,应由送料人追查处理。

### 4. 移仓

移仓是指因业务或保管需要而将储存的货物从某一仓位转移到另一仓位的发货方式。移仓分为内部移仓和外部移仓。内部移仓需填制仓储企业内部的移仓单,并据此发货;外部移仓则根据货主填制的货物移仓单结算和发货。

### 5. 过户

过户是指在不转移仓库物资的情况下,通过转账单变更物资所有者的一种发货方式。物资过户时,其所有权由于调拨或销售而转换给另一单位,但仍应由原货主填制正式发货凭证,仓库据此进行过户转账。

## 四、物资出库作业流程

物资出库流程为:物资出库前准备→核对出库凭证→备料→复核→点交清理等。根据具体情况不同,侧重点也会有所差异。

### 1. 核对出库凭证

物资出库凭证为领(发)料单(如表4-6)或调拨单(如表4-7),均应由主管分配的业务部门签章。

表4-6 物资领(发)料单

| 物资单位: | | | | | | 编 号: | |
|---|---|---|---|---|---|---|---|
| 项目或用途: | | | | | | 到账日期: | |
| 领料日期: | | | | | | | |

| 物资编号 | 品名规格 | 单位 | 数量 | | 单价 | 金额 |
|---|---|---|---|---|---|---|
| | | | 分配 | 实发 | | |
| | | | | | | |
| | | | | | | |

领料单位主管:　　　　　　领料人:　　　　　　保修员:

**表 4-7 物资调拨单**

| 用料单位： | | 运输方式： | | 编　号： | | |
|---|---|---|---|---|---|---|
| 地　　址： | | 结账方式： | | | | |
| 到　　账： | | 银行账号： | | | | |
| 收 货 人： | | 开单日期： | | | | |

| 品名规格 | 单位 | 数量 | 单价 | 总价 | 调拨原因 |
|---|---|---|---|---|---|
|  |  |  |  |  |  |
|  |  |  |  |  |  |

主管：　　　　　账务：　　　　　保管：　　　　　制单：

出库凭证应包括以下内容：收货单位名称，发料方式（自提、送料、代运），物资名称、规格、数量、单价、总价、用途或调拨原因，调拨单编号，有关部门和人员签章，结账方式及银行账号。

仓库接到出库凭证后，由业务部门审核证件上的印签是否齐全、相符，有无涂改。审核无误后，按照出库凭证上所列的物资品名规格、数量与仓库料账再做全面核对。无误后，在料账上填写预拨数后，将出库凭证移交给仓库保管员。保管员复核料卡无误后，即可做物资出库的准备工作，包括准备随货出库的物资技术证件、合格证、使用说明书、质检证书等。

凡在证件核对中，物资品名规格不对的，印签不齐全、数量有涂改、手续不符合要求的，均不能发料出库。

2. 备货

物资保管人员按照出库凭证上的品名规格查对实物保管卡，注意规格、批次和数量，规定了发货批次的，按规定批次发货；未规定批次的，按先进先出的原则，利用计算机等对在库和出库的货位进行查询处理，并打印出货指示一览表和出货明细表。

备货有两种方式：一种是在原货位上备货，无需"上线"集中，这种方式多用于大宗物资出库；第二种备货方式是货物出库"上线"就位，即将出库物资按出库凭证上所列的品名规格、数量，经过搬卸运输作业，送到指定的待运场所集中，这种方法多用于小批量或不是整车发运而是需要集中配装的出库物资。

由于出库作业非常复杂，工作量大，因此要事先对出库作业加以合理组织，安排好作业人员，保证各个环节紧密衔接。物资出库前的准备工作分为两方面：一是计划工作，就是根据需货方提出的出库计划或要求，事先做好物资出库的安排，包括货场货位、机械搬运设备、工具和作业人员等的计划、组织；二是要做好出库物资的包装和涂写标志工作。

出库发运外地的物资，包装要符合运输部门的规定，便于搬运装卸。出库物资大多数是原件分发的，由于经过运输，多次中转装卸、堆码及翻仓倒垛或拆件验收，部分物品包装不再适应运输的要求，所以，仓库必须根据情况整理加固或改换包装。

对于经常需要拆件发零的物品，应事先准备一定数量和不同品种的物品，货物发出后，要及时补充，避免临时再拆整取零，延缓付货。拼箱物品一般要做好挑选、分类、整理等准备工作。有的物品可以根据要求事先进行分装。

对于有装箱、拼箱、改装等业务的仓库，在发货前应根据物品的性质和运输部门的要求，准备各种包装材料及相应衬垫物。还要准备刷写包装标志的用具、标签、颜料及钉箱、扩仓的工具用品等。

出库商品从办理托运到出库的付运过程中，需要安排一定的仓容或站台等作为理货场所，需要调配必要的装卸机具。提前集中付运的物品，应按物品运输流向分堆，以便于运输人员提货发运，及时装载物品，加快发货速度。

具体出货时，若是用计算机管理的自动化仓库，其通用的流程如下：

(1) 按堆垛机号打印出的应取货的货位一览表进行发货。发货记录票上记载机号、货位号、托盘号、出货单号、制品和数量等数据。按照出货计划文件，计算机向管理控制台发出出货指令。

(2) 管理控制台对堆垛机的地上控制盘发出出货指令。

(3) 堆垛机从指定的货位取出托盘，并搬运到移动台车上。

(4) 移动台车自动行走。此时出货终端显示出货单号和其他相关项目。

货物备好后，为了避免和防止备货过程中可能出现的差错，应再做一次全面的复核查对。要按照出库凭证上所列的内容进行逐项复核。

核查的具体内容是：

(1) 能否承受装载物的重量，能否保证在物资运输装卸中不致破损，保证物资完整。

(2) 是否便于装卸搬运作业。

(3) 怕震怕潮等物资，衬垫是否稳妥，密封是否严密。

(4) 收货人、到站、箱号、危险品或防震防潮等标志是否正确、明显。

(5) 每件包装是否有装箱单，装箱单上所列各项目是否与实物、凭证等相符（如表4-8）。

表4-8 装箱单

毛重： 　　　　　　　净重： 　　　　　　　编号：

| 发货凭证号 | 品名规格 | 单位 | 数量 | 备注 |
| --- | --- | --- | --- | --- |
|  |  |  |  |  |

装箱日期：　年　月　日　　　　　　　装箱人：

物资出库的复核查对形式应视具体情况而定，可以由保管员自行复核，也可以由保管员相互复核，还可以设专职出库物资复核员进行复核或由其他人员复核等。

如经反复核对确实不符时，应该立即调换，并将原错备物品上的标记除掉，退回原库房；复核结余物品数量或重量是否与保管账目、商品保管卡片结余数相符，发现不符应立即查明原因。

3. 出库交接

待出库物资，经过全面复核查对无误之后，即可办理出库交接手续。

如果是用户自提，即将物资和证件向提货人当面点清，办理出库交接手续。

如果是代运，则应办理内部出库交接手续。即由物资保管人员向运输人员或包装部门的人员点清交接，由接收人签章，以划清责任。

运输人员根据物资的性质、重量、包装、收货人地址和其他情况选择运输方式后，应对箱件进行清点，做好标记，整理发货凭证、装箱单等运输资料，向承运单位办理委托代运手续。对于超高、超长、超宽和超重的物资，必须在委托前说明，以便承运部门安排。

承运单位同意承运后，运输人员应及时组织力量，将物资从仓库安全无误地交给承运单位，并办理结算手续。运输人员应向承运部门提供发货凭证样本、装箱单，以便和运单一起交给收货人。运单总体应由运输人员交财务部门作物资结算资料。

如果是专用线装车，运输人员应在装车后检查装车质量，并向车站监装人员履行交接手续，物资点交清楚，出库发运之后，该物资的仓库保管业务即告结束。物资仓库保管人员应做好清理工作，及时注销账目、料卡，调整货位上的吊牌，以保持物资的账、卡、物一致，及时准确地反映物资进出、存取的动态。

4. 销账存档

货物全部出库完毕，仓库应及时将货物从仓储保管账上核销，以便仓库内账货相符。将留存的提货凭证、货物单证、记录、文件等归入货物档案。将已空出的货位标注在货位图上，以便安排货物。

## 五、物资出库中发生问题的处理

1. 出库凭证（提货单）上的问题

（1）凡出库凭证超过提货期限，用户前来提货时，必须先办理手续，按规定缴足逾期仓储保管费，然后方可发货。任何白条都不能作为发货凭证。提货时，用户发现规格开错，保管员不得自行调换规格发货，必须通过制票员重新开票后方可发货。

（2）凡发现出库凭证有疑点，或者情况不清楚，以及发现出库凭证有假冒、复制、涂改等情况时，及时与仓库保卫部门以及出具出库单的单位或部门联系，妥善处理。

（3）物资进库未验收，或者期货未进库的出库凭证，一般暂缓发货，并通知货主，待货到并验收后再发货，提货期顺延，保管员不得代验。

（4）如客户因各种原因将出库凭证遗失，客户应及时与仓库发货员和账务人

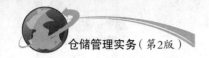

员联系挂失；如果挂失时货已被提走，保管人员不承担责任，但要协助货主单位找回商品；如果货还没有被提走，经保管人员和账务人员查实后，做好挂失登记，将原凭证作废，缓期发货。

2. 提货数与实存数不符

若出现提货数量与商品实存数不符的情况，一般是实存数小于提货数。造成这种问题的原因主要有：

（1）物资入库时，由于验收问题，增大了实收物资的签收数量，从而使账面数大于实存数。

（2）仓库保管人员和发货人员在以前的发货过程中，因错发、串发等差错而形成物资实际库存量小于账面数。

（3）货主单位没有及时核减开出的提货数，造成库存账面数大于实际储存数，从而开出的提货数量过大。

（4）仓储过程中造成的货物毁损。

当遇到提货数量大于实际商品库存数量时，无论是何种原因造成的，需要与仓库主管部门以及货主单位及时联系后再做处理。如属于入库时错账，则可以采用报出报入方法进行调整，即先按库存账面数开具物资出库单销账，然后按实际库存数重新入库登账，并在入库单上签明情况。如果属于仓库保管员串发、错发而引起的问题，应该由仓库方面负责解决库存数与提单数间的差数。如果属于货主单位漏记账而多开出库数，应该由货主单位出具新的提货单，重新组织提货和发货。如果是仓储过程中的损耗，需要考虑该损耗数量是否在合理的范围内，并与货主单位协商解决，合理范围内的损耗，应由货主单位承担，而超过合理范围之外的损耗，则由仓储部门负责赔偿。

3. 串发和错发货

串发和错发货是指发货人员在对商品种类规格不够熟悉的情况下，或者由于工作疏漏，把错误规格、数量的商品发出库的情况。如提货单开具某种商品的甲规格出库，而在发货时错把该种商品的乙规格发出，造成甲规格账面数小于实存数，乙规格账面数大于实存数。在这种情况下，如果商品尚未离库，应该立即组织人力，重新发货。如果物资已经提出仓库，保管人员要根据实际库存的情况，如实向本库主管部门和货主单位讲明串发和错发货的品名、规格、数量、提货单位等情况，会同货主单位和运输单位共同协商解决。在无直接经济损失的情况下，由货主单位重新按实际发货数冲单（票）解决。如果造成直接经济损失，应按赔偿损失单据冲转调整保管账。

4. 包装破漏

包装破漏是指在发货过程中，因商品外包装破散等现象引起的商品渗漏、裸露等问题。这是由于在储存过程中因堆垛挤压、发货装卸操作不慎等情况引起的，发货时应整理或更换包装，方可出库，否则损失应由仓储部门承担。

5. 漏记账和错记账

漏记账是指在物资出库作业中,由于没有及时核销商品明细账而造成账面数量大于或小于实存数的现象。错记账是指在物资出库后核销明细账时没有按实际发货出库的物资名称、数量等登记,造成账实不符。无论是漏记账还是错记账,一经发现,除及时汇报外,还应根据原出库凭证查明原因,调整保管账,使之与实际库存一致。如果由于漏记账和错记账给货主单位、运输单位和仓储部门造成了损失,应予赔偿,同时追究相关人员的责任。

> **比一比**
>
> 案例:无锡高新物流出库流程和管理制度
>
> 一、出库流程
>
> 普通库出库流程如图4-18所示。

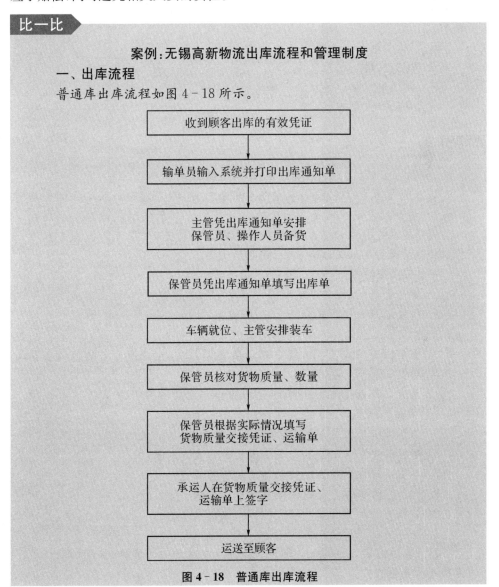

图4-18 普通库出库流程

## 二、要点

1. 接到的出库通知,必须是有效的传真、介绍信、提货单等。
2. 输单员输入系统,并打印出库通知单。
3. 主管安排人员备货。保管员出货必须先收到出库通知单,填写出库单并按出库通知单要求亲自到现场备货。
4. 车辆就位,操作员装车。保管员必须准确核对数量和检查包装情况,并按照实情填写质量交接凭证。操作人员出库完毕必须在出库通知单上签字。
5. 司机必须在出库单和质量交接凭证上签字。

## 三、相关文件

1. 《运调部岗位职责及任职要求》
2. 《货物盘点管理制度》

### 读一读

**拓展知识:车辆配载技术**

随着现代物流的发展,仓库功能也不断延伸,物资的配载装车在降低物流成本、实现配送合理化等方面的地位日益突出。车辆配载技术要解决的主要问题是在充分保证货物质量和数量完好的前提下,尽可能提高车辆在容积和载重两方面的装载量,充分利用运力。

一、车辆配载原则

1. 货与货之间、货与车辆之间应留有空隙并适当衬垫,防止货损。
2. 包装不同的货物应分开装载,如板条箱货物不要与纸箱、袋装货物堆放在一起。
3. 重不压轻,大不压小,轻货应放在重货上面,包装强度差的应放在包装强度好的上面。
4. 具有尖角或其他突出物的货物应和其他货物分开装载或用木板隔离,以免损伤其他货物。
5. 为了减少或避免差错,尽量把外观相近、容易混淆的货物分开装载。
6. 不将散发臭味的货物与具有吸臭性的食品混装。
7. 尽量不将散发粉尘的货物与清洁货物混装。
8. 切勿将渗水货物与易受潮货物一同存放。
9. 装载易滚动的卷状、桶状货物时,要垂直摆放。
10. 尽量做到"后送先装"。
11. 装货完毕,应采取适当的稳固措施,以防开门卸货时,货物倾倒造成货损或人身伤害。

## 二、提高车辆满载率的主要方法

1. 改进装载技术。为了充分利用车辆的载重量和容积,应在车厢内合理配置货物,实施紧密装载和定型装载等。

(1) 合理配置货物。根据车厢的长、宽、高和货物的长、宽、高,进行多方案配置,最后确定装载件数最多、剩余空间最少的方案为最优方案。

(2) 紧密装载。在轻浮货物装车时,尽量利用车辆有效的空间,缩小货物之间的空隙。对体轻而又可以压紧的货物,可以采取机械打包的方法,增加每件货物的重量。对于体积庞大、外形不规则的机械设备,可拆解装车。

(3) 汽车爬装。汽车体积大、自重轻,可采取爬装的方法,让后一辆汽车的前轮压在前一辆汽车的车底板上,依次排列。

(4) 木材的对装。对于两端直径不等的原木、毛竹等,可按大小头对装,充分利用车辆容积。

(5) 起脊装。对于轻体货物,装载高度可超出车厢的高度,在车辆两侧安装立柱,在车辆上部起脊。

2. 轻重配装。重体货物能充分利用车辆载重量,而不能充分利用车辆容积;轻体货物能充分利用车辆的容积,但不能充分利用车辆的载重量。若采用轻体货物与重体货物配装的方法,可以最大限度地利用车辆的载重量和容积。

## 三、货物装载加固

车辆上装运的各种货物,在运行中会受到外力作用。为了保证行车安全和货物完整,需要根据货物的外形、重量和特点,采取不同的加固方法,在车辆运行中,避免装载货物发生移动、滚动、倾覆、倒塌等情况。

1. 对货物重心的要求。货物重心在车辆长度、宽度和高度方面的位置总的要求是使货物的重量合理地分布在车底板和两个转向架上,不得偏重,而且重心应尽可能低,以增加货物定性和保证行车安全。具体要求是:

(1) 货物的重心投影应位于车底板的纵向中心线与横向中心线的交叉点上。特殊情况下必须有位移时,横向位移不得超过 100 mm,超过时应采取配重措施;纵向位移时,每个车辆转向架所承受的货物重量不得超过货车标记载重量的 1/2,并且两个转向架承受重量之差不得大于 10 t。

(2) 载货车辆的重心高度,从轨面算起,一般不得超过 2 000 mm。超过时,可采取配重措施,以降低载货车辆的重心高度,否则必须限速运行。

2. 货物在车辆上的堆码方式和方法。成件包装货物在车辆上的堆码方式和方法,对货物的稳定性有很大作用,而且对货物加固有直接影响。如果堆码稳固,可以简化加固;反之,要求强化加固。

装载成件包装货物时,应排列紧密、整齐、稳固。当货物的高度或宽度超出车辆侧板时,应该层层压缝,使四周货物倾向中间,并予以加固。两侧超出侧板的宽度应该一致。装载袋装货物时,捆扎袋口应朝向内侧。装载轻浮货物时,除用绳索交叉捆绑外,对超出侧板的货垛四周或四角的货物,应用绳索串联一起捆绑牢固或在货车两端用挡板、支柱等加固。

3. 加固材料和加固方法。货物装载加固的方法很多,根据装载货物的体积、重量、形状、重心部位、比重、易损程度等,采用不同的加固方法。如使用铁丝或钢丝绳加固捆绑;设侧支柱、端支柱,加挡木、三角木,用绳网罩顶等。总的要求是:限制货物移动效果良好,不损伤货物及车辆,加固材料易得,加固方法简便,加固费用低廉。

加固材料和加固方法是统一的,采用什么加固方法,就应选用相应的加固材料。

加固材料的选择应根据货物种类、防止货物位移的种类和加固方法来确定。

  **任务实施**

**看一看**

1. 掌握货物出库的知识要点。
2. 查阅相关的商品知识。

**做一做**

### 一、设计 AA 公司货物的出库作业流程

具体思路如下:

(1) 按常规模式设计一般的作业流程:核单→备货→出库交接→销账存档等。

(2) 考虑四种不同商品的特殊要求,在一般作业流程的基础上,进行调整或改进,比如蔬菜和小家电如何进行整箱集中装卸打包等。

(3) 在第(2)步的基础上,通过查阅资料和小组讨论(比如查看《食品卫生法》等),论证经过精化和细化后各类货物流程的合理性。

(4) 根据小组意见再行改进,并最终确定流程,画出流程图。

(5) 在确定流程的基础上,对出库作业的人员配备、设备配备、相关的管理制度等进行设计。

### 二、设计 AA 公司货物的出库作业的全套单据

出库作业的单据一般包括以下几类:

(1) 出库单:一般包括品名、编码、规格、型号、计量单位、数量、单价、金额、税

额、销售类型、部门、客户名称、仓库、业务员、订发货单编号等要素。

（2）出库作业计划单：一般包括品名、编码、规格、批次、单位、数量、体积、重量、预计出库时间、预计存储期、出库方式等要素。

（3）提货单：一般包括品名、规格、单位、数量、单价、金额、货主单位、仓储单位、制单人、提货单位、经手人等要素。

 实践训练

**练一练**

练习1：请画出出入库和在库管理的总流程图。

练习2：在出入库管理中，如何将流程与信息技术合理配套？

**赛一赛**

比比谁说得好。

1. 描述物资出库的要求。
2. 描述物资收发的原则。
3. 描述车辆配载的原则。
4. 描述提高车辆满载率的方法。

# 项目5  商品保管和养护

**学习目标**

1. 知识目标：熟练掌握商品保管的任务和要求，了解商品质量变化的类型，理解影响仓储货物质量变化的主要因素，明确普通商品和特殊商品存储的基本要求和安全管理规范，掌握库存品的保管和养护的主要技术。
2. 能力目标：能为常见的物品设计保管方案和安全管理制度、消防制度。
3. 素质目标：培养安全意识。

**工作任务**

1. 设计AA公司货物的常规保管养护方案。
2. 设计AA公司货物的特殊保管养护方案。
3. 制定AA公司仓储物品的消防和安全制度。

## 项目5.1  库存商品养护方法

**任务描述**

任务1：设计AA公司货物的常规保管养护方案。

**任务分析**

想一想

问题1：库存商品有哪些物品质量变化的现象？

议一议

话题1：列举引起物品质量变化的可能原因。

**相关知识**

讲一讲

一、物品质量变化的种类和原因

商品在储存期间，由于商品本身的成分、结构和理化性质的特点，以及受到日光、温度、湿度、空气、微生物等客观外界条件的影响，就会发生这样或那样的质量变化。商品质量变化的形式有多种，归纳起来主要表现为物理变化、化学变化、生物变化和生理生化变化。

1. 物理变化

商品的物理变化是指改变物质本身的外表形态，不改变其本质，没有新物质的生成，并且有可能反复进行的质量变化现象。物理变化的结果不是数量损失，就是质量降低，甚至使商品失去使用价值。商品常发生的物理机械变化有商品的挥发、溶化、熔化、渗漏、串味、沉淀、玷污、破碎与变形等。

（1）挥发。挥发是低沸点的液体商品或经液化的气体商品在空气中经气化而散发到空气中的现象。这种挥发的速度与气温的高低、空气流动速度的快慢、液体表面接触空气面积的大小成正比关系。液体商品的挥发不仅降低有效成分，增加商品损耗，降低商品质量，有些燃点很低的商品还容易引起燃烧或爆炸；有些商品挥发的蒸气有毒性或麻醉性，容易造成大气污染，对人体有害；一些商品受到气温升高的影响而体积膨胀，使得包装内部压力增大，可能发生爆破。常见的易挥发的商品有：酒精、白酒、香精、花露水、香水、化学试剂中的各种溶剂、医药中的一些试剂、部分化肥农药、杀虫剂、油漆等。防止商品挥发的主要措施是加强包装密封性。此外，要控制仓库温度，高温季节时要采取降温措施，保持低温条件下储存，以防挥发。

（2）溶化。溶化是指有些固体商品在保管过程中，能吸收空气或环境中的水分，当水分吸收达到一定程度时，固体就会溶化成液体。易溶性商品具有吸湿性和水溶性两种性能，常见的易溶化的商品有：食糖、果糖、食盐、明矾、硼酸、干草硫浸膏、氯化钙、氯化镁、尿素、硝酸铵、硫酸铵、硝酸锌、硝酸锰等。商品溶化与空气温度、湿度及商品的堆码高度有密切的关系。在保管过程中，有一些结晶粒状或粉状易溶化商品，会在空气比较干燥的条件下，慢慢失水后结成硬块。特别是货垛底层商品，承受压力较重的部位失水较严重。虽然溶化后，商品本身的性质并没有发生变化，但由于形态改变，给储存、运输及销售部门带来很大的不便。对易溶化的商品应按商品性能，分区分类地存放在干燥阴凉的库房内，不适合与含水分较大的商品同储。在堆码时要注意底层商品的防潮和隔潮，垛底要垫得高一些，并采取吸潮和通风相结合的温度、湿度管理方法来防止商品吸湿溶化。

（3）熔化。熔化是指低熔点的商品受热后发生软化以至化为液体的现象。商品的熔化，除受气温高低的影响外，还与商品本身的熔点、商品中杂质种类和含量高低密切相关。商品熔点越低，越易熔化；商品杂质含量越高，越易熔化。常见的易熔化的商品有：香脂、蛤蜊油、发蜡、蜡烛；复写纸、蜡纸、打字纸和圆珠笔芯；松香、石蜡、粗萘、硝酸锌；油膏、胶囊、糖衣片等。商品熔化，有的会造成商品流失、粘连包装、玷污其他商品；有的因产生熔解而体积膨胀，使得包装爆破；有的因商品软化而使货垛倒塌。预防商品熔化应根据商品的熔点高低，选择阴凉通风的库房储存。在保管过程中，一般可采用密封和隔热措施，加强库房的温度管理，防止日光照射,尽量减少温度的影响。

(4) 渗漏。渗漏主要是指液体商品,特别是易挥发的液体商品,由于包装容器不严密,包装质量不符合商品性能的要求,或在搬运装卸时因碰撞震动破坏了包装,而使商品发生跑、冒、滴、漏的现象。商品渗漏不仅与包装材料的性能、包装容器的结构及包装技术的优劣有关,还与仓储温度的变化有关,如:金属包装焊接不严,商品易受潮锈蚀;有些包装耐腐蚀性差;有的液体商品因气温升高而体积膨胀,使包装内部压力增大胀破包装容器;有的液体商品在降温时或严寒季节结冰,也会发生体积膨胀引起包装破裂而造成商品损失。因此,对液体商品应加强入库验收和在库商品检查及温度、湿度控制和管理。

(5) 串味。串味是指吸附性较强的商品吸附其他气体、异味,从而改变本来气味的变化现象。具有吸附性、易串味的商品,主要是因为它的成分中含有胶体物质,以及疏松、多孔性的组织结构。商品串味与其表面的状况、与异味物质接触面积的大小、接触时间的长短,以及环境中异味的浓度有关。常见的易串味的商品有:大米、面粉、木耳、食糖、饼干、茶叶、卷烟等。常见的易引起其他商品串味的商品有:汽油、煤油、桐油、腌鱼、腌肉、樟脑、卫生球、肥皂、化妆品以及农药等。预防商品的串味,应对易被串味的商品尽量采取密封包装,在储存和运输中不得将其与有强烈气味的商品同车、船并运或同库储藏,同时还要注意运输工具和仓储环境的清洁卫生。

(6) 沉淀。沉淀是指含有胶质和易挥发成分的商品,在低温或高温等因素影响下,引起部分物质的凝固,进而发生沉淀或膏体分离的现象。常见的易发生沉淀的商品有:墨汁、墨水、牙膏、雪花膏等。又如饮料、酒在仓储中,分析出纤细絮状的物质,而发生混浊沉淀的现象。预防商品的沉淀,应根据不同商品的特点,防止阳光照射,做好商品冬季保温和夏季降温工作。

(7) 玷污。玷污是指商品外表沾有其他脏物,染有其他污秽的现象。商品玷污,主要是由于生产、储运中卫生条件差及包装不严所致。对一些外观质量要求较高的商品,如绸缎、呢绒、针织品、服装等要注意外观不要被玷污,精密仪器、仪表也要特别注意。

(8) 破碎与变形。破碎与变形是常见的物理变化,指商品在外力作用下发生的形态上的改变。商品的破碎主要是脆性较大的商品,如玻璃、陶瓷、搪瓷制品、铝制品等因包装不良,在搬运过程中受到碰、撞、挤、压和抛掷而破碎、掉瓷、变形等。商品的变形通常是指塑性较大的商品,如铝制品和皮革、塑料、橡胶等制品由于受到强烈的外力撞击或长期重压,丧失回弹性能,从而发生形态改变。对于容易发生破碎和变形的商品,主要应注意妥善包装,轻拿轻放,在库堆垛高度不能超过一定的压力限度。

2. 化学变化

商品的化学变化是指构成商品的物质发生变化后,不仅改变了商品本身的外观形态,也改变了其本质,并有新物质生成的现象。商品中常见的化学变化有化合、分解、水解(或潮解)、氧化、聚合、裂解、老化、沉淀风化、燃烧与爆炸等。

(1)氧化。氧化是指商品与空气中的氧或其他能放出氧的物质,所发生的与氧相结合的变化。商品发生氧化,不仅会降低商品的质量,有的还会在氧化过程中产生热量,发生自燃,有的甚至会发生爆炸事故。容易发生氧化的商品比较多,如某些化工原料、纤维制品、橡胶制品、油脂类商品等。像棉、麻、丝、毛等纤维织品,长期同日光接触而发生变色现象,也是由于织品中的纤维被氧化的结果。商品在氧化的过程中,如果产生的热量不易散失,就会加速其氧化过程,从而使反应的温度迅速升高,当达到自燃点时,就会发生自燃现象。有些植物性油脂类或含油脂较多的商品,如豆饼、花生饼、核桃仁等在一定的条件下与纤维物质接触时,也会发生自燃现象。所以,此类商品要储存在干燥、通风、散热快和温度比较低的库房里,才能保证其质量安全。

(2)分解。分解是指某些性质不稳定的商品,在光、电、热、酸、碱及潮湿空气的作用下,由一种物质生成两种或两种以上物质的变化现象。商品发生分解反应后,不仅使其数量减少,质量降低,有的还会在反应过程中产生一定的热量和可燃气体,从而引起事故。对于易分解的商品,在储运过程中应尽量避免发生这些变化所需要的外部条件,尤其不宜与酸性或碱性商品混放。

(3)水解。水解是指某些商品在一定的条件下遇水而发生分解的现象。如硅酸盐和肥皂,其水解产物是酸和碱,这样就同原来的商品具有不同的性质。另外,在高分子有机物中的纤维素和蛋白质在相应的酶的作用下发生水解后,能使其分子链接断裂,强度降低。商品的品种不同,在酸或碱的催化作用下,所发生的水解情况也是不相同的。例如,肥皂在酸性溶液中能全部水解,而在碱性溶液中却很稳定;蛋白质在碱性溶液中容易水解,但在酸性溶液中却比较稳定,这就是羊毛等蛋白质纤维制品怕碱不怕酸的道理。棉纤维在酸性溶液中,尤其是在强酸的催化作用下,容易发生水解,使纤维的大部分链接断裂,从而分解成单个的纤维分子,这样就大大降低了纤维的强度;而棉纤维在碱性溶液中却比较稳定,这就是棉纤维制品怕酸而耐碱的原因所在。此类商品在包装、储存的过程中要注意包装材料的酸碱性,哪些商品可以或不能同库储存,以便防止商品的人为损失。

(4)化合。化合是指商品在储存期间由于外界条件的影响,使得两种以上的物质相互作用而生成一种新物质的反应。此种反应一般不是单一存在于化学反应中,而是两种反应(分解、化合)依次先后发生。如果不了解这种情况,就会给保管和养护此类商品造成损失。例如,化工商品中的过氧化钠为白色粉末,其劣质品多呈黄色。如果将其储存在密封性好的桶里,并在低温下与空气隔绝,则其性质非常稳定;但如果遇热,就会发生分解而放出氧气。过氧化钠如果同潮湿的空气接触,在迅速地吸收水分后,便会发生分解,降低有效成分。氧化钙的吸潮作用也是一种化合反应的过程。

(5) 聚合。聚合是指某些商品在外界条件的影响下，能使同种分子互相加成后而结合成一种更大分子的现象。例如，桐油表面的结块、福尔马林的变性等现象，均是由于发生了聚合反应的结果。桐油中含有高度不饱和脂肪酸——桐油酸（十八碳三烯酸），在日光、氧气、高温条件的作用下能发生聚合反应，生成 B 型桐油块浮在其表面，而使桐油失去使用价值。福尔马林是甲醛的水溶液（含 40% 甲醛），在常温下能聚合生成三聚甲醛或多聚甲醛，产生浑浊沉淀，这样就改变了原来的性质。所以，储存、保管和养护此类商品时，要特别注意日光和储存温度的影响，以便防止发生聚合反应，造成商品质量的降低。

(6) 裂解。裂解是指高分子有机物（如棉、麻、丝、毛、橡胶、合成纤维等），在日光、氧气、高温条件的作用下，发生分子链断裂，分子量降低，从而使其强度降低、机械性能变差，产生发软、发黏等现象。例如，天然橡胶是以橡胶烃为基本单体成分的高分子化合物，分子量为 8 万～10 万。在日光、氧和一定温度的作用下，就能发生链节断裂、分子结构被破坏，而使橡胶制品出现变软、发黏而变质。另外，塑料制品中的聚苯乙烯在一定的条件下，也会同天然橡胶一样发生裂变。此类商品在保管养护过程中，要防止受热和日光的直接照射。

(7) 老化。老化是指含有高分子有机物成分的商品（如橡胶、塑料、合成纤维等），在日光、氧气、高温等因素的作用下，性能逐渐变差的过程。商品发生老化后，能破坏其化学结构、改变其物理性能，使机械性能降低，出现变硬发脆、发软发黏等现象，而使商品失去使用价值。塑料制品老化后所引起的性能变化，是由于合成树脂的分子结构发生了变化所造成的。合成纤维制品发生老化，是由于在日光、氧气、高温等因素的作用下，发生变色，强度降低，严重时能逐渐变质脆化。橡胶制品发生老化，是由于橡胶分子在氧化作用下受到了破坏，即橡胶分子与氧结合后，破坏了橡胶烃的分子结构。因此，橡胶制品之所以会发生老化，是氧作用的结果。另外，橡胶同氧气的接触面积越大，老化的速度也越快。容易老化的商品，在保管养护过程中要注意防止日光照射和高温的影响，切不能使其在阳光下暴晒。商品在堆码时不宜过高，以防止在底层的塑料、橡胶制品受压变形。橡胶制品切忌同各种油脂和有机溶剂接触，以防止发生粘连现象。塑料制品要避免同各种有色织物接触，以防止由于颜色的沾染而发生串色。

(8) 曝光。曝光是指某些商品见光后，引起变质或变色的现象。例如，石炭酸（苯酚）为白色结晶体，见光即变成红色或淡红色；照相用的胶片见光后，即成为废品；漂白粉若储存场所不当，如在易受日光、温度或二氧化碳影响的库房里，就会逐渐发生变化，从而降低氯的有效成分，所以要储存在密闭的桶中，并且严防受潮和二氧化碳的影响。不能够曝光的商品在保管和养护的过程中，要特别注意防止光线照射，并要防止氧气和温、湿度的影响，其包装要做到密封严密。

(9) 锈蚀。锈蚀是指金属或金属合金同周围的介质相接触时，相互间发生了某种反应，而逐渐遭到破坏的过程。金属商品之所以会发生锈蚀，其一是由于金属本身不稳定,在其组成中存在着自由电子且其成分不纯;其二是由于受到水分和有害气体的作用所造成的。

(10) 风化。风化是指含结晶水的商品,在一定温度和干燥空气中失去结晶水而使晶体崩解,变成非结晶状态的无水物质的现象。

3. 生物变化

生物变化是指商品在外界有害生物作用下受到破坏的现象,如虫蛀、鼠咬、霉变等。

(1) 虫蛀。商品在储存期间,常常会遭到仓库虫害的蛀蚀。经常危害商品的仓库害虫有 40 多种,仓库虫害在危害商品的过程中,不仅破坏商品的组织结构,使商品发生破碎和孔洞,而且其排泄的各种代谢废物也会污染商品,影响商品的质量和外观,降低商品的使用价值,因此虫害对商品的危害性也是很大的。凡是含有有机成分的商品,都容易遭受害虫蛀蚀。

(2) 霉腐。霉腐是商品在霉腐微生物作用下发生的霉变和腐败现象。在气温高、湿度大的季节,如果仓库的温度、湿度控制不好,储存的针棉织品、皮革制品、鞋帽、纸张、香烟以及中药材等许多商品就会发生霉变,肉、鱼、蛋类就会腐败发臭,水果、蔬菜就会腐烂,果酒变酸,酱油生白膜等。无论哪种商品,只要发生霉腐就会受到不同程度的破坏,严重霉腐可使商品完全失去使用价值。有些食品还会因腐败变质而产生能引起人畜中毒的有毒物质。常见危害商品的微生物主要是一些腐败性细菌、酵母菌和霉菌。特别是霉菌,它是引起绝大部分日用工业品、纺织品和食品霉变的主要根源,对纤维素、淀粉、蛋白质、脂肪等物质,具有较强的分解能力。对于易发生霉腐的商品,在储存时必须严格控制温、湿度,并做好防霉和除霉工作。

4. 生理生化变化

商品的生理生化变化是指有机体商品(有生命力商品)在生长发育过程中,为了维持生命活动,其自身发生的一系列特有的变化,如呼吸作用、发芽、胚胎发育、后熟作用等。

(1) 呼吸作用。呼吸作用是指有机体商品在生命过程中不断地进行呼吸,分解体内有机物质,产生热量,维持其本身的生命活动的现象。呼吸作用可分为有氧呼吸和无氧呼吸两种类型。不论是有氧呼吸还是无氧呼吸,都要消耗营养物质,降低商品的质量。有氧呼吸会产生热量积累,往往使商品变质。特别是粮食的呼吸作用,产生的热量不易失散,如积累过多,会使粮食变质。同时由于呼吸作用,有机体分解出来的水分又有利于有害生物生长繁殖,加速商品的霉变。无氧呼吸,则会产生酒精积累,引起有机体细胞中毒,造成生理病害,缩短商品储存时间。对于一些鲜活商品,无氧呼吸往往比有氧呼吸要消耗更多的营养物质。但是,保持正常的呼吸作用,有利于维持有机体的基本生理活动,商品本身会具有一定的抗病性和耐储性。因此,鲜活商品的储存应保证它们正常而最低的呼吸量,利用它们的生命活性来减少商品损耗,延长储藏时间。

（2）发芽。发芽是指有机体商品在适宜条件下,冲破"休眠"状态,发生的发芽、萌发现象。发芽的结果会使有机体商品的营养物质转化为可溶性物质,供给有机体本身的需要,从而降低有机体商品的质量。在发芽、萌发过程中,通常伴有发热、生霉等情况,不仅增加损耗,而且降低质量。因此,对于能够发芽、萌发的商品,必须控制它们的水分,并加强温度、湿度管理,防止发芽、萌发现象的发生。

（3）胚胎发育。胚胎发育主要指的是鲜蛋的胚胎发育。在鲜蛋的保管过程中,当温度和供氧条件适宜时,胚胎会发育成血丝蛋、血坏蛋。经过胚胎发育的禽蛋,其新鲜度和食用价值会大大降低。为了抑制鲜蛋的胚胎发育,应加强温度、湿度管理,最好是低温储藏或控制供氧条件,亦可采用石灰水浸泡、表面涂层等储藏方法。

（4）后熟作用。后熟是指瓜果、蔬菜等食品在脱离母株后继续成熟过程的现象。瓜果、蔬菜等的后熟作用能改进食品的色、香、味以及适口的硬脆度等食用性能,但当后熟作用完成后,食品则容易发生腐烂变质,难以继续储藏甚至失去食用价值。因此,对于这类鲜活食品,应在其成熟之前采收,并采取控制储藏条件的办法来调节其后熟过程,以达到延长储藏期、均衡上市的目的。

## 二、商品养护的概念和措施

（一）商品养护的概念

在库商品在储存保管期间会发生各种质量变化,商品养护的目的在于维护商品的质量,保护商品的使用价值。因此,商品养护的内容主要有两个方面:一方面是研究商品在储存过程中受内外因素的影响,质量发生变化的规律;另一方面是研究安全储存商品的科学养护方法,以保证商品的质量,避免和减少商品损失。

（二）仓库温、湿度调节的方法

1. 通风

通风是指通过采取措施来加大空气流通的保管手段。利用干燥空气的大量流通,能降低货物的含水量;利用低温空气,可降低货物温度;通风还具有消除货物散发的有害气体的作用,如造成货物窒息的二氧化碳、使金属生锈的二氧化硫、酸气等;通风还能增加空气中氧的含量。当然,通风也会将空气中的水分、尘埃、海边空气中的盐分等带入仓库中,影响货物质量。仓库通风有自然通风、机械自然通风、机械循环通风、制冷通风等方式,普通仓库只采用前两者通风方式。

2. 温度控制

除了冷库外,仓库的温度直接受天气温度的影响,库存货物的温度也就随天气温度同步变化。温度高时,货物会发生融化、膨胀、软化,容易腐烂变质、挥发、老化、自燃,甚至发生物理爆炸;温度太低时,又会发生变脆、冻裂、液体冻结膨胀等损害货物。一般来说,绝大多数货物在常温下都能保持正常的状态。普通仓库的温度控制主要是避免阳光直接照射货物,因为阳光直接照射的地表温度要比气温高很多,午间甚至高近一倍。仓库遮阳采用仓库建筑遮阳和苫盖遮阳。不同建筑材料的遮阳效果不同,混凝土结构遮阳效果最佳。对于怕热货物,应存放在仓库内阳光不能直接照射的货位。

对温度较敏感的货物,在气温高时可以采用洒水降温,包括采取直接对货物洒水,对于怕水货物可以对苫盖、仓库屋顶洒水来降温。在日晒减少的傍晚或夜间,将堆场货物的苫盖适当揭开通风,也是对露天堆场货物降温保管的有效方法。货物自热是货物升温损坏的一个重要原因,对于容易自热的货物,应经常检查货物温度,当发现升温时,可以采取加大通风、洒水等方式降温,翻动货物散热降温。必要时,可以采取在货垛内存放冰块、释放干冰等措施降温。

此外,仓库里的热源也会造成温度升高,存放货物时应避开热源,或者在高温季节避免使用仓库内的热源。

在严寒季节气温极低时,可以采用加温设备对货物加温防冻。对突至的寒潮,可以在寒潮到达前对货物进行保暖苫盖,也具有短期保暖效果。

3. 湿度控制

湿度分为货物湿度、空气湿度(大气湿度)。笼统来说,湿度表示含水量的多少,但在不同场合又有不同的表示方式。对货物湿度采用含水量指标,用百分比表示;对空气湿度,用绝对湿度和相对湿度两种方式表示;对空气中的水汽结露成水珠,则采用露点来表示。

(1)货物湿度。货物湿度是指货物的含水量。货物的含水量对货物有直接的影响,含水量高,则容易发生霉变、锈蚀、溶解、发热,甚至是化学反应等;含水量太低,则会发生干裂、干涸、挥发、容易燃烧等危害。控制货物的含水量是货物保管的重要工作。对于大多数要求较低含水量的货物,具体可根据货物资料来确定合适的含水量标准(见表5-1)。

表5-1 几种货物的相对湿度要求

| 种 类 | 温度/℃ | 相对湿度/% | 种 类 | 温度/℃ | 相对湿度/% |
| --- | --- | --- | --- | --- | --- |
| 金属及其制品 | 5～30 | ≤75 | 重质油、润滑油 | 5～35 | ≤75 |
| 碎末合金 | 0～30 | ≤75 | 轮胎 | 5～35 | 45～65 |
| 塑料制品 | 5～30 | 50～70 | 布电线 | 0～30 | 45～60 |
| 压层纤维塑料 | 0～35 | 45～75 | 工具 | 10～25 | 50～60 |
| 树脂、油漆 | 0～30 | ≤75 | 仪表、电器 | 10～30 | 70 |
| 汽油、煤油、轻油 | ≤30 | ≤75 | 轴承、钢珠、滚针 | 5～35 | 60 |

(2)空气湿度。空气湿度用绝对湿度和相对湿度两种方式表示。绝对湿度是指空气中含水汽量的绝对数,用帕(Pa)或克/立方米(g/m³)表示,如25℃时,空气

最高绝对湿度(也称为饱和湿度)为 22.80 g/m³。温度越高,空气中水分子的动能越大,空气含水汽的能力就越高,空气的绝对湿度就会越高。相对湿度则是空气中含有的水汽量与相同温度下空气能容纳的最大水汽量的百分比,最大时为 100%。相对湿度越大,表明空气中的水汽量距离饱和状态越接近,表示空气越潮湿;相反,相对湿度越小,表明空气越干燥。

露点是指在固定气压之下,空气中所含的气态水达到饱和而凝结成液态水所需要降至的温度。露点用温度表示。如果气温下降到露点以下,空气中的水汽就会在物体表面凝结成水滴,俗称"汗水",会造成货物的湿损。

空气湿度可以采用干湿球温度计(表)测定和经过换算得出。干湿球温度计(表)由干球温度计(表)和湿球温度计(表)组成。干球温度计(表)直接测量空气温度;湿球温度计(表)下端裹缠纱布,纱布部分浸泡在水中,测量得到湿球温度,由于纱布的水分蒸发吸热,湿球温度计(表)的测量温度一般比干球温度计(表)低,当空气中水汽达到饱和时,两者相同。通过"湿度查对表",确定空气相对湿度、绝对湿度、露点等。

(3) 湿度控制。

①湿度监测。仓库应经常进行湿度监测,包括空气湿度监测和仓内湿度监测。一般每天早、晚各监测一次,并做好记录(见表 5-2)。

表 5-2 仓库温、湿度记录表

序号:　　　　　主要物资:　　　　仓号:　　　　　　年　　月

| 检查时间 | | | 检查情况 | | | | 气候 | 检查人 |
|---|---|---|---|---|---|---|---|---|
| 日 | 时 | 分 | 干表温度 | 湿表温度 | 绝对湿度 | 相对湿度 | | |
| 1 | | | | | | | | |
| 2 | | | | | | | | |
| 30 | | | | | | | | |
| 31 | | | | | | | | |

月温度最高_____℃;最低_____℃;平均_____℃。
相对湿度最高_____%;最低_____%
气候:晴天"○",雨天"!!!",阴天"●",风天"≈",雪天"△"。

②空气湿度太低时的处理措施。空气湿度太低,意味着空气太干燥,应减少仓

内空气流通,采取洒水、喷水雾等方式增加仓内空气湿度,或者对货物采取加湿处理,直接在货物表面洒水。

③空气湿度太高时的处理措施。封闭仓库或者密封货垛,避免空气流入仓库或货垛;或者在有条件的仓库中采用干燥式通风、制冷除湿;在仓库或货垛内摆放吸湿材料,如生石灰、氯化钙、木炭、硅胶等;及时擦干、排除出现的汗水;特殊货仓可采取升温措施。

(三) 商品保管养护技术

为了保证商品保管质量,除了温度、湿度、通风控制外,仓库应根据货物的特性来采取相应的保管措施。如对货物进行油漆,涂刷保护涂料、除锈、加固、封包、密封等;发现虫害要及时杀虫,采用防霉药剂等针对性保护措施;必要时采取转仓处理,将货物转入具有特殊保护条件的仓库,如冷藏。

1. 金属制品的养护处理

金属制品在储存期间发生锈蚀是常见的现象,它不仅影响外观质量,造成商品陈旧,而且使其机械强度下降,从而降低其使用价值,严重者甚至报废。如各种刀具因锈蚀而在其表面形成斑点、凹陷,难以平整并保持锋利;精密量具锈蚀,可能会影响其使用的精确度。因此,要对这类商品进行养护处理。

(1) 选择适宜的保管场所。保管金属制品的场所,不论是库内还是库外,均应保持清洁干燥,不得与酸、碱、盐类气体和粉末等商品混存。不同种类的金属制品在同一地点存放时,也应有一定的间隔距离,以防止发生接触腐蚀。

(2) 保持库房干燥。相对湿度在60%以下时就可以防止金属制品表面凝结水分,避免生成电解液层而使其遭受电化学腐蚀。但相对湿度在60%以下的条件较难达到,一般库房应将相对湿度控制在65%～70%左右。

(3) 塑料封存。塑料封存就是利用塑料对水蒸气及空气中腐蚀性物质的高度隔离性能,来防止金属制品在环境因素作用下发生锈蚀。常用的方法有:

①塑料薄膜封存。将塑料薄膜直接在干燥的环境中封装金属制品,或封入干燥剂以保持金属制品的长期干燥,不至锈蚀。

②收缩薄膜封存。将薄膜纵向或横向拉伸几倍,处理成收缩性薄膜,使得包装商品时其会紧紧黏附在商品表面,既防锈又可减少包装体积。

③可剥性塑料封存。以塑料为成膜物质,加入增塑剂、稳定剂、缓蚀剂及防霉剂等进行加热熔化或溶解,喷涂在金属表面,待冷却或挥发后在金属表面可形成保护膜,可阻隔腐蚀介质对金属制品的作用,达到防锈的目的。这是一种较好的防锈方法。

(4) 涂油防锈。涂油防锈是金属制品防锈的常用方法。它是在金属表面涂刷一层油脂薄膜,使商品在一定程度上与大气隔离开来,达到防锈的目的。这种方法省时、省力、节约、方便,且防锈性能较好。涂油防锈一般采取按垛、按包装或按件涂油密封。涂油前必须清除金属表面的灰尘污垢,涂油后要及时包装封存。

防锈油是以油脂或树脂类物质为主体,加入油溶性缓蚀剂所组成的暂时性防锈涂料。防锈油中的油脂或树脂类物质为涂层和成膜物质,常用的有润滑油、凡士林、石蜡、沥青、桐油、松香及合成树脂等;油溶性缓蚀剂既有极性基团的有机化合物,又有非极性基团的有机化合物(如硬脂酸、石油脂等),也是能溶于油脂的表面活性剂。常用的油溶性缓蚀剂有石油磺酸钡、二壬基萘磺酸钡、硬脂酸铝、羊毛脂及其皂类等。将金属制品浸涂或热刷防锈油,可以在一定的时间内隔绝大气中的氧气、水分以及有害气体对金属制品的侵蚀,以防止或减缓锈蚀。

(5) 气相防锈。气相防锈是利用挥发性缓蚀剂,在金属制品周围挥发出缓蚀气体,来阻隔腐蚀介质的腐蚀作用,以达到防锈目的。

气相缓蚀剂在使用时不需涂在金属制品表面,只用于密封包装或容器中。因其是一些挥发性物质,在很短时间内就能充满包装或容器内的各个角落和缝隙,既不影响商品外观,也不影响商品使用,又不污染包装,所以它是一种有效的防锈方法。

金属制品的养护处理方法各不相同,在选择防锈材料及方法时,应根据商品的特点、储存环境条件、储存期的长短等因素来确定,同时还要考虑相关的成本及防锈施工的难易,以获得较好的防锈效果。

2. 虫害的防治

仓库的害虫不仅蛀食动植物商品和包装,而且还能危害塑料、化纤等化工合成商品。因此,仓库虫害的防治工作是商品养护的一项十分重要的工作。

(1) 杜绝仓库害虫的来源。仓库一旦发生虫害,必然造成极大危害。因此,必须加强入库验收,应根据具体情况将商品分别入库,隔离存放;在商品储存期间,要定期对易染虫害的商品进行检查,做好预测预报工作;做好日常的清洁卫生工作,铲除库区周围的杂草,清除附近沟渠污水,同时辅以药剂进行空库消毒,在库房四周一米范围处用药剂喷洒防虫线,有效杜绝害虫的来源。

(2) 物理防治。物理防治就是利用物理因素(光、电、热、冷冻、原子能、超声波、远红外线、微波及高频振荡等)破坏害虫的生理机能与机体结构,使其不能生存或抑制其繁殖。常用的方法有:

灯光诱集,就是利用害虫对光的趋向性在库房内安装诱虫灯,晚上开灯时,使趋光而来的害虫被迫随气流吸入预先安置的毒瓶中(瓶内盛少许氰化钠或氰化钾),使其中毒而死。

高温杀虫,就是将温度上升至 40 ℃以上,使害虫的活动受到抑制,其繁殖率下降,进入热麻痹状态,直至死亡。

低温杀虫,就是将环境温度下降,让害虫机体的生理活动变得缓慢,使其进入冷麻痹状态,直至死亡。

电离辐射杀虫,就是用几种电离辐射源放射出来的 X-射线、γ-射线或快中子射线等,杀伤害虫或使其不育。

微波杀虫,就是在高频电磁场的微波作用下,使害虫体内的水分、脂肪等物质激烈地振荡以产生大量的热,直至其体温升至68℃时死亡。此种方法处理时间短,杀虫效力高。

此外,还可使用远红外线、高温干燥等方法进行防虫。

(3) 化学防治。化学防治就是利用化学药剂直接或间接毒杀害虫的方法。常用的药剂有以下几种:

杀虫剂。一些杀虫剂接触虫体后,能穿透表皮进入体内,使害虫中毒死亡,为触杀剂,如敌敌畏、六六六等;还有一些杀虫剂可配成诱饵,被害虫吞食后通过胃肠吸收进入体内,使其中毒死亡,为胃毒剂,如亚砒霜、亚砒霜钠等。

熏蒸剂。化学药剂所散发的毒气通过害虫的气门、气管等进入体内,使其中毒死亡。常用的熏蒸剂有磷化铝、溴甲烷、氯化苦等。

驱避剂。利用固体药剂(萘、樟脑精、对位二氯化苯等)发出的刺激性气味与毒性气体,在商品周围保持一定的浓度,使害虫被毒杀或不敢接近商品。

在化学防治中,要选用对害虫有较高毒性的药剂,同时选择害虫处于抵抗力最弱的时期施药。施药时,应严格遵守药物使用规定,注意人身安全和被处理商品、库房建筑以及备品用具的安全。应采取综合防治与轮换用药等方法,以防害虫产生抗药性。

3. 霉变的防治

霉变是仓储商品的主要质量变化形式。霉变产生的条件有:商品受到霉变微生物污染;商品中含有可供霉变微生物利用的营养成分(如有机物构成的商品);商品处在适合霉变微生物生长繁殖的环境下。

霉菌往往寄生于能供给它养料的有机材料中,如木、皮革、皮棉、麻制品等。要想防治霉变,必须根据霉菌的生理特点和生长繁殖的环境条件,采取相应的措施,抑制或杀灭霉菌微生物。

(1) 常规防霉。常规防霉可以采用低温防霉法与干燥防霉法。低温防霉法就是根据商品的不同性能,控制和调节仓库温度,使商品温度降至霉菌生长繁殖的最低温度界限以下,抑制霉菌的生长。干燥防霉法就是降低仓库环境中的湿度和商品本身的含水量,使霉菌得不到生长繁殖所需要的水分,达到防霉变的目的。

(2) 药剂防霉。药剂防霉是将对霉变微生物具有杀灭或抑制作用的化学药品散加或喷洒到商品上,如苯甲酸及其钠盐对食品的防腐,托布津对果菜的防腐保鲜,还有水杨酰苯胺及五氯酚钠等对各类日用工业品及纺织品、服装鞋帽等的防腐。

防霉药剂能够直接干扰霉菌的生长繁殖。理想的防霉药剂应当是灭菌效果好、对人的毒害小,常用的有水杨酰苯胺、五氯酚钠、氯化钠、多菌灵、托布津等。

(3) 气相防霉。气相防霉就是利用气相防霉剂散发出的气体,抑制或毒杀商品上的霉菌,是一种较先进的防霉方法。方法是把挥发物放在商品的包装内或密封垛内。

对已经发生霉变但可以救治的商品,应立即采取措施,根据商品性质可选用晾晒、加热消毒、烘烤、熏蒸等办法,以减少损失。

4. 防老化技术

高分子化合物又称"大分子化合物""高聚物",是由许多结构相同的单元组成,分子量高达数万乃至数百万以上的有机化合物。以这种化合物为主要成分的商品称为高分子商品,如塑料、橡胶、合成纤维等。高分子商品在储存和使用过程中出现发黏、变硬、脆裂、失光、变色等现象,以及丧失其应有的物理和力学性能的现象,称为老化。导致高分子商品老化的外界环境因素主要是光(特别是紫外线)、氧气、热、水和溶剂、外力、生物等。延缓高分子商品的老化,应尽量避免其与不良环境因素的接触,如采取遮光、控氧、防热、防冻、防机械损伤、防虫霉、防腐蚀等措施。

### 比一比

#### 案例:中外饲料防霉技术

饲料在储存、运输、销售和使用过程中,极易发生霉变。大量生长和繁殖的霉菌污染饲料,不仅消耗饲料中的营养物质,使饲料质量下降、饲料报酬降低,而且禽畜食用后会引起腹泻、肠炎,从而导致消化能力降低、淋巴功能下降等症状,严重的可造成死亡。近年来,中外采用的饲料防霉技术主要有以下几种:

1. 辐射灭菌

饲料经粉碎或颗粒化加工后,都会感染一些致病菌如沙门氏菌和大肠杆菌等。美国科研人员将雏鸡饲料进行 10 GP$\gamma$ 射线辐射后,将其置于 30℃、相对湿度80%的环境中储藏一个月,霉菌没有繁殖;而未经辐射的雏鸡饲料,在同样的条件和相同时间储藏后发生霉变。因此,辐射饲料可达到灭菌效果,使商品能长期储藏而不变质。

2. 添加防霉剂

国外使用的饲料防霉剂较多,如碘化钾、碘酸钙、丙酸钙、甲酸、海藻粉、柑橘皮乙醇提取物等。日本科技人员研究发现,将多种防霉剂混合使用效果较好,他们将92%的海藻粉(裙带菜粉或海带粉)和4%碘酸钙、4%丙酸钙混合,按8%的添加量添加于饲料中,将其置于30℃、100%相对湿度的环境下,一个月内饲料不会生霉;而未添加防霉剂的饲料,在第5天即会生霉;添加其中一种防霉剂的饲料,在第10~15天就会发霉,因此日本将海藻粉、碘酸钙混合后制成高效饲料防霉剂。

3. 使用防霉包装袋

日本科研人员发明的饲料防霉包装袋,可保证所包装的饲料长期不发生霉变,这种饲料防霉包装袋由聚烯烃树脂构成,其中含有 0.01%～0.50% 的香草醛或乙基香草醛。由于聚烯烃树脂膜可以使香草醛或乙基香草醛慢慢蒸发而渗透到饲料中去,不仅能防霉,而且因有芳香味还可使饲料更适合动物的口味。包装袋的外层还覆盖着能防止香草醛或乙基香草醛扩散的薄膜。

4. 化学消毒和辐射结合防霉

苏联的科研人员认为,对饲料先进行化学消毒,然后进行辐射,不仅灭菌、防霉效果好,而且能提高饲料中维生素 D 的含量。他们将饲料粉碎到直径 2 mm,再加进相当于饲料重量 1.2% 的氨水或 2.0% 的丙酸或 2.0% 的甲酸进行化学处理,用强度为 120 kJ/m 的紫外线进行照射,可使饲料中微生物的生长繁殖能力降低 99.8%,长期储存不会霉变。

### 读一读

**拓展知识:中草药材的保管方法**

中草药材种类繁多,性质各异,有的易吸热,有的具有挥发性等,应根据其特性加以妥善保管。如保管不当,将会发生霉变、虫蛀、失性、变色等现象而影响药材质量,甚至使其完全失效。中草药变质的原因,除空气、湿度、日光和温度等因素的影响外,还受到昆虫和微生物的侵蚀。为使中草药的外部形态和有效成分在储存期间尽量不起变化,必须掌握各种中草药材的性能,摸清各种变化规律,采取各种合理的保管措施,其中以防止霉变及防治虫蛀两项最为重要。

(1) 中草药材防霉,主要应严格控制草药本身和储存场所的温度、湿度,避免日光和空气的影响,使霉菌不易生长繁殖。对于易发霉的中草药,应选择阴凉、干燥通风的库房,垛堆应离地或用木条垫高,垛底垫入芦席或油毛毡等隔潮。地面上铺放生石、炉灰或木炭、干锯末等防潮剂,使药材经常保持干燥,以防止霉变。

(2) 为防虫蛀,药材在进库前,应将库内彻底清理以杜绝虫源,必要时可用适量的滴滴涕乳剂对四壁、地板、垫木以及一切缝隙进行喷洒。

(3) 储存过程中,为防止霉菌、害虫的生长繁殖,可将中草药材干燥后打成压缩包,以减少其与空气的接触面积。储存期间,尤其是热天或雨季,由于大气湿度较高,天气暖和,最适合霉菌、害虫的繁殖,更要选择在晴朗的天气及时翻晒,并将仓库进行通风。但在湿度大的天气,应关闭门窗防潮。

(4) 如发现虫害时,可采用高温杀虫法如暴晒、烘烤、热蒸等措施杀灭害虫,也可用化学药剂如氯化苦等熏蒸法消灭虫害,或者采用红外线照射以防止发霉生虫。但氯化苦能腐蚀金属,并影响种子的发芽率,使用时应加注意。

(5) 已被虫蛀的药材,可按虫害轻重分开处理,凡生虫严重且有结块现象的则不宜再供药用,严重霉烂变质的中草药材也不能再供药用。

## 任务实施

**看一看**

1. 掌握商品出库的知识要点。
2. 查阅相关的商品知识。

**做一做**

### AA 公司商品常规保管养护方案的设计思路和步骤

1. 首先要查阅相关资料,熟悉家电产品、日化用品、袋装食品及蔬菜等四类商品的特性。

2. 分析四类商品最容易发生什么反应,比如家电产品的老化、锈蚀、霉腐,日化用品的氧化、挥发、分解,食品的霉腐、虫蛀,蔬菜的呼吸作用、后熟作用等。

3. 设计最常规的通用保管养护方法。

(1) 控制温度、湿度:查阅每种商品的温、湿度控制范围,制定相应的控制标准。

(2) 常规的卫生管理:注意防尘和保持清洁。

4. 针对不同产品的特性进行区别保管。

(1) 家电产品要防锈蚀、霉腐,必要时也要防虫害,要选择适合家电类的措施。

(2) 日化用品在防氧化、挥发和分解方面,主要应注意防止日晒、包装要严密等。

(3) 食品类要防霉腐、虫蛀,设计方案时要注意不污染食品本身。

(4) 蔬菜主要需保鲜,应防止腐烂变质,要注意温、湿度和清洁度控制,考虑合适的包装。

5. 可在小组内分工,由不同的人分别设计不同产品的养护方案,由小组共同讨论修订。

6. 设计方案时,要考虑其经济性和实用性,应采用先进的技术,同时也要注意节约成本。

## 实践训练

### 练一练

练习1:除教材介绍的方法以外,你还能找到几种商品保管养护的最新技术?试进行介绍和说明。

### 赛一赛

下列多选题,比比哪组答得对!

1. 金属物品锈蚀的防治措施包括　　　　　　　　　　　　　　　　(　　)
   A. 密封法防锈蚀　　　　　　　B. 低温冷藏防锈蚀
   C. 涂油防锈蚀　　　　　　　　D. 化学药剂除锈法

2. 在温度不变的情况下,空气绝对湿度与相对湿度之间的关系可以表述为
   　　　　　　　　　　　　　　　　　　　　　　　　　　　　　(　　)
   A. 绝对湿度越大,相对湿度越高　　B. 绝对湿度越大,相对湿度越低
   C. 绝对湿度越小,相对湿度越高　　D. 绝对湿度越小,相对湿度越低

3. 适宜选择精萘、对二氯化苯、樟脑晶等趋避剂进行仓虫防治的物品有
   　　　　　　　　　　　　　　　　　　　　　　　　　　　　　(　　)
   A. 棉织品　　　B. 皮革制品　　　C. 橡胶　　　D. 食品

4. 以下物品中容易引起其他物品串味的商品有　　　　　　　　　　(　　)
   A. 樟脑　　　B. 香水　　　C. 汽油　　　D. 木耳

5. 在空气中水蒸气含量不变的情况下,以下对于温度与相对湿度之间的关系描述正确的有　　　　　　　　　　　　　　　　　　　　　　　　(　　)
   A. 温度越高,相对湿度越大　　　B. 温度越低,相对湿度越大
   C. 温度越高,相对湿度越小　　　D. 温度越低,相对湿度越小

6. 对于储存易生虫货物的仓库,为达到防治虫害的目的,喷洒杀虫药剂的位置通常为　　　　　　　　　　　　　　　　　　　　　　　　　　(　　)
   A. 库内墙角　　　B. 走道　　　C. 垛底　　　D. 苫垫物料

# 项目 5.2　特种商品的养护

## 任务描述

任务1:设计 AA 公司货物的特殊保管养护方案。

## 任务分析

**想一想**

问题1：哪些商品属于特种商品？

**议一议**

话题1：危险品保管不当的后果。

## 相关知识

**讲一讲**

### 一、危险品仓储管理

（一）危险品概述

1. 危险品的概念和种类

危险品又称为危险化学品、危险货物，是指具有爆炸、易燃、毒害、腐蚀、放射性等特性，在运输、装卸和储存过程中，容易造成人身伤亡和财产毁损而需要特别防护的货物。

危险化学品的特征就是危害性，但各种危险品的危害性具有不同的表现，根据首要危险特性可将危险品分为9大类，分别是：(1) 爆炸品；(2) 压缩气体和液化气体；(3) 易燃液体；(4) 易燃固体；(5) 自燃物品和遇湿易燃物品；(6) 氧化剂和有机过氧化剂；(7) 有毒品；(8) 腐蚀品；(9) 杂类。具体包括列入国家标准《危险货物品名表》(GB 12268—1990)和国务院经济贸易综合管理部门公布（会同公布）的剧毒化学品目录和其他危险化学品。危险品还包括未经彻底清洗的盛装过危险品的空容器、包装物。危险品除了具有分类的主要危险特性外，还可能具有其他的危害特性，如爆炸品大都具有毒性、易燃性等。

2. 危险品管理制度与法规

国家对危险品实现严格的管理，采取相应管理部门审批、发证、监督、检查的系列管理制度，包括经济贸易管理部门的经营审批，公安部门的通行证发证，质检部门的包装检验发证，环境保护部门的监督管理，铁路、民航、交通部门的运输管理，卫生行政部门的卫生监督，工商管理的经营管理等。对于政府部门依法实施的监督检查，危险化学品单位不得拒绝和阻挠。

危险品管理采取依法管理的原则，严格根据法规和国家标准实施管理。涉及危险品仓储和运输的管理法规有：《危险化学品安全管理条例》《危险货物分类和品名编号》(GB 6944—2012)《危险货物品名表》(GB 12268—2012)，各种运输方式的"危险货物运输规则"，以及环境保护法、消防法的相关规范和其他安全生产的法律及行政法规，涉及国际运输的危险货物还需要执行《国际海运危险货物规则》。

3. 危险品的编号与分级

国家标准《危险货物分类和品名编号》(GB 6944—2012)规定,危险货物品名编号由5位阿拉伯数字组成,分别表示危险货物的所属类别、项号和顺序号。如品名编号为43025,该危险品属于第4类、4.3项的"遇水放出易燃气体的物质",顺序号为025。

根据危险货物的危险程度,各类危险品被划分为一级和二级危险品。危险性大的为一级危险品,危险性小的为二级危险品。危险品的分级在品名编号中由后3位数字的顺序号来表示,顺序号小于500的为一级危险品,顺序号大于500的为二级危险品。前例中的43025则为一级危险品。其中,爆炸品、压缩气体、液化气体、感染性物品和放射性物品均为一级危险品,其他可能为一级也可能为二级危险品。此外,国际贸易和国际运输中涉及危险品时,还需要有符合《国际海运危险货物规则》的联合国编号UNNO,联合国危险货物编号是一组4位数字,货物编号与分类号的编排没有关系,若要从货物编号求分类号,需要单独查表。

4. 危险品包装和标志

危险品的包装是危险品安全的保障,包括保护危险品不受损害和外界的直接影响,保持危险品的使用价值;防止危险品对外界造成损害,避免发生重大危害事故;形状规则的包装方便作业和便于堆放储存;固定标准的包装确保危险品的单元数量的限定。危险品的包装完全根据法规和标准进行,如《危险货物运输包装通用技术条件》(GB 12463—2009)等。危险品的包装要经过规定的性能试验且具有检验标志,拥有足够的强度,没有损害和变形,封口严密等。包装使用与危险品不相忌的材料,按包装容器所注明的使用类别盛装危险品。危险品的外包装上需要有明确、完整的标志和标识,包括危险品的包装标志、储运图示标志、收发货标志,具体有包装容器的等级、编号,危险品的品名、收发货人、重量尺度、运输地点、操作指示,危险品的危险性质、等级的图示等。

(二)危险品仓储的基本要求

1. 危险品仓库选址

危险品仓库需要根据危险品的危害特性,依据政府的市政总体规划,选择合适的地点建设。危险品仓库一般设置在郊区较为空旷的地区,远离居民区、供水源、主要交通干线、农业保护区、河流、湖泊等,在当地常年主导风向的下风处。建设危险品仓库必须获得政府经济贸易管理部门审批。

2. 危险品仓库建筑和设施

危险品仓库的建筑结构需要根据危险品的危险特性和发生危害的性质,采用妥善的建筑形式,并取得相应的许可。建筑和场所需根据危险品的种类、特性,设置相应的监测、通风、防晒、调温、防火、灭火、防爆、泄压、防毒、消毒、中和、防潮、防雷、防静电、防腐、防渗漏、防护围堤或者隔离操作等安全设施和设备。仓库和设施要符合安全、消防的国家标准要求,并设置明显标志。

### 3. 设备管理

危险品的仓库实行专用仓库的使用制度,设施和设备不能用作其他使用。各种设施和设备要按照国家相应标准和有关规定进行维护、保养,进行定期检测,保证符合安全运行要求。对于储存使用剧毒化学品的装置和设施,要每年进行一次安全评价;仓储和使用其他危险品的,应每两年对储存装置进行一次安全评价。对评价不符合要求的设施和设备应停止使用,立即更换或维修。

### 4. 库场使用

危险品必须储藏在专用仓库、专用场地或者专用储藏室内。危险品仓库的专用要求,不仅包括不能存储在普通仓库的危险品的专区,还包括不同种类的危险品的分类存放,各仓库应确定存放危险品的种类。与危险品仓储需经管理部门批准一样,危险品仓库改变用途,或改存放其他危险品,也需要相应管理部门的审批。

危险品的危害程度还与存放的危险品数量有关,仓库需要根据危险品的特性和仓库的条件,确定各仓库的存量。例如,黄埔港务公司规定:第12仓楼下堆存限额1 078 t,不能堆放一级易燃液体和一级有机过氧化物。

### 5. 危险品从业人员的要求

从事危险品生产、经营、储存、运输、使用或者处置废弃危险品活动的人员,必须接受有关法律、法规、规章以及安全知识、专业技术、职业卫生防护和应急救援知识的培训,并经考核合格,方可上岗作业。

## (三)危险品的保管

### 1. 严格和完善的管理制度

为了保证危险货物的仓储安全,仓库需要依据危险品管理的法律和法规的规定,根据仓库的具体情况和危险品的特性,制定严格的危险品仓储管理安全制度、责任制度和安全操作规程,并在实践中不断完善。仓库需要制定的管理制度主要有:危险货物管理规则、岗位责任、安全防护措施、安全操作规程、装卸搬运方案、保管检查要求、垛型和堆积标准、验收标准、残损溢漏处理程序、应急措施等。保管单位还要根据法规规定和管理部门的要求,履行登记、备案、报告的法律和行政义务。

### 2. 出入库管理

危险货物进入仓库,仓库管理人员要严格把关,认真核查品名标志,检查包装,清点数量,细致地做好核查登记工作。对于品名、性质不明或者包装、标志不符,包装不良的危险品,仓库人员有权拒收,或者依据残损处理程序进行处理,未经处理的包装破损的危险品不得进入仓库。剧毒化学品实行双人收发制度。送、提货车辆和人员不得进入存货区,由仓库在收发货区接受和交付危险货物。

危险货物出库时,仓库人员需认真核对危险货物的品名、标志和数量,协同提货人、承运司机查验货物,确保按单发货,并做好出库登记,详细记录危险货物的流向、流量。

### 3. 货位选择和堆垛

危险品的储存方式、方法与储存数量必须符合国家标准。仓库管理人员要根据国家标准、危险品的危险特性和包装,依据所制定的管理制度,选择合适的存放位置;根据危险货物的保管要求,妥善安排相应的通风、遮阳、防水、湿度、控温条件的仓库或堆场货位;根据危险品的性质和包装确定合适的堆放垛型和货垛大小,其中桶装危险货不得超过3个桶高,袋装危险货物不得超过4 m。库场内的危险货物之间以及与其他设备之间需保持必要的间距,其中:货垛顶距离灯具不小于1.5 m;货垛距墙不小于0.5 m;货垛之间不小于1 m;消防器材、配电箱周围1.5 m范围内禁止堆货或放置其他物品;仓库内的消防通道不小于4 m,货场内的消防主通道不小于6 m。危险货物堆叠时要整齐,堆垛稳固,标志朝外,不得倒置。货堆头悬挂标有危险品编号、品名、性质、类别、级别、消防方法的标志牌。

4. 安全作业

危险品装卸作业前应详细了解所装卸危险货物的性质、危险程度、安全和医疗急救等措施,并严格按照有关操作规程和工艺方案作业。根据货物性质选用合适的装卸机具。装卸易爆货物时,装卸机械应安置火星熄灭装置,禁止使用非防爆型电气设备。作业前应对装卸机械进行检查,装卸搬运爆炸品、有机过氧化物、一级毒害品、放射性物品时,装卸搬运机具应按额定负荷降低25%使用。作业人员应穿戴相应的防护用品。夜间装卸危险货物时,应有良好的照明设备。装卸易燃、易爆货物时,应使用防爆型的安全照明设备。作业现场需准备必要的安全和应急设备及用具。

危险品包装有破损或包装不符合要求的应暂停作业,待采取妥善处理措施后方可作业。

危险品只能委托有危险品运输资质的运输企业承运,对不符合条件的运输工具不予作业。

5. 妥善保管

危险品仓库实行专人管理。剧毒化学品实行双人保管制度。仓库存放剧毒化学品时需向当地公安部门登记备案。仓库管理人员应遵守库场制度,坚守岗位,根据制度规定定时、定线、定项目、定量地进行安全检查和测查,采取相应的通风、降温、排水、排气、增湿等保管措施。

严格限制闲杂人员入库。接待委托人抽样时,应详细查验证件和认真监督,严格按照操作规程进行操作。危险货物提离时,应及时清扫库场,将货底、地脚货、垃圾集中于指定的地点且妥善处理,并进行必要的清洗、消毒处理。

6. 妥善处置

对于废弃的危险品、危险品废弃物、货底、地脚货、垃圾、仓储停业时的存货、容器等,仓库要采取妥善的处置措施,如随货同行、移交、封存、销毁、中和、掩埋等无害处理,不得留有事故隐患,且将处置方案在相应管理部门备案,并接受管理部门的监督。剧毒危险品发生被盗、丢失、误用时,应立即向当地公安部门报告。

## （四）危险品应急处理

危险品应急处理是指发生危险品事故时的处理安排。危险品仓储必须根据库存危险品的特性、仓库的条件，以及法规规定和国家管理机关的要求，制定仓储危险品应急措施。

应急措施包括发生危害时的措施安排和人员的应急职责，具体包括危险判定、危险事故信号、汇报程序、现场紧急处理、人员撤离、封锁现场、人员分工等。应急措施应作为仓库工作人员的专业知识，务必使每一位员工都熟悉，且要求员工熟练掌握其分工的职责行为和操作技能。仓库应该定期组织员工开展应急措施演习，当人员有一定变动时也要进行演习。

## 二、冷库管理

### （一）冷藏保管的原理

冷藏是指在保持低温的条件下储存物品的方法。由于在低温环境中，细菌等微生物大大降低繁殖速度，生物体的新陈代谢速度降低，能够延长有机体的保鲜时间，因而对鱼肉食品、水果、蔬菜及其他易腐烂物品都采用冷藏的方式仓储。另外，对于在低温时能凝固成固态的液体流质品，采取冷藏的方式有利于运输、作业和销售，因此也采用冷藏的方式仓储。此外，在低温环境中一些混合物的化学反应速度会降低，也采用冷藏方式储藏。

冷藏保管的温度控制不同，分为冷藏和冷冻两种方式。冷藏是将温度控制在 0~5℃ 进行保存，在该温度下水分不致冻结，不会破坏食品的细胞组织，具有保鲜的作用，但是微生物仍然还有一定的繁殖能力，因而保藏时间较短；冷冻则是将温度控制在 0℃ 以下，使水分冻结，微生物停止繁殖，新陈代谢基本停止，从而实现防腐。冷冻保管又分为一般冷冻和速冻。一般冷冻采取逐步降温的方式降低温度，达到控制温度后就停止降温，如 $-20℃$；速冻则是在很短的时间内将温度降到控制温度以下，如 $-60℃$，使水分在短时间内完全冻结，然后逐步恢复到控制温度（不低于 $-20℃$）。速冻一般不会破坏细胞组织，具有较好的保鲜作用。冷冻储藏能使食品保持较长时间而不腐烂变质。常见冷藏温度、相对湿度见表 5-3。

表 5-3 常见冷藏货物的储藏适宜温度、相对湿度

| 名称 | 冷藏温度 /℃ | 相对湿度 /% | 储藏时间 | 冷冻温度 /℃ | 相对湿度 /% | 储藏时间 |
| --- | --- | --- | --- | --- | --- | --- |
| 牛肉 | −1.0~0 | 86~90 | 3 周 | −23.0~−18.0 | 90~95 | 6~12 月 |
| 猪肉 | 0~1.2 | 85~90 | 3~10 天 | −24.0~−18.0 | 85~95 | 2~8 月 |
| 冻羊肉 |  |  |  | −22.0~−18.0 | 80~85 | 3~8 月 |
| 家禽 | 0 | 80 | 1 周 | −30.0~−18.0 | 80 | 3~12 月 |
| 冻兔肉 |  |  |  | −30.0~−18.0 | 80~90 | 6 月 |
| 蛋 | −1.0~−0.5 | 80~85 | 8 月 | −18.0 |  | 12 月 |

续表 5-3

| 名称 | 冷藏温度/℃ | 相对湿度/% | 储藏时间 | 冷冻温度/℃ | 相对湿度/% | 储藏时间 |
|---|---|---|---|---|---|---|
| 鱼 | −0.5～−4.0 | 90～95 | 1～2 周 | −20.0～−12.0 | 90～95 | 8～10 月 |
| 对虾 | | | | −7.0 | 80 | 1 月 |
| 苹果 | 0～1.0 | 90～95 | 150～180 天 | | | |
| 梨 | 0 | 90～95 | 210 天 | | | |
| 橘子 | 0～1.2 | 85～90 | 50～70 天 | | | |
| 葡萄 | −1.0～0 | 90 | 60～210 天 | | | |
| 青椒 | 9.0～12.0 | 90～95 | 30～45 天 | | | |
| 番茄 | 13.0～17.0 | 90～95 | 30～45 天 | | | |
| 黄瓜 | 12.0～13.0 | 95 | 15 天 | | | |
| 菠菜 | 0 | 95～100 | 85～90 天 | | | |

（二）冷库的结构

冷库可以分为生产性冷库和周转性冷库。生产性冷库是指进行冷冻品生产的冷库，是生产的配套设施；周转性冷库则是维持冷货低温的流通仓库。冷库按控制的温度和制冷方式的不同，可分为冷冻仓库、冷藏仓库、气调冷库和流动的冷藏车、冷藏集装箱等。固定的冷库由冷藏库房、冷冻库房、分发间、制冷设备机房等组成。库房采用可封闭式的隔热保冷结构，内装有冷却排管或冷风装置与制冷设备相接。库内装有温度、湿度测量设备，湿度控制设备，通风换气设备等，以及货位、货架、货物传输、作业设备等。

1. 冷却和结冻间

冷却和结冻间也称为预冷加工库间。货物在进入冷藏或者冷冻库房前，先在冷却或者结冻间进行冷处理，将货物均匀地降温到预定的温度。对于冷藏货物，降温至 2～4℃；对于冷冻货物，则迅速降至 −20℃ 使货物冻结，因此冷却和结冻间具有较强的制冷能力。货物在冷却和结冻间采用较为分散的状态存放，以便均匀降温。由于预冷作业只是短期的作业，货物不堆垛，一般处于较高的搬运活性状态，多数货物直接放置在搬运设备之上，如放置在推车之上或托盘上。

2. 冷冻库房

冷冻库房是对达到冷冻保存温度的货物进行长期保存的场所。货物经预冷后，转入冷库堆垛存放。冷冻货物的货垛一般较小，以便降低内部温度，货垛底部采用货板或托盘垫高，货物不直接与地面接触，以避免温度波动时水分再冻结后造成货物与地面粘连。库内以叉车作业为主，因而大都采用成组垛。冷冻库房具有冷冻温度的保持能力，长期将温度控制在需要的保存温度范围内。

### 3. 冷藏库房

冷藏库房是对冷藏货物进行存储的场所。货物在预冷后达到均匀的保藏温度时，送入冷藏库房码垛存放，或者将少量货物直接存入冷藏间冷藏。冷藏货物仍具有新陈代谢和微生物活动，还会出现自升温现象，因而冷藏库还需要进行持续的冷处理。冷藏库一般采用风冷式制冷，用冷风机降温。为了防止货垛内升温，保持货物呼吸所需的新鲜空气流通，冷藏库一般采用行列垛的方式码垛存放货物，垛形较窄或较长，或者使用货架存放。由于冷藏存期较短，货物在库内搬运活性较高，托盘成组堆垛较为理想。

### 4. 分发间

由于冷库的低温不便于货物分拣、成组、计量、检验等人工作业，另外为了便于冷冻库和冷藏库保冷、湿度控制，减少冷量耗损，需要尽量缩短开门时间和次数，以免造成库内温度波动太大。因此，货物出库时应迅速地将冷货从冷藏库或冷冻库移到分发间，在分发间进行作业，从分发间装运。分发间也进行降温，但直接在库外作业，温度波动较大，因而货物不能在分发间存放。

### （三）冷库仓储管理

作为一种专业化的仓库，冷库具有较为特殊的布局和结构、用具，货物也较为特殊。冷库的管理技术、专业水平要求较高。冷库存放的大多数为食品，若管理不善，不仅会造成货损事故，还会发生食品不安全事故，影响人们的身体健康。

#### 1. 冷库使用

冷库分为冷冻库、冷藏库，应按库房的设计用途使用，两者不能混用。库房改变用途时，必须按照所改变的用途进行制冷能力、保冷材料、设施设备改造，完全满足新的用途。

冷库要保持清洁、干燥，经常清洁、清除残留物和结冰，库内不得出现积水。冷库在投入使用后，除非进行空仓维修保养，否则必须保持制冷状态。即使没有存货，冷冻库也应保持在－5℃，冷藏库控温在露点以下。

要按照货物的类别和保管温度不同分类使用库房。食品库不得存放其他货品，食品也不能存放在非食品库房。控制温度不同的货物不能存放在同一库房内。

#### 2. 货物出入库

货物入库时，除了通常仓储所进行的查验、点数外，要对送达货物的温度进行测定，查验货物内部状态，并进行详细的记录，对于已霉变的货物不接受入库。货物入库前要进行预冷，保证货物均匀地降到需要的温度。未经预冷冻结的货物不得直接进入冷冻库，以免高温货物大量吸冷造成库内温度升高，影响库内其他冻货。

货物出库时应认真核对，由于冷库内大都储存相同的货物，要核对货物的标志、编号、所有人、批次等区别项目，防止错取、错发。对于出库时需要升温处理的货物，应按照作业规程进行加热升温，不得采用自然升温。

### 3. 冷货作业

为了减少冷耗,货物出入库作业应选择在气温较低的时间段进行,如早晨、傍晚、夜间。出入库作业时集中仓库内的作业力量,尽可能缩短作业时间。要使装运车辆离库门距离最近,缩短货物露天搬运距离;防止隔车搬运。在货物出入库中出现库温升温较高时,应停止作业,封库降温。出入库搬运应采用推车、叉车、输送带等机械搬运,采取托盘等成组作业,提高作业速度。作业中不得将货物散放在地坪,避免货物、货盘冲击地坪、内墙、冷管等,吊机悬挂重量不得超过设计负荷。

库内堆码应严格按照仓库规章进行。选择合适的货位,将存期长的货物存放在库里端,存期短的货物存放在库门附近,易升温的货物放置于冷风口或排管附近。根据货物或包装形状合理采用垂直叠垛或交叉叠垛,如冻光猪采用肉皮向下、头尾交错、腹背相连、长短对弯、码平码紧的方式堆码。货垛要求堆码整齐,货垛稳固,间距合适。货垛不能堵塞或者影响冷风的流动,避免出现冷风短路。堆垛完毕后,在垛头上悬挂货垛牌。

堆垛间距要求:(1) 低温冷冻库货垛距顶棚 0.2 m;(2) 高温冷藏库货垛距顶棚 0.3 m;(3) 距顶排水管下侧 0.3 m;(4) 距顶排水管横侧 0.3 m;(5) 距未装设墙冷排管的墙壁 0.2 m;(6) 距冷风机周围 1.5 m。

拆垛作业时应从上往下取货,禁止在垛中抽取。取货时要注意防止因货物冻结粘连强行取货而扯坏包装。

### 4. 冷货保管

冷库内要保持清洁干净,地面、墙、顶棚、门框上无积水、结霜、挂冰,随有随扫除,特别是在作业以后,应及时清洁。制冷设备、管系上的结霜、结冰应及时清除,以提高制冷效果。

定时测试库内温、湿度,严格按照货物保存所需的温度控制仓库内温度,尽可能减少温度波动,防止货物变质或者解冻变软发生倒垛。按照货物所需要的通风要求进行通风换气,通风换气的目的是为了保持库内有合适的氧分和湿度。冷库一般采用机械通风的方式进行通风换气,要根据货物保管的需要控制通风次数和通风时间,如冷藏库每天 2~4 次,每次换气量为冷藏间体积的 1~2 倍,或者使库内二氧化碳含量达到适合的范围(见表 5-4)。库藏通风意味着外部的空气进入库内,也将空气中的热量、湿度带入库内,因而要选择合适的时机通风换气。

表 5-4 冷藏货物二氧化碳含量控制表

| 品 名 | 梨 | 青香蕉 | 柑橘 | 苹果 | 柿子 | 西红柿 |
|---|---|---|---|---|---|---|
| 二氧化碳容积百分比/% | 0.2~2 | 1.6 | 2~3 | 8~10 | 5~10 | 5~10 |

当货物存期届满、保存期即将到期,货物出现性质变化、变质等时,应及时通知存货人来处理。

## （四）冷库安全

虽然说冷库不会发生爆炸、燃烧等恶性危险事故，但冷库的低温、封闭的库房对工作人员还是会产生伤害，低温还会造成设备性能、材料强度降低，需引起足够的重视。

### 1. 防止冻伤

进入库房的人员必须进行保温防护，穿戴手套和工作鞋，身体裸露部位不得接触冷冻库内的物品，包括货物、排管、货架、作业工具等。

### 2. 防止人员缺氧窒息

由于冷库特别是冷藏库内的植物和微生物的呼吸作用使二氧化碳浓度增加或者冷媒泄漏入库内，会使得库房内氧气不足，造成人员窒息。人员在进入库房前，尤其是长期封闭的库房，需进行通风，避免氧气不足的情况。

### 3. 避免人员被封闭库内

库门应设专人开关，限制无关人员进库。人员入库时，应在门外悬挂告示牌。作业工班需明确核查人数的责任承担人，在确定人员都出库后，才能摘除告示牌。

### 4. 妥善使用设备

库内作业应使用抗冷设备，且需要进行必要的保温防护。不使用会发生低温损害的设备和用具。

## 三、粮仓管理

### （一）粮食存储的特性

粮食存储是仓储最古老的项目，"仓"在古代就是表示粮食的储藏场所。粮食包括小麦、玉米、燕麦、大麦、大米、豆类和种子等。粮食仓储是实现粮食集中收成、分散消耗的手段，同时也是国家战略物资储备的主要物资。粮食作为大宗货运输，需要较大规模的集中和仓储。为了降低粮食的储藏成本、运输成本，提高作业效率，粮食主要以散装的形式运输和仓储，进入消费市场流通的粮食才采用袋装包装。

粮食的仓储特性：

#### 1. 呼吸性和自热性

作为植物，粮食仍然处于具有新陈代谢的状态，能够吸收氧气且释放二氧化碳。通过呼吸作用，粮食能产生和散发热量。当大量的粮食堆积时，释放的二氧化碳就会使空气中的氧气含量减少，造成人体窒息；大量堆积的粮食所产生的热量如果不能散发，还会致使粮堆内部温度升高。另外，粮食中含有的微生物也具有呼吸和发热的能力。粮食的自热不能散发，在大量积聚后，还会使粮食发生自燃。粮食的呼吸性和自热性与含水量有关，含水量越高，自热能力就越强。

#### 2. 吸湿性和散湿性

粮食本身含有一定的水分，空气干燥时，水分会向外散发；当外界湿度大时，粮食又会吸收水分。在水分足够时粮食会发芽，芽胚若被损害，粮食颗粒就会发霉。吸湿性粮食在吸收水分后不容易干燥，即使储存在干燥环境中的粮食也会因为散湿而形成水分局部集结而致霉。

3. 吸附性

粮食的吸收水分、呼吸的性能,能将外界环境中的气味、有害气体、液体等吸附在内部,不能去除。粮食若受异味污染,就会因无法去除异味而损毁。

4. 易受虫害

粮食本身就是众多昆虫幼虫、老鼠的食物。未经杀虫的粮食中含有大量的虫卵、细菌,在温度、湿度合适时就会大量繁殖,形成虫害。未经杀虫的粮食,也会因易吸引虫鼠而造成损害。

5. 散落流动性

散装粮食颗粒小,颗粒之间不会粘连,在外力(重力)作用下,具有自动松散流动的散落特性,当倾斜角度足够大时就会出现流动性。根据粮食的散落流动性,可以采用流动作业的工艺方式。

6. 扬尘爆炸性

干燥粮食的麸壳、粉碎的粮食粉末、作业时的扬尘,伤害人的呼吸系统;能燃烧的有机质粮食扬尘在一定浓度时,一般为 $50\sim65$ g/m³,遇火源会发生爆炸。据资料显示,美国在 1958 年至 1975 年发生粮谷粉尘爆炸事件达 139 起。

(二)粮食的质量指标

粮食的质量可以通过感官鉴定和实验分析的方法来确定。感官鉴定是通过粮食的颜色、气味和滋味来判定质量;实验测定是通过容重、水分、感染度来确定质量。

1. 颜色

各种粮食都有自身的颜色特点,如玉米的金黄色、大米的透明白色等。当粮食变质、陈旧时,颜色会变得灰暗、混浊。确定颜色的方法是将粮食样品铺一层在黑色的纸上,在太阳的散射光线下加以观察确定。

2. 气味和滋味

新鲜的粮食具有特有的清香和滋味,一般储粮的气味清淡或具有一定熏蒸气味,而变质的粮食具有恶臭味或其他特殊气味且滋味发苦。鉴别气味除了直接嗅感粮仓气味外,还可以用手捧一把粮食,通过气息温热,即可感受其气味。粮食从一只手向另一只手翻转几次,并加以吹风,如果气味很快减轻或消失,则认为粮食品质近于标准;或者取样品加热嗅味以确定气味,如果有异味的粮食在热水中浸泡 $2\sim3$ min,异味仍未消失,则表明粮食质量不佳。

3. 容重

这是通过一定容积(如 1 L)的粮食重量来判定粮食质量的方法。容重是一项综合指标,水分、细度、形状、表面、温度、杂质含量、颗粒完好程度等都会影响容重。测定的容重要与标准容重进行比较来确定粮食质量的优劣。

4. 水分

对通过标准取样程序所取得的粮食样品进行水分含量测定来确定粮食质量。

水分含量包括粮食、杂质和其他水分在内。水分含量(表5-5)是粮食仓储保管的最重要的指标之一,防止霉变、自热、干燥、粉碎等都需要对湿度进行控制。

表5-5 粮食含水量标准

| 粮食种类 | 含水量 | 粮食种类 | 含水量 |
|---|---|---|---|
| 大米 | 15%以下 | 赤豆 | 16%以下 |
| 小麦 | 14%以下 | 蚕豆 | 15%以下 |
| 玉米 | 16%以下 | 花生 | 8.5%以下 |
| 大豆 | 15%以下 | 花生果 | 10%以下 |

5. 感染度

感染度是表示粮食被昆虫、霉菌感染的程度。其中,虫害感染度是根据1 kg粮食中含有的害虫(壁虱目和象鼻虫)个数来确定。壁虱目或象鼻虫分别在1～20个或1～5个为第一等感染;在20个以上或6～10个为第二等感染;壁虱目显现毡状或象鼻虫10个以上为第三等感染。出现一等以上壁虱目感染、一等象鼻虫感染,就需要采用熏蒸的方式灭虫。

(三)粮仓安全管理

1. 干净无污染

粮仓必须保持清洁干净。首先仓库所建设的粮仓需要达到仓储粮食的清洁卫生条件,尽可能采用专用的粮筒仓;通用仓库拟用于粮食仓储应可以封闭,仓内地面、墙面进行硬化处理,不起灰扬尘,不脱落剥离,必要时使用木板、防火合成板固定铺垫和镶衬;作业通道进行防尘铺垫。金属筒仓应进行除锈防锈处理,如采用电镀、喷漆、喷塑、内层衬垫等,确保无污染物、无异味时方可使用。

在粮食入库前,应对粮仓进行彻底清洁,清除异物、异味,待仓库内干燥、无异味时,粮食才能入库。地面条件不满足要求的,应采用合适的衬垫,如用帆布、胶合板严密铺垫。兼用粮仓储藏粮食时,同仓内不能储存非粮食的其他货物。

2. 保持干燥、控制水分

保持干燥是粮食仓储的基本要求。粮仓内不得安装日用水源,消防水源应妥善关闭,洗仓水源应离仓库有一定的距离,并在排水下方。仓库旁的排水沟应保持畅通,绝无堵塞,特别是在粮仓作业后,应彻底清除撒漏入沟粮食,哪怕只有极少量。随时监控粮仓湿度,严格控制湿度在合适的范围之内。仓内湿度升高时,要检查粮食的含水量,含水量超过要求时,及时采取除湿措施。粮仓通风时,要采取措施以避免将空气中的水分带入仓内。

3. 控制温度、防止火源

粮食本身具有自热现象,而温度、湿度越高时,自热能力也越强。在气温高、湿度大时,需要控制粮仓温度,采取降温措施。每日要测试粮食温度,特别是内层温度要及时发现自热升温。当发现粮食自热升温时要及时降温,采取加大通风、进行货堆内层通风降温、内层释放干冰等,必要时进行翻仓、倒垛散热。

粮食具有易燃特性,飞扬的粉尘遇火源还会爆炸燃烧,应加强吸尘措施,排除扬尘。粮仓的防火工作有较高的要求,在粮食出入库、翻仓作业时,更应避免一切火源出现,特别要注意对作业设备运转的静电以及粮食与仓壁、输送带的摩擦静电进行消除。

4. 防霉变

粮食霉变除了是因为细菌、酵母菌、霉菌等微生物的污染分解外,还因为自身的呼吸作用、自热而霉烂。微生物的生长繁殖需要较适宜的温度、湿度和氧气含量。在温度25～37℃、湿度75%～90%的环境中,霉菌生长繁殖最快。霉菌和大部分细菌都需要足够的氧气,酵母菌则是可以进行有氧呼吸、无氧呼吸的兼性厌氧微生物。

粮仓防霉变以防为主,首先应严把入口关,防止已霉变的粮食入库;避开潮湿货位,如通风口、仓库排水口、漏水撒雨的窗、门口,远离会雨湿的外墙,地面要妥善衬垫隔离;加强仓库温、湿度控制和管理,保持低温和干燥;经常清洁仓库,特别是潮湿的地角,清除随空气飞扬入库的霉菌;清洁仓库外环境,消除霉菌源。

经常检查粮食和粮仓,发现霉变时应立即清出霉变粮食,进行除霉和单独存放或另行处理,并有针对性地在仓库中采取防止霉变扩大的措施。应充分使用现代防霉技术和设备,如使用过滤空气通风法、紫外线灯照射、释放食用防霉药物等。但是,用药物时须避免使用对人体有毒害的药物。

5. 虫鼠害

粮仓的虫鼠害主要表现在直接对粮食的耗损、虫鼠排泄物和尸体对粮食的污染、携带外界污染物入仓、破坏粮仓设备降低保管条件、破坏包装物造成泄漏、昆虫活动对粮食的损害等。

危害粮仓的昆虫种类很多,有多种甲虫、蜘蛛、米虫、白蚁等,这些昆虫往往繁殖力强,危害性高,能在很短时间内造成大量的损害。

粮仓防治虫鼠害的方法有:

(1) 保持良好的仓库状态,及时用水泥等高强度填料堵塞建筑破损、孔洞、裂痕,防止虫鼠在仓内隐藏。库房各种开口隔栅完好,保持门窗密封。

(2) 防止虫鼠随货入仓。对入库粮食进行检查,确定无害时方可入仓。

(3) 经常检查,及时发现虫害鼠迹。

(4) 使用药物灭杀。使用高效低毒的药物,不直接释放在粮食中进行驱避、诱食灭杀,或者使用无毒药物直接喷洒、熏蒸杀除。

(5) 使用诱杀灯、高压电灭杀,合理利用高温、低温、缺氧等手段灭杀。

## 比一比

### 案例:上海联华生鲜物流的运作

上海联华生鲜食品加工配送中心是我国目前设备最先进、规模最大的生鲜食品加工配送中心,总投资6 000万元,建筑面积35 000 m²,年生产能力20 000 t,其中肉制品15 000 t,生鲜盆菜、调理半成品3 000 t,西式熟食制品2 000 t,产品结构分为15大类约1 200种生鲜食品;在生产加工的同时,配送中心还从事水果、冷冻品以及南北货的配送任务。连锁经营的利润源重点在物流,它是企业的核心竞争力,2%的物流配送费率(即配送一定价值商品所需的物流配送成本)低于沃尔玛4.5%的水平,为整个联华的快速发展提供了强有力的保证和支持。物流系统好坏的评判标准主要有两点:物流服务水平和物流成本。这两点好像有些矛盾,但一个设计优秀的物流系统就可以做到鱼和熊掌兼得。本案例(联华生鲜食品加工配送中心)就是在这两个方面都做得比较好的一个物流系统,其软件系统是由上海同振信息技术有限公司开发完成的。

由于商品的特殊性,生鲜食品加工配送是物流系统中复杂程度最高、管理最难、服务水平要求最高的。生鲜商品按其称重包装属性可分为定量商品、称重商品和散装商品;按物流类型可分为储存型、中转型、加工型和直送型;按储存运输属性可分为常温品、低温品和冷冻品;按商品的用途可分为原料、辅料、半成品、产成品和通常商品。生鲜商品大部分需要冷藏,所以其物流流转周期必须很短,节约成本;生鲜商品保值期很短,客户对其色泽等要求很高,所以在物流过程中需要快速流转。在生鲜配送中心两个评判标准通俗地说就是"快"和"准确",实现2%的物流配送费率。

一、订单管理

门店的要货订单通过联华数据通信平台,实时地传输到生鲜配送中心,在订单上制定各商品的数量和相应的到货日期。生鲜配送中心接收到门店的要货数据后,立即在系统中生成门店要货订单,此时可对订单进行综合查询,在订单生成后按到货日期对订单进行汇总处理,处理时系统按不同的商品物流类型对订单进行不同的处理。

储存型的商品:系统计算当前的有效库存,比对门店的要货需求以及日均配货量和相应的供应商送货周期,自动生成各储存型商品的建议补货订单,采购人员根据此订单再根据实际的情况作一些修改即可形成正式的供应商订单。

中转型商品:此种商品没有库存,直进直出,系统根据门店的需求汇总按到货日期直接生成供应商订单。

直送型商品:根据到货日期,分配各门店直送经营的供应商,直接生成供应商直送订单,并通过EDI系统直接发送给供应商。

加工型商品:系统按日期汇总门店要货,根据各产成品/半成品的BOM表计算物料耗用,比对当前有效的库存,自动生成加工原料的建议订单,生产计划员再根据实际需求做调整,发送至采购部生成供应商原料订单。

各种不同的订单在生成完成或手工创建后,通过系统中的供应商服务系统自动发送给各供应商,时间间隔在10分钟内。供应商收到订单后,会立即组织货源,安排生产或做其他的物流计划,这样整个供应链的绩效得到了提高,速度和质量上都有所体现。

## 二、物流计划

在得到门店的订单并汇总后,物流计划部根据第二天的收货、配送和生产任务制订物流计划,包括人员安排、车辆安排、批次计划、线路计划、生产计划、配货计划等。

线路计划:根据各线路上门店的订货数量和品种,做线路的调整,保证运输效率。

批次计划:根据总量和车辆人员情况设定加工和配送的批次,实现循环使用资源,提高效率;在批次计划中,将各线路分别分配到各批次中。

生产计划:根据批次计划制订生产计划,将量大的商品分批投料加工,设定各线路的加工顺序,保证和配送运输相协调。

配货计划:根据批次计划,结合场地及物流设备的情况,做配货的安排。

物流计划设定完成后,各部门需按照物流计划安排人员设备等,所有的业务运作都按该计划执行,不得更改。在产生特殊需求时,系统安排新的物流计划,新的计划和老的计划并行执行,互不影响。

1. 储存型物流运作

商品进货时先要接受订单的品种和数量的预检,预检通过方可验货,验货时需进行不同要求的品质检验,终端系统检验商品条码和记录数量。在商品进货数量上,定量的商品进货数量不允许大于订单的数量,不定量的商品提供一个超值范围。对于需要重量计量的进货,系统和电子秤系统相连接,自动称重取值。

拣货采用播种方式,根据汇总取货,汇总单上标识出从各个仓位取货的数量,取货数量为本批配货的总量,取货完成后系统预扣库存,被取商品从仓库仓间拉到待发区。在待发区配货,分配人员根据各路线各门店配货数量对各门店进行播种配货,并检查总量是否正确,如不正确则向上校核。如果商品的数量不足或因其他原因造成门店的实配量小于应配量,配货人员可通过手持终端调整实发数量,配货检验无误后使用手持终端确认配货数据。

在配货时,冷藏和常温商品被分置在不同的待发区。

2. 中转型物流运作

供应商送货也要进行预检,预检通过后方可进行验货配货。供应商把中转商品卸货到中转配货区,中转商品配货员使用中转配货系统按先商品再路线再门店的顺序分配商品，数量根据系统配货指令执行，贴物流标签。配完的商品采用播种方式被放到指定的路线门店位置上，配货完成后统计单个商品的总数量/总重量，根据配货的总数量生成进货单。

中转商品以发定进，没有库存，多余的部分由供应商带回，如果不足则在门店间进行调剂。

不同类型的中转商品，其物流处理方式有：

（1）不定量需称重的商品：设定包装物皮重；由供应商将单件商品上秤，配货人员负责系统分配及其他控制性的操作；电子秤称重，每箱商品上贴物流标签；设定门店配货的总件数，汇总打印一张标签，贴于其中一件商品上。

（2）定量的小件商品（通常需要冷藏）：在供应商送货之前先进行虚拟配货，将标签贴于周转箱上；供应商送货时，取自己的周转箱，按标签上的数量装入相应的商品；如果发生缺货，将未配到的门店（标签）作废。

3. 加工型物流运作

生鲜的加工按原料和成品的对应关系可分为组合和分割两种类型，两种类型在BOM设置和原料计算以及成本核算方面都存在很大的差异。在BOM中每个产品设定一个加工车间，只属于唯一的车间；在产品上区分最终产品、半成品和配送产品；商品的包装分为定量和不定量的加工；对于称重的产品/半成品需要设定加工产品的换算率（单位产品的标准重量）；原料的类型区分为最终原料和中间原料，设定各原料相对于单位成品的耗用量。

生产计划/任务中需要对多级产品链计算嵌套的生产计划/任务，并生成各种包装生产设备的加工指令。对于生产管理，在计划完成后，系统按计划内容出标准领料清单，指导生产人员从仓库领取原料以及生产时的投料。在生产计划中考虑产品链中前道与后道的衔接，各种加工指令、商品资料、门店资料、成分资料等下发到各生产自动化设备。

加工车间人员根据加工批次、加工调度，协调不同量商品间的加工关系，满足配送要求。

产品入箱贴外箱物流标签，由流水线输送到成品待发区，待发区将产品按路线和门店放入笼车。在加工过程中记录车间之间原料成品转移，投料的记录计量，完工的记录计量，这些计量都通过车间的电子秤联网系统自动记录数据并返回到业务系统中。加工的包装机械自动实现商品的分拣，业务系统从包装系统中采集加工结果，并对结果进行处理与核对，最终形成各门店的实配数据。在加工完成后需要对原料和成品的耗用进行试算平衡，检查异常。各商品成本核算使用耗用原料的成本全额分摊到产成品/半成品中，计算完工产品的成本，同时按照标准的BOM表和实际的加工计算加工得率（损耗率），并形成投料对照表，供考核用。

## 三、配送运作

商品分拣完成后,都堆放在待发库区,按正常的配送计划将这些商品在晚上送到各门店,第二天早上门店再将新鲜的商品上架。在装车时按计划依路线门店顺序进行,同时抽样检查准确性。在货物装车的同时,系统能够自动算出包装物(笼车、周转箱)的各门店使用清单,装货人员可据此来核对差异。在发车之前,系统根据各车的配载情况出各运输车辆的随车商品清单、各门店的交接签收单和发货单。

商品到达门店后,由于数量的高度准确性,在门店验货时只要清点总的包装数量,退回上次配送带来的包装物,完成交接手续即可,一般一个门店的配送商品交接只需5分钟。

## 读一读

### 拓展知识:无锡高新物流中心保税仓库管理制度

1. 内容

1.1 保税库是海关指定的保税货物监管场所,非保税库工作人员和非海关人员不得进入该库。客户提交货物时,必须听从保税库工作人员安排。

1.2 根据海关有关保税货物管理的规定,申报人在本仓库存入保税货物,必须于入库前办理保税货物入库手续和具备各项单证。

1.3 保税货物入库时,保税库工作人员凭盖有海关放行章的《保税货物入库单》办理入库手续,同时对货物进行验收。

1.4 货物入库后,保税库工作人员根据《保税货物入库单》的内容按入库时间、货物名称、规格、标识合理堆放货物,做好手工台账,并及时进入系统。

1.5 入库货物按标识进行搬运存储。在海关对保税货物进行查验时,保税库工作人员应及时配合,并提供有关资料,做到准确高效。

1.6 保税货物出库时,工作人员必须向提货人收取盖有海关放行章的《场站放行单》《保税货物出库单》,并对货物进行核对,准确无误后方可出货。

1.7 在库保税货物盘点,执行《货物盘点制度》。

1.8 严格执行保税库工作的各项规定,工作中发现问题应及时向上级部门汇报,取得与海关的即时联系,并定期接受海关的培训指导。

2. 保税货物入库流程及要点

2.1 流程

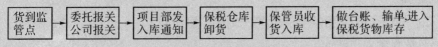

保税货物入库流程

### 2.2 要点

2.2.1 必须严格按照海关法规和保税货物入库流程操作。

2.2.2 有海关盖章的入库单,货物才可入库。

2.2.3 验收货物的数量、包装和重量必须与入库单完全符合,才可入库。

### 3. 保税货物出库流程及要点

#### 3.1 流程

保税货物出库流程

#### 3.2 要点

3.2.1 必须严格按照海关规定和本中心的《安全管理规定》操作。

3.2.2 必须具有经海关审批的出库单,货物才可出库。

3.2.3 必须仔细核对货物的品名、规格。

3.2.4 海关认可的可集中报关的企业可在海关审批结束后先行出货,然后再报关。保税库必须对这类企业的货物单独建账,分列管理。

### 4. 相关文件

4.1《中华人民共和国海关法》

4.2 保税仓库岗位职责及能力要求

4.3 货物盘点管理制度

### 5. 相关记录

5.1 入库单

5.2 出库单

5.3 报表

## 任务实施

**看一看**

1. 搜集和阅读有关商品保管养护及安全管理的知识。
2. 了解 AA 公司的商品特性与保管养护的特殊要求。

**做一做**

### 对 AA 公司商品的特殊保管养护方案设计

具体思路和步骤如下:

1. 首先应树立危险品保管的意识,对危险品进行专库保管,防止其混入普通货物中。

2. 思考在 AA 公司的商品中,哪些要用到特殊商品的保管养护技术?(主要是蔬菜和食品)

3. 对于蔬菜

(1) 根据表 5-1 确定冷藏的适宜温度和相对湿度;

(2) 明确冷藏、冷冻、缓存的先后程序,并画出流程图;

(3) 确定所需冷库的设备和基本结构;

(4) 列出冷库保管的注意事项,明确踩距、顶距、灯距等;

(5) 注明冷库保管的常规要求(清洁要求、温湿度测试、通风管理等);

(6) 明确冷库安全管理要求(防冻伤、缺氧、避免人员被闭库内、妥善使用设备等)。

4. 对于食品保管,主要注意以下几点:

(1) 洁净无污染,注意清洁防尘;

(2) 保持干燥,控制水分;

(3) 控制温度,防止食品变质;

(4) 防霉(严把入口关、日常保管中的控制、对霉变物的及时处理等);

(5) 防虫鼠害(保持良好的仓库状态、防止虫鼠入仓、日常检查、药物灭杀等)。

5. 对于设计的保管方案,应讨论其经济性和可行性,并对特殊要求作出完整清晰的说明。

实践训练

**练一练**

练习 1:设计对 AA 公司商品的特殊保管养护方案(小组完成)。

**赛一赛**

下列判断题,看谁答得快、答得对!

1. 油纸、棉花、煤炭等物品在不受外来热源的影响下会自行发热,所以被称为自行发热性物品。　　　　　　　　　　　　　　　　　　　　　　　(　　)

2. 由于水灾、地震等自然灾害造成的非常损失而引起的损耗,称为物品的自然损耗。　　　　　　　　　　　　　　　　　　　　　　　　　　　(　　)

3. 保管金属物品的仓库,其照明用灯应选择专用防爆灯,以避免产生电火花。
　　　　　　　　　　　　　　　　　　　　　　　　　　　　　　　(　　)

4. 易燃物品被暴露在空气中时,可以依靠自身的分解和氧化产生热量,使其温度升高,从而自燃。　　　　　　　　　　　　　　　　　　　　　　(　　)

5. 对于危险物品的堆码,应注意保持堆放场所干燥、通风、阴凉,并做好防毒、防爆、防腐等工作。　　　　　　　　　　　　　　　　　　　　　　(　　)

# 项目 5.3 仓库安全管理

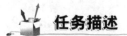

任务1:设计 AA 公司货物的特殊保管养护方案。

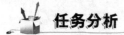

**想一想**

问题1:仓储管理有哪些安全方面的需求?

**议一议**

话题1:仓储消防管理的重要性。

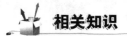

**讲一讲**

## 一、库区治安管理

库区治安管理是仓储管理的重要组成部分。通过库区治安管理,能够有效地预防和制止危害仓库安全的各种违法犯罪活动,消除治安灾害隐患,确保仓储各项工作的正常进行,保护国家、集体的财产和职工的生命、财产安全。库区治安管理的内容包括建立健全治安保卫组织,完善和落实治安管理制度,落实治安防范措施等。

(一)治安保卫组织

治安保卫组织,通常分为保卫组织、警卫组织和群众性治安保卫组织。三种组织按照精干高效、运转灵活的原则设立和运行,构成了覆盖仓储过程的治安防范网络。

1. 保卫组织

保卫组织是公司设立的负责安全保卫工作的专门机构。保卫组织要与公安、劳动、防汛、供电等部门加强联系,接受他们的指导;对警卫守护人员进行业务教育;对员工进行安全方面的教育和培训;不定期地举行安全操作演练;调查、登记、上报有关案件等。

2. 警卫组织

警卫组织的任务是:掌握出入仓库的人员情况;禁止携带易燃、易爆等危险物品入库;核对出库物资;日夜轮流守卫,谨防盗窃与破坏等事故的发生;在仓库发生人为或自然灾害事故时,要负责仓库的防护警戒工作。

3. 群众性治安保卫组织

群众性治安保卫组织是由仓储领导和职工群众参加,接受仓库和保卫部门指导的基层治安保卫组织。其基本任务是:对仓库职工和四邻居民进行治安保卫宣传教育,协同警卫人员做好保卫工作,协助维护单位的治安秩序和保卫要害部位的安全,劝阻和制止违反治安管理法规的行为。

(二)治安管理制度

1. 安全岗位责任制度

仓储企业应根据收发、保管、养护等具体业务的特点,确定每个岗位的安全责任,并与奖惩挂钩。通过制定和贯彻实施安全岗位责任制度来加强职工各自的责任感,堵塞工作中的漏洞,保证仓储秩序有条不紊,确保仓库安全。

2. 门卫、值班、巡逻、守护制度

门卫和值班警卫人员作为仓库的咽喉,要坚守岗位,恪尽职守,对外来人员和车辆必须进行检查登记,及时报告可疑情况,以防意外发生。

3. 重要物品安全管理制度

根据ABC管理法的要求,对A类物资应重点对待。A类物资是安全管理的重点防护对象,一定要加大安全防范的力度,认真对待。

4. 要害部位安全保卫制度

在要害部位设置安全技术防范措施,要害部门或要害岗位不得录用和接受有犯罪记录的人员。

5. 防火安全管理制度

相关人员必须熟悉各种仓储物品的特性,以及引发火灾的原因和各种防火、灭火方法,并采取防范措施,从而保证仓库安全。

6. 外来务工人员管理制度

外来务工人员要严格遵守安全规程和规章制度,服从管理,接受培训,及时发现、处理和报告安全事故隐患;使他们的主观能动性得到充分重视和发挥。

7. 治安防范奖惩制度

对治安防范工作做得好的单位和个人,要给予表彰和奖励;对疏于防范、工作不负责任的单位和个人,要给予批评和处罚。

(三)治安管理的内容

(1)根据仓库地形和库房分布情况,划定岗位和巡逻范围,明确相关人员的安全责任,做好警卫人员之间的换班交接以及警卫人员和保管员之间安全交接。非工作时间,除警卫人员以外的一切人员,不得擅自进入库区。

(2)开展法律法规和治安保卫的宣传教育工作。加强警卫人员的职业道德和业务学习,配合当地公安部门搞好军事体能训练。

(3)按照公安部门规定的要求,在要害部位设置安全技术防范设施。

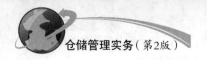

（4）仓库治安保卫组织应与公安部门建立经常联系制度，及时交换情报。与四邻单位密切联系，了解周围动态，做到心中有数。

## 二、仓库消防管理

### （一）火灾的特点

凡失去控制并对财物和人身造成损害的燃烧现象，或在时间或空间上失去控制的燃烧所造成的灾害，称为火灾。发生火灾必须同时具备三个条件，即可燃物、助燃物和着火源。仓库火灾的特点有：

1. 易发生，损失大

仓库物资储存集中，大部分是易燃易爆物品，一旦遇到火源，极易发生火灾。仓库火灾不仅使库存物资付之一炬，而且会对仓库建筑、设备、设施等造成破坏，引起人身伤亡。

2. 易蔓延扩大

由于库存物资多，起火后火势会迅速蔓延扩大，产生很高的温度，一般物资仓库燃烧中心的温度往往在1 000 ℃以上，而危险品着火温度更高。高温使火势蔓延速度加快，还会造成库房、油罐的倒塌，在风力作用下，形成一片火海。

3. 扑救困难

由于库存物资数量大，发生火灾后，物资燃烧时间长，加之仓库交通、供水和消防设备设施条件差，使扑救难度大大增加。燃烧产生的大量烟雾会影响消防人员的视线和正常呼吸，给扑救带来困难。

### （二）仓库火灾的原因

1. 明火

仓库中的明火主要有打火机、火柴、吸烟、烧荒、燃放烟花爆竹、电气焊作业等。

2. 雷电

许多地处山区或多雷地区的仓库，雷电是引发火灾的主要原因。

3. 静电

在储存易燃易爆危险物品的仓库，静电产生的火花会引起火灾和爆炸。

4. 电器

电器引起火灾的原因主要有短路、超负荷、接触电阻过大、火花和电弧、照明灯具等。

5. 自燃

有些燃点较低的物品在储存过程中会发生自燃，引发火灾。

6. 爆炸

仓库中储存的可燃气体或蒸气与空气混合达到极限，遇火源发生爆炸，引发火灾事故。弹药库储存的爆炸性物质，在接触火源、受热、通电、撞击、摩擦时，也会引起爆炸。

### (三)防火和灭火方法

一切灭火措施,都是为了破坏物质燃烧的三个必备条件,即可燃物、助燃物和着火源,或者终止燃烧的连锁反应,使火熄灭。这就是灭火的基本原理。常用的灭火方法包括:

1. 冷却法

用水扑灭一般固体物质的燃烧,通过水来吸收大量的热量,使燃烧温度迅速降低,最后使燃烧终止。

2. 窒息法

用二氧化碳、氮气、水蒸气等来降低氧浓度,阻止燃烧。

3. 隔离法

用泡沫灭火剂灭火,使泡沫覆盖于燃烧体表面,把可燃物同空气和火焰隔离开来,达到灭火目的。

4. 化学抑制法

用干粉灭火剂,通过化学作用破坏燃烧的反应链,使燃烧终止。

### (四)灭火剂和灭火器材

在扑灭火灾时,必须根据物资的性质,正确选用灭火剂和灭火器材。常用的灭火剂和灭火器材有以下几种:

1. 水

水的灭火原理是遇热迅速蒸发,吸收大量的热量,起到快速冷却作用,以降低燃烧区温度和隔断火源。但是水不适合扑救电器装置的火灾、与水起化学反应物品的火灾、比水轻的易燃液体的火灾等。

2. 泡沫

泡沫比重轻,且富有黏性,在喷射出去后能覆盖在易燃液体的表面,夺取液体的热量,形成隔绝层,阻隔空气的进入,从而终止燃烧。泡沫灭火器不适合扑救乙醇、丙酮、醋酸等能使泡沫失效的危险品的火灾。

3. 二氧化碳

二氧化碳的灭火原理是冷却燃烧物和冲淡燃烧区空气中氧气的含量,使燃烧停止。二氧化碳灭火器不宜扑救金属钠、钾、镁粉、铝粉等火灾,因为它和这些物质起化学反应。

4. "1211"灭火剂

"1211"灭火剂适合扑灭油类、有机溶剂、精密仪器、纸张、文物档案等火灾,灭火效率比二氧化碳高四倍,而且有抑制爆炸的作用。但是"1211"不宜施救钠、钾、铷、铯等轻金属火灾。

5. 干粉灭火剂

主要应用碳酸氢钠、碳酸氢钾或磷酸铵盐类,并混以其他化学药品,对扑灭易燃液体和轻金属的火灾效果很好。

### （五）仓库防火

仓库防火工作要做好储存管理、装运管理、电源管理、火源管理、消防设施管理等几项工作。

#### 1. 储存管理

库房物品要分类、分堆储存,堆垛之间要留出通道,主要通道宽度一般不小于 2 m;化学易燃品应存放在温度较低、通风良好的场所;储存可燃物品的库房、堆场附近,不准进行分装、封焊、维修、动用明火等违章作业;库房内不准设办公室、休息室,库房内要经常保持整洁。

#### 2. 装运管理

装卸化学易燃物品,必须轻拿轻放,严防震动、撞击、重压、摩擦和倒置;进入易燃、可燃物品库区的车辆,必须安装防火罩,不准进入库房作业;各种机动车辆在装卸物品时,排气管的一侧不准靠近物品。

#### 3. 电源管理

库房内一般不宜安装电器设备,各类库房的电线主线都应架设在库房外,引进库房的电线必须装在硬质塑料套管内;库房内不准使用碘钨灯、日光灯、电熨斗、电炉、电烙铁、电视机等电器设备;库区的电源应当设总闸和分闸;电器设备要经常检查维修,预防打火、短路、发热等不良状况的发生。

#### 4. 火源管理

库区内严禁吸烟、用火,严禁燃放烟花爆竹;燃着的火炉有专人负责管理,与可燃物的距离不小于 1.5 m;金属烟囱距仓库不应小于 1 m。

#### 5. 消防设施管理

仓库区域内应配备足够数量和品种的消防器材设备,并分散布置在便于取用的位置,设置消火栓、消防水池等给水设施,保证消防用水。消防器材设备应当有专人管理,定期检查维修,保持良好的待用状态。

## 三、生产安全管理

仓库在用电、物资的装卸搬运、堆码等具体操作中都有可能产生安全问题,一旦违反操作规程,疏忽大意,就会酿成生产安全事故,给职工的生命和财产安全带来危害。

### （一）生产安全管理

#### 1. 制定和严格实施安全操作规程

每项作业和每台设备必须依据操作实践经验,预先制定安全操作规程,在作业时严格贯彻执行,这是防止事故的关键所在。要教育职工重视安全操作,熟悉安全操作规程,落实岗位责任制;做好作业前的设备和工具的检查工作;严禁违规操作。

#### 2. 加强劳动保护

做好仓储设备、机具的革新改造,保证作业安全,减轻劳动强度。定期对职工进行身体检查,掌握职工的身体健康状况,及时预防和治疗职业病。按规定发放劳动保护用品。

3. 加强业务技术学习,提高操作技术水平

经常组织职工学习安全操作技术,使之熟练掌握操作技能和业务知识,并定期考核,对每个人的业务水平和操作技能做出鉴定,奖优罚劣,以促进职工业务学习的自觉性,使每个人都能按照操作规程进行安全作业。

4. 抓好设备安全管理,开展安全操作竞赛

仓库应该加强设备管理,坚持以维护为主、检修为辅的原则,做好设备维修保养工作,避免设备超负荷运转或带"病"作业。

(二)安全操作的基本要求

1. 服从领导,听从指挥

职工对安排的任务不挑不拣,做到当日作业定额当日完成。库房、货场的工人,要听从保管员指挥,团结协作,做好拆垛、堆码、分拣等作业。

2. 严格执行安全操作规程

作业前要对设备进行安全检查,不得带"病"使用。作业时做好劳动保护,精力集中,协调配合,不违章作业。文明作业,轻搬轻放,杜绝野蛮装卸。

3. 妥善进行堆码

装车物品堆码要做到货垛整齐、铺垫平稳、层次分明、易于清点。根据产品包装标志的要求,不倒置、不侧放、不重压。装车时,货物要装足、码紧、码牢,轻泡和散装物品要用拢绳加固,妥善苫盖。

4. 爱护设备,定期维修保养

## 比一比

### 案例:无锡市高新物流中心消防灭火预案

1. 目的

为使消防抢救工作能充分发挥组织功能,一旦发生火灾时将灾害减到最低程度,以免延误抢救的时效,造成重大人员伤亡。

2. 范围

适用于本中心消防演习。

3. 消防人员规划及职能

3.1 按防火责任网络图实行三级管理。

3.2 指挥及组长应由身体健壮的管理干部担当,成员亦需身体强壮。

3.3 本中心消防安全委员会分为总指挥、副总指挥、警戒组、灭火组、拆卸组、防护组、疏散组。

3.4 总指挥:负责指挥全盘消防救灾事宜及策划防火管理。

3.5 副总指挥:协助总指挥招集所属救灾人员,保证救灾工作迅速顺利进行。

3.6 警戒组

3.6.1 由保安人员担当;

3.6.2 报警;

3.6.3 引导消防车及消防人员;

3.6.4 迅速打开通道及疏散口;

3.6.5 维持秩序,严防趁火打劫者。

3.7 灭火组

3.7.1 灭火组由搬运工、保管员组成;

3.7.2 掌握灭火器(配5人左右)和消火栓(配4人左右)及后备人员;

3.7.3 各种消防设备及器材的检查维护与使用;

3.7.4 当遇到火警时,全体人员火速赶到现场,接受指挥参加灭火行动;

3.7.5 抢救贵重或危险物资。

3.8 拆卸组

3.8.1 拆卸组由电工、清洁工、内保组成;

3.8.2 电源的截断;

3.8.3 火源的疏导及抢救时拆除所有障碍物;

3.8.4 防火体的设立。

3.9 救护组

3.9.1 救护组由安全小组、驾驶员、行政人员组成;

3.9.2 应接受特定紧急护理训练;

3.9.3 负责伤患的抢救及紧急医护、送医院急救等任务。

3.10 疏散组

3.10.1 疏散组由部门主管以上负责人组成;

3.10.2 人数由各部门自定;

3.10.3 紧急通知全公司员工疏散及应急措施;

3.10.4 疏散闲杂人员、厂外围观人员。

4. 各组成员应注意事项

4.1 灭火组

4.1.1 了解公司建筑的内外格局及修改隔间后的状况;

4.1.2 了解电源及瓦斯铺设的路线;

4.1.3 了解公司内部所有装修材料的性质;

4.1.4 了解所有消防设施的放置地点;

4.1.5 了解消防设备的保养维护与操作方法;

4.1.6 了解火的走势；

4.1.7 了解所有逃生的路线。

4.2 拆卸组

4.2.1 负责抢救时拆除所有障碍物的人员应注意：

4.2.1.1 了解公司建筑的内外格局及修改隔间后的状况；

4.2.1.2 了解公司的通风设施及空调管道；

4.2.1.3 了解公司内部所有装修材料的性质；

4.2.1.4 了解火的走势；

4.2.1.5 了解所有的逃生线路。

4.2.2 负责水源疏导的人员应注意：

4.2.2.1 了解水源及抽水马达开关所在；

4.2.2.2 了解水压状况；

4.2.2.3 平时对水源做定期检查，了解出水口是否有堵塞的现象；

4.2.2.4 了解所有的逃生线路。

4.2.3 负责电源及瓦斯截断的人员应注意：

4.2.3.1 了解电源及瓦斯总开关及各分开关所在；

4.2.3.2 了解电源及瓦斯管道的路线；

4.2.3.3 了解所有的逃生路线。

4.3 警戒组

4.3.1 对公司建筑的内外格局深入了解；

4.3.2 了解所有的逃生路线，以便疏导他人逃生；

4.3.3 在出入口皆应有人员负责阻止离去的人员再次进入火场拿物品或钱财；

4.3.4 阻止歹徒趁火打劫。

4.4 救护组

4.4.1 应接受紧急救护工作；

4.4.2 应配备急救箱；

4.4.3 应了解一般药物的使用；

4.4.4 应了解所有的逃生线路。

4.5 疏散组

4.5.1 了解公司警铃设备及广播所在地；

4.5.2 了解公司所有通信设备的所在地和使用方法；

4.5.3 了解公司建筑的内外格局；

4.5.4 了解公司内所有装修材料的性质；

4.5.5 了解火的走势；

4.5.6 了解所有的逃生线路。

4.6 以上各组人员均应配备防毒面具和防烟袋。

5. 火警通报顺序

5.1 白天发现火警时,应立即按警铃并通知总机,由总机呼叫总指挥或副总指挥及消防抢救人员,就火势或依总指挥指示,联络消防部门。

5.2 夜间或假日发现火警时,厂内人员立即通知值班保安,值班保安立即电话呼叫有关人员到现场,并通知有关部门主管。

### 读一读

**拓展知识:上海市大型物流仓库消防设计若干规定**

一、一般规定

(一)本规定适用本市单层占地面积大于 12 000 $m^2$ 和多层占地面积大于 9 600 $m^2$ 的大型物流仓库(以下简称仓库)。

(二)仓库的功能为物品接收、分类、计量、包装、分拣、配送等,货物的中转周期不应大于 7 天。

(三)仓库的消防设计除应满足本规定的要求外,还应符合其他消防规范标准的要求。

二、建筑防火

(一)单层仓库的耐火等级不应低于二级,多层仓库的耐火等级应为一级。

钢结构仓库的承重钢构件耐火极限要求不应低于 1.5 h 的,如采用防火涂料保护时应采用非膨胀型防火涂料。

(二)当仓库任一边长大于 220 m 时,仓库首层应设置宽度不小于 6 m 的防火分隔通道,且应满足下列要求:

1. 通道两侧的分隔墙应为防火墙,且宜高出屋面 0.5 m。通道分隔墙上不宜开设门洞,如必须在隔墙上开设门,应采用甲级防火门。

2. 通道宜居中布置,通道之间的距离不宜大于 150 m。

3. 通道内不得堆放物品,且应直通室外。

(三)单层仓库的防火分区建筑面积不应大于 6 000 $m^2$,多层仓库的防火分区建筑面积不应大于 4 800 $m^2$。采用全自动立体仓储设备且建筑高度大于 10.5 m 的仓库,其防火分区的面积可扩大一倍。

当防火分区建筑面积超过上述要求时,应进行性能化评估并组织专家论证。

（四）当防火分区进深大于 120 m 或货架连续长度大于 90 m 时（采用全自动立体仓储设备除外），应设置宽度不小于 8 m 的室内防火分隔带，其顶部应设置可开启外窗，其面积不应小于分隔带面积的 5%，且宜均匀布置。

（五）仓库内分类拆包、分拣、包装区域应与其他区域采取有效防火分隔，其防火分区面积和安全疏散出口数量、疏散距离可参照丙类生产厂房执行。

（六）仓库内不得储存火灾危险性为甲、乙类的物品，不得布置与仓库无关的办公用房等附属用房。

当在仓库内必须设置附属用房时，如铲车充电区、仓库管理办公区和其他辅助设备区等，应靠外墙布置，并应采用防火墙和耐火极限不小于 1.5 h 的楼板与其他部分完全分隔。附属用房门不宜直接开向仓库内。

### 三、灭火救援设施

（一）仓库周围应设置环形消防车道，其宽度不应小于 6 m。消防车道与仓库的距离不应小于 5 m，且不应大于 15 m。

（二）仓库的两个长边应设置灭火救援场地，其宽度不得小于 10 m。

（三）仓库每个防火分区外墙上应设置灭火救援窗口（或室外楼梯）。灭火救援窗口的设置应满足下列要求：

1. 每个防火分区的灭火救援窗口数量不应少于 2 个，并且宜布置在不同方向。

2. 灭火救援窗口应正对货架或堆垛间的通道设置，其面积不应小于 1.2 m²，且其宽度不应小于 1.0 m。

3. 外墙上灭火救援窗口的间距不应大于 20 m。

（四）多层仓库二层及以上各层应沿仓库长边设置灭火救援平台（或室外楼梯），平台的长度和宽度分别不应小于 3 m 和 1.5 m，平台之间的水平间距不应大于 40 m，平台处必须设置灭火救援窗口。

### 四、消防设施

（一）仓库必须设有足够的消防水源。距仓库基地 150 m 范围内的天然水源，应设置可靠的消防车取水设施。多层仓库应设置储水量不小于 18 m³ 的高位消防水箱。

（二）仓库必须设置稳高压消防给水系统。

（三）库区室外消火栓的间距不得大于 80 m，室内消火栓的间距不得大于 50 m，且应设置消防水喉。

（四）仓库内应设置自动喷水灭火系统全保护。货架内喷头与其他喷头的报警阀应分别设置。喷头布置应避开易熔采光带和屋顶排烟窗。

（五）仓库应设置有效的排水设施，每层应在踢脚线近楼板部位设置排水口。

（六）仓库内应设置空气采样烟雾报警等早期火灾报警系统。

（七）仓库应设置排烟设施，其排烟量设计应符合《建筑防排烟技术规程》的有关规定。当仓库建筑高度大于12 m时，必须设置自动排烟窗。

## 任务实施

**看一看**

1. 了解当地政府对仓储企业消防的要求。
2. 复习仓储作业内容。

**做一做**

### 一、制定AA公司仓储物品的安全管理制度

一般应包括以下几个方面：

（1）总则：说明为何原因、欲达到什么目的、根据哪些规定制定此管理制度；

（2）组织管理和岗位职任：说明由哪个部门负责此项管理，并落实直接责任人；

（3）保卫制度：说明门卫、值班等人员的工作职责和管理要求；

（4）人员管理：说明对外来人员如何进行管理等；

（5）设备管理：说明设备的安装、设置、使用、检修等必须遵照哪些规定；

（6）作业管理：说明作业过程中应注意的安全事项；

（7）防盗管理：说明对现金、贵重物品、门窗等的管理要求及保安人员的工作要求等；

（8）安全防范奖惩制度：责任落实到人，进行奖优罚劣。

以上可视企业和产品情况酌情选取其中的几点或全部，必要时还要加上要害部位的安全保卫制度，以及发生突发事件时的报告程序和应急预案。

### 二、制定AA公司仓储物品的消防安全制度

一般应包括以下几个方面：

（1）组织管理和岗位职任：说明由哪个部门负责此项管理，并落实直接责任人；

（2）作业管理：说明运输、储存等作业过程中应注意的防火事项；

（3）火源管理：说明对明火、电器、烟花爆竹等的管理要求；

（4）消防设施和器材管理：说明应设置的消防设施、专人管理和检查要求等；

（5）消防安全奖惩制度：责任落实到人，进行奖优罚劣。

另外,还要视企业和产品情况对特殊产品提出特殊要求。

 **实践训练**

**练一练**

练习1:制定AA公司仓储物品的安全管理制度(小组完成)。

**赛一赛**

下列判断题,比比哪个组答得正确率高!

1. 泡沫灭火器可用于带电灭火。 （ ）
2. 物质的燃点越低,越不容易引起火灾。 （ ）
3. 发生了燃烧就发生了火灾。 （ ）
4. 凡是设有仓库或生产车间的建筑内,不得设职工集体宿舍。 （ ）
5. 可燃气体与空气形成的混合物遇到明火就会发生爆炸。 （ ）
6. 火场上的扑救原则是先人后物、先重点后一般、先控制后消灭。 （ ）
7. 消防通道的宽度不应小于3.5 m。 （ ）
8. 当单位的安全出口上锁、遮挡,或者占用、堆放物品而影响疏散通道畅通时,单位应当责令有关人员当场改正并督促落实。 （ ）
9. 凡是能引起可燃物着火或爆炸的热源统称为点火源。 （ ）
10. 使用过的油棉纱、油手套等沾油纤维物品以及可燃包装,应放在安全地点,且定期处理。 （ ）

# 项目6　仓储增值业务

> **学习目标**
> 1. **知识目标**：熟练掌握仓储增值业务的主要内容；了解仓储所能开展流通加工的业务项目；明确其选择原则，掌握流通加工、分拣、配送等项目的一般要求和操作方法。
> 2. **能力目标**：能够为不同的商品设计流通加工、分拣和配送方案。
> 3. **素质目标**：树立创新观念和效益观念。
>
> **工作任务**
> 1. 设计 AA 公司货物的流通加工方案。
> 2. 设计 AA 公司货物的分拣作业方案。
> 3. 设计 AA 公司货物的配送方案。

## 项目 6.1　流通加工

 **任务描述**

任务 1：设计 AA 公司货物的流通加工方案。

 **任务分析**

**想一想**

问题 1：什么是流通加工？
问题 2：为什么要对商品进行流通加工？

**议一议**

话题 1：常见的流通加工形式有哪些？
话题 2：如何实现流通加工合理化？

## 相关知识

**讲一讲**

一般认为,增值业务是指根据客户需要,为客户提供的超出常规业务范围的服务,或者采用超出常规的业务方法提供的业务。创新、超出常规、满足客户需要是增值性物流业务的本质特征。传统的仓储业务以保管养护为主,现代仓储注重全方位的增值业务,包括流通加工、包装、货物分拣、配送、现货市场、信息服务、质押监管业务,它们将成为现代仓储业重要的利润增长点。以下主要介绍流通加工、分拣和配送等业务。

### 一、流通加工的定义

流通加工是为了提高物流速度和物品的利用率,在物品进入流通领域后,按客户的要求进行的加工活动。即在物品从生产者向消费者流动的过程中,为了促进销售、维护产品质量、实现物流的高效率,所采取的使物品发生物理和化学变化的措施,是物品在从生产地到使用地的过程中,根据其需要施加包装、分割、计量、分拣、组装、价格贴付、商品检验等简单作业的总称。

随着经济增长,国民收入逐渐增多,消费者的需求出现多样化,促使在流通领域开展流通加工。目前,在世界许多国家和地区的物流中心或仓库经营中都大量存在流通加工业务,在日本、美国等物流发达国家则更为普遍。

### 二、流通加工的特点

与生产加工相比较,流通加工具有以下特点:

(1) 从加工对象看,流通加工的对象是商品,而生产加工的对象不是最终产品,而是原材料、零配件或半成品。

(2) 从加工程度看,流通加工大多是简单加工,而不是复杂加工,是对生产加工的一种辅助及补充,绝不是对生产加工的取消或代替。

(3) 从价值观点看,生产加工的目的在于创造价值及使用价值,而流通加工的目的则在于完善其使用价值,并在不做大的改变的情况下提高价值。

(4) 从加工责任人看,流通加工的组织者是从事流通工作的人员,从加工单位来看,流通加工由商业或物资流通企业完成,而生产加工则由生产企业完成。

(5) 从加工目的看,商品生产是为交换、消费而进行的生产,而流通加工的一个重要目的是为了消费(或再生产)所进行的加工,这一点与商品生产有共同之处。但是流通加工有时候也是以自身流通为目的,纯粹是为流通创造条件,这种为流通所进行的加工与直接为消费进行的加工在目的上是有所区别的,这也是流通加工不同于一般生产加工的特殊之处。

### 三、流通加工的作用

（一）提高原材料利用率

通过流通加工进行集中下料，可以优材优用、小材大用、合理套裁，明显地提高原材料的利用率，有很好的技术经济效果。

（二）方便用户

通过流通加工可以使用户省去进行初级加工的投资、设备、人力，方便了用户。

（三）提高加工效率及设备利用率

在分散加工的情况下，设备加工能力不能得到充分发挥。而流通加工面向全社会，加工数量大，加工范围广，加工任务多，可采用一些效率高、技术先进、加工量大的专门机具和设备，一方面提高了加工效率和加工质量，另一方面还提高了设备利用率。

### 四、流通加工的重要地位

（一）流通加工有效地完善了流通

流通加工不是物流的主要功能要素，但同时它也是不可轻视的，它具有补充、完善、提高与增强的作用，能提高物流水平，促进流通向现代化发展。

（二）流通加工是物流的重要利润来源

流通加工是一种低投入、高产出的加工方式，往往以简单加工解决大问题。实践证明，流通加工提供的利润并不亚于从运输和保管中挖掘的利润，因此我们说流通加工是物流业的重要利润来源。

（三）流通加工在国民经济中也是重要的加工形式

流通加工在整个国民经济的组织和运行方面是一种重要的加工形式，对推动国民经济的发展、完善国民经济的产业结构具有一定的意义。

### 五、流通加工的种类

（一）为弥补生产领域加工不足的深加工

有许多产品在生产领域的加工只能到一定程度，这是由于存在许多限制因素限制了生产领域不能完全终极加工。例如：钢铁厂的大规模生产只能按标准规定的规格生产，以使产品有较强的通用性，使生产能有较高的效率和效益；木材如果在产地完成成材加工或制成木制品的话，就会造成运输的极大困难，所以原生产领域只能加工到圆木、板、方材这个程度，进一步的下料、切裁、处理等加工则由流通加工完成。这种流通加工实际上是生产的延续，是生产加工的深化，对弥补生产领域加工不足有重要意义。

（二）为适应多样化需要的流通加工

生产部门为了实现高效率、大批量生产，其产品往往不能完全满足客户需求。为了满足客户对产品多样化的需要，同时又保证社会高效率的大生产，将生产出来的单调产品进行多样化的改制加工是流通加工中一种重要的加工形式。例如：对钢材卷板的舒展、剪切加工；平板玻璃按需要规格进行开片加工；木材改制成枕木、方材、板材等加工。

（三）为保护产品所进行的流通加工

在物流过程中，直到产品投入使用前都存在对产品的保护问题。为了防止产品在运输、储存、装卸、搬运、包装等过程中遭受损失，使其使用价值能顺利实现，主要采取稳固、改装、冷冻、保鲜、涂油等加工方式。

（四）为提高物流效率、方便物流的流通加工

有一些产品本身的形态使之难以进行物流操作，如鲜鱼的装卸、储存操作困难；过大设备搬运、装卸困难；气体运输、装卸困难等。进行流通加工，可以使物流各环节易于操作，如鲜鱼冷冻、过大设备解体、气体液化等。这种加工往往改变"物"的物理状态，但并不改变其化学特性，并最终仍能恢复其物理状态。

（五）为促进销售的流通加工

流通加工可以从几个方面起到促进销售的作用，如：将过大包装或散装物（这是提高物流效率所要求的）分装成适合一次销售的小包装的分装加工；将原以保护产品为主的运输包装改换成以促进销售为主的装潢性包装，以起到吸引消费者、指导消费的作用；将零配件组装成用具、车辆以便直接销售；将蔬菜、肉类洗净切块以满足消费者要求等等。这种流通加工可能是不改变"物"的本体，只进行简单改装的加工，也可能是组装、分块等深加工。

（六）为提高加工效率的流通加工

许多生产企业的初级加工由于数量有限，其加工效率不高，也难以投入先进的科学技术。流通加工以集中加工的形式，解决了单个企业加工效率不高的弊病，以一家流通加工企业代替了几个生产企业的初级加工工序，促使生产水平有一定发展。

（七）为提高原材料利用率的流通加工

流通加工利用其综合性强、用户多的特点，可以采用合理规划、合理套裁、集中下料的办法，提高原材料利用率，减少损失和浪费。

（八）衔接不同运输方式使物流合理化的流通加工

在干线运输及支线运输的结点设置流通加工环节，可以有效解决大批量、低成本、长距离干线运输与多品种、少批量、多批次末端运输和集货运输之间的衔接问题。在流通加工点与大生产企业间形成大批量、定点运输的渠道，又以流通加工中心为核心，组织对多用户的配送；也可在流通加工点将运输包装转换为销售包装，从而有效衔接不同目的的运输方式。

（九）以提高经济效益、追求企业利润为目的的流通加工

流通加工的一系列优点可以形成一种"利润中心"的经营形态，这种类型的流通加工是经营的一环，在满足生产和消费要求的基础上取得利润，同时在市场和利润引导下使流通加工在各个领域中能有效地发展。

### (十) 生产—流通一体化的流通加工

依靠生产企业与流通企业的联合，或者生产企业涉足流通，或者流通企业涉足生产，对生产与流通加工进行合理分工、合理规划、合理组织，统筹进行生产与流通加工的安排，这就是生产—流通一体化的流通加工形式。这种形式可以促进产品结构及产业结构的调整，充分发挥企业集团的经济技术优势，是目前流通加工领域的新形式。

## 六、不合理的流通加工方式

流通加工是在流通领域中对生产的辅助性加工，从某种意义上讲，它不仅是生产过程的延续，也是生产本身或生产工艺在流通领域的延续。这个延续可能有正、反两方面的作用，一方面可能有效地起到补充完善的作用，但是也必须估计到另一个可能性，即对整个过程产生负效应。各种不合理的流通加工都会产生抵消效益的负效应。

### (一) 流通加工地点设置得不合理

流通加工地点设置即布局状况，是影响整个流通加工是否有效的重要因素。一般而言，为衔接单品种大批量生产与多样化需求的流通加工，其加工地点设置在需求地区，才能实现大批量的干线运输与多品种末端配送的物流优势。如果将流通加工地设置在生产地区，其不合理之处在于：第一，多样化需求要求的产品多品种、小批量由产地向需求地的长距离运输会出现不合理；第二，在生产地增加了一个加工环节，同时增加了近距离运输、装卸、储存等一系列物流活动。所以，在这种情况下，不如由原生产单位完成这种加工而无需设置专门的流通加工环节。这种不合理主要表现在交通不便，流通加工与生产企业或用户之间距离较远，流通加工点的投资过高（如受选址的地价影响），加工点周围环境条件不良等。

### (二) 流通加工方式选择不当

流通加工方式包括流通加工对象、流通加工工艺、流通加工技术、流通加工程度等。流通加工方式的确定，实际上是同生产加工的合理分工。本来应由生产加工完成的，却错误地由流通加工完成，或者本来应由流通加工完成的，却错误地由生产加工完成，都会造成分工不合理。

流通加工不是对生产加工的代替，而是一种补充和完善。所以，一般而言，如果工艺复杂、技术装备要求较高，或加工可以由生产过程延续或轻易解决的，都不宜再设置流通加工，尤其不宜与生产过程争夺技术要求较高、效益较高的最终生产环节，更不宜利用一个时期市场的压迫力使生产者变成初级加工者或前期加工者，而让流通企业来完成装配或最终形成产品的加工。如果流通加工方式选择不当，就会出现与生产夺利的恶果。

### (三) 流通加工作用不大，形成多余环节

有的流通加工过于简单，或对生产及消费者作用都不大，甚至有时因为流通加

工的盲目性，不仅不能解决品种、规格、质量、包装等问题，还增加了实际环节，这也是流通加工不合理的重要表现。

### （四）流通加工成本过高，效益不好

流通加工之所以能够有生命力，重要优势之一就是有较大的产出投入比，因而有效起到补充完善的作用。如果流通加工成本过高，则不能达到以较低投入实现更高使用价值的目的，除了一些必须的、政策要求即使亏损也应进行的加工外，都应看成是不合理的。

## 七、流通加工的合理化

流通加工合理化的含义是实现流通加工的最优配置，不仅要避免各种不合理加工，使流通加工有存在的价值，而且要做到最优的选择。为避免各种不合理现象，对是否设置流通加工环节、在什么地点设置、选择什么类型的加工、采用什么样的技术装备等，都需要做出正确抉择。目前，我国在进行流通加工合理化的实践中已积累了一些经验，取得了一定成果。

实现流通加工合理化，主要考虑以下几个方面：

### （一）加工和配送结合

这是将流通加工设置在配送点中，一方面按配送的需要进行加工，另一方面加工又是配送业务流程中分货、拣货、配货之一环，加工后的产品直接投入配货作业，这就无需单独设置一个加工的中间环节，使流通加工有别于独立的生产，而使流通加工与中转流通巧妙结合在一起。同时，由于配送之前有加工，可使配送服务水平大大提高。这是当前对流通加工做合理化选择的重要形式，在煤炭、水泥等产品的流通中已表现出较大的优势。

### （二）加工和配套相结合

在对配套要求较高的流通中，配套的主体来自各个生产单位，但是，有时无法全部依靠现有的生产单位实现完全配套，进行适当流通加工，可以有效促成配套，大大提高流通的桥梁与纽带的能力。

### （三）加工和合理运输相结合

上面已提到过流通加工能有效衔接干线运输与支线运输，促进两种运输形式的合理化。利用流通加工，在支线运输转干线运输或干线运输转支线运输这本来就必须停顿的环节，不进行一般的支转干或干转支，而是按干线或支线运输合理的要求进行适当加工，从而大大提高运输及运输转载水平。

### （四）加工和合理商流相结合

通过加工有效促进销售，使商流合理化，也是流通加工合理化的考虑方向之一。加工和配送的结合，提高了配送水平，强化了销售，是加工与合理商流相结合的一个成功案例。

### （五）加工和节约资源相结合

节约能源、节约设备、节约人力、减少耗费是流通加工合理化重要的考虑因素，

也是目前我国设置流通加工并考虑其合理化的较普遍形式。

对于流通加工合理化的最终判断,是看其是否能实现社会的、企业本身的两个效益,而且是否取得了最优效益。流通企业更应该树立社会效益第一的观念,以实现产品生产的最终利益为原则,只有在以生产流通过程中的补充、完善为己任的前提下才有生存的价值。如果只是追求企业的微观效益,不适当地进行加工,甚至与生产企业争利,这就有违于流通加工的初衷,或者其本身已不属于流通加工的范畴。

**比一比**

**案例:阿迪达斯设立流通加工的超级市场**

阿迪达斯公司在美国有一家超级市场,设立了组合式鞋店,摆放的不是做好的鞋,而是做鞋用的半成品,款式花色多样,有6种鞋跟、8种鞋底,均为塑料制造的,鞋面的颜色以黑、白为主,搭带的颜色有80多种,款式有百余样,顾客进来可任意挑选自己所喜欢的各个部位,交给职员当场进行组合。只要10分钟,一双崭新的鞋便唾手可得。这家鞋店昼夜营业,职员技术熟练,鞋子的售价与成批制造的价格差不多,有的还稍便宜些。所以顾客络绎不绝,销售额比邻近的鞋店多10倍。

**读一读**

**拓展知识:几种典型的流通加工**

**一、钢材的流通加工**

各种钢材(钢板、型钢、线材等)的长度、规格有时不完全适用于客户,如热轧厚钢板等板材最大交货长度可达7~12 m,有的是成卷交货。对于使用钢板的用户来说,如果采用单独剪板、下料方式,设备闲置时间长,人员浪费大,不容易采用先进方法;如果采用集中剪板、下料方式,则可以避免单独剪板、下料的一些弊病,提高材料的利用率。

剪板加工是在固定地点设置剪板机进行下料加工,或设置各种切割设备将大规格钢板裁小,或切裁成毛坯,降低销售起点,便利用户。

钢板剪板及下料的流通加工,可以选择加工方式,加工后钢材的晶体组织很少发生变化,可保证原来的交货状态,有利于进行高质量加工;加工精度高,可以减少废料、边角料,减少再进行机加工的切削量,既提高了再加工效率,又有利于减少消耗;由于集中加工可保证批量及生产的连续性,可以专门研究此项技术并采用先进设备,从而大幅度提高效率和降低成本;使用户能简化生产环节,提高生产水平。

和钢板的流通加工类似,还有薄板的切断、型钢的熔断、厚钢板的切割、线材切断等集中下料、线材冷拉加工等。国外有专门进行钢材流通加工的钢材流通中心,不仅从事钢材的保管,而且进行大规模的设备投资,使其具备流通加工的能力。中国物资储运企业于20世纪80年代起便开始了这项流通加工业务。中国储运股份有限公司近年与日本合作建立了钢材流通加工中心,利用现代剪裁设备从事钢板剪板和其他钢材的下料加工,即钢板剪切流通加工。

  汽车、冰箱、冰柜、洗衣机等的生产制造企业每天需要大量的钢板,除了大型汽车制造企业外,一般规模的生产企业如若自己单独剪切,则难以解决因用料高峰和低谷的差异引起的设备忙闲不均和人员浪费问题,如果委托专业钢板剪切加工企业,就可以解决这个矛盾。专业钢板剪切加工企业能够利用专业剪切设备,按照用户设计的规格尺寸和形状进行套裁加工,精度高、速度快、废料少、成本低。专业钢板剪切加工企业在国外数量很多,大部分由流通企业经营。这种流通加工企业不仅提供剪切加工服务和配送服务,还出售加工原材料和加工后的成品。

## 二、木材的流通加工

  木材的流通加工可依据木材种类、地点等,决定加工方式。在木材产区可对原木进行流通加工,使之成为容易装载、易于运输的形状。

### (一)磨制木屑、压缩输送

  这是一种为了实现流通的加工。木材是容重轻的物资,在运输时占有相当大的容积,往往使车船满装但不能满载,同时,装车、捆扎也比较困难。从林区外送的原木中有相当一部分是造纸材,木屑可以制成便于运输的形状,以供进一步加工,这样不仅可以提高原木利用率、出材率,还可以提高运输效率,具有相当可观的经济效益。例如,美国采取在林木生产地就地将原木磨成木屑,然后压缩使之成为容重较大、容易装运的形状,而后运至靠近消费地的造纸厂,取得了较好的效果。根据美国的经验,采取这种办法比直接运送原木节约一半的运费。

### (二)集中开木下料

  在流通加工点将原木锯截成各种规格的锯材,同时将碎木、碎屑集中加工成各种规格板,甚至还可进行打眼、凿孔等初级加工。在过去用户直接使用原木,不但加工复杂、加工场地大、加工设备多,更严重的是资源浪费严重,木材平均利用率不到50%,平均出材率不到40%。实行集中下料、按用户要求供应规格料,可以使原木利用率提高到95%,出材率提高到72%左右,有相当好的经济效果。

## 三、煤炭的流通加工

  煤炭的流通加工有多种形式:除矸加工、煤浆加工、配煤加工等。

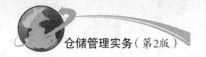

### （一）除矸加工

除矸加工是以提高煤炭纯度为目的的加工形式。一般煤炭中混入的矸石有一定发热量，混入一些矸石是允许的，也是较经济的。但是，有时则不允许煤炭中混入矸石，在运力十分紧张的地区要求充分利用运力、降低成本，多运"纯物质"，少运矸石。在这种情况下，可以采用除矸的流通加工方法排除矸石。除矸加工可提高煤炭运输效益和经济效益，减少运输能力浪费。

### （二）煤浆加工

采用运输工具载运煤炭，运输时损失浪费比较大，又容易发生火灾。采用管道运输是近代兴起的一种先进技术。用管道运输方式运输煤炭，可以减少煤炭消耗，提高煤炭利用率。目前，某些发达国家已经开始投入运行，有些企业内部也采用这一方法进行燃料输送。

在流通的起始环节将煤炭磨成细粉，本身便有了一定的流动性，再用水调和成浆状，则具备了流动性，可以像其他液体一样进行管道输送。将煤炭制成煤浆采用管道输送是一种新兴的加工技术，这种方式不和现有运输系统争夺运力，输送连续、稳定、快速，是一种经济的运输方法。

### （三）配煤加工

在使用地区设置集中加工点，将各种煤及一些其他发热物质按不同配方进行掺配加工，生产出各种不同发热量的燃料，称为配煤加工。配煤加工可以按需要发热量生产和供应燃料，能防止热能浪费和"大材小用"，也能防止发热量过小不能满足使用要求。工业用煤经过配煤加工，还可以起到便于计量控制、稳定生产过程的作用，具有很好的经济和技术价值。

煤炭消耗量非常大，进行煤炭流通加工潜力也很大，可以大大节约运输能源，降低运输费用，具有很好的技术和经济价值。

## 四、水泥的流通加工

### （一）水泥熟料的流通加工

在需要长途运入水泥的地区，变运入成品水泥为运进熟料半成品，即在该地区的流通加工（磨细工厂）磨细，并根据当地资源和需要的情况掺入混合材料及外加剂，制成不同品种及标号的水泥，供应给当地用户，这是水泥流通加工的一种重要形式。在国外，采用这种物流形式已有一定的比重。

在需要经过长距离输送供应的情况下，以熟料形态代替传统的粉状水泥有很多优点：

（1）可以大大降低运费，节省运力。运输普通水泥和矿渣水泥平均约有30%以上的运力消耗在矿渣及其他各种加入物上。在我国水泥需用量较大的地区，工业基础大都较好，当地又有大量的工业废渣。如果在使用地区对熟料进行粉碎，则可以根据当地的资源条件选择混合材料的种类，这样就节约了消耗在混合材料上的运力，节省了运费。同时，水泥输送的吨位也大大减少，有利于缓和铁路运输的紧张状态。

（2）可按照当地的实际需要大量掺加混合材料。生产廉价的低标号水泥，发展低标号水泥的品种，就能在现有生产能力的基础上更大限度地满足需要。我国大、中型水泥厂生产的水泥，平均标号逐年提高，但是目前我国使用水泥的部门大量需要较低标号的水泥，然而大部分施工部门没有在现场加入混合材料来降低水泥标号的技术设备和能力，因此不得已使用标号较高的水泥，这是很大的浪费。如果以熟料为长距离输送的形态，在使用地区加工粉碎，就可以按实际需要生产各种标号的水泥，尤其可以大量生产低标号水泥，以减少水泥长距离输送的数量。

（3）容易以较低的成本实现大批量、高效率的输送。从国家的整体利益来看，在铁路输送中运力利用率比较低的输送方式显然不是发展方向。如果采用输送熟料的流通加工形式，则可以充分利用站、场、仓库等地现有的装卸设备，还可以利用普通车皮装运，比散装水泥方式具有更好的技术经济效果，更适合于我国的国情。

（4）可以大大降低水泥的输送损失。水泥的水硬性是在充分磨细之后才表现出来的，而未磨细的熟料抗潮湿的稳定性很强，所以输送熟料也可以防止由于受潮而造成的损失。此外，颗粒状的熟料也不像粉状水泥那样易于散失。

（5）能更好地衔接产需，方便用户。采用长途输送熟料的方式，水泥厂就可以和有限的熟料粉碎工厂之间形成固定的直达渠道，使水泥的物流更加合理，从而实现经济效果较优的物流。用户也可以不出本地区而直接向当地的熟料粉碎工厂订货，因而更容易沟通产需关系，大大方便了用户。

（二）集中搅拌混凝土

改变以粉状水泥供给用户，由用户在建筑工地现场拌制混凝土的方法，而将粉状水泥输送到使用地区的流通加工点，搅拌成混凝土后再供给用户使用，这是水泥流通加工的另一种重要加工方法。这种流通加工方式，优于直接供应或购买水泥在工地现场搅拌制作混凝土的技术经济效果。因此，这种流通加工方式已经受到许多国家的重视。

这种水泥流通加工方法有如下优点：

（1）将水泥的使用从小规模的分散形态改变为大规模的集中加工形态，因此可以利用现代化的科技手段，组织现代化大生产。

（2）集中搅拌可以采取准确的计量手段，选择最佳的工艺，提高混凝土的质量和生产效率，节约水泥。

(3) 可以广泛采用现代科学技术和设备，提高混凝土质量和生产效率。

(4) 可以集中搅拌设备，有利于提高搅拌设备的利用率，减少环境污染。

(5) 在相同的生产条件下，能大幅度降低设备、设施、电力、人力等费用。

(6) 可以减少加工据点，形成固定的供应渠道，实现大批量运输，使水泥的物流更加合理。

(7) 有利于新技术的采用，简化工地的材料管理，节约施工用地等。

### 五、食品的流通加工

食品流通加工的类型很多，只要我们留意超市里的货柜就可以看出，那里摆放的各类洗净的蔬菜、水果、肉末、鸡翅、香肠、咸菜等都是流通加工的结果。这些商品的分类、清洗、贴商标和条形码、包装、装袋等是在商品摆进货柜之前就已进行的加工作业，这些流通加工都不是在产地，已经脱离了生产领域，进入了流通领域。食品流通加工的具体项目主要有如下几种：

(一) 冷冻加工

这是为了解决鲜肉、鲜鱼等在流通中保鲜及装卸搬运的问题，而采取低温冻结方式的加工。这种方式也适用于某些液体商品、药品等。

(二) 分选加工

这是为了提高物流效率而进行的对蔬菜和水果的加工，如去除多余的根叶等。农副产品规格、质量离散情况较大，为获得一定规格的产品而采取人工或机械分选的方式加工，称为分选加工。这种方式广泛用于果类、瓜类、谷物、棉毛原料等。

(三) 精制加工

农、牧、副、渔等产品的精制加工是在产地或销售地设置加工点，去除无用部分，甚至可以进行切分、洗净、分装等加工，可以分类销售。这种加工不但大大方便了购买者，而且还可以对加工过程中的淘汰物进行综合利用。比如，鱼类的精制加工所剔除的内脏可以制成某些药物或用作饲料，鱼鳞可以制高级黏合剂，头尾可以制鱼粉等；蔬菜加工的剩余物可以制饲料、肥料等。

(四) 分装加工

许多生鲜食品的零售起点较小，为了保证高效输送出厂，包装一般比较大，也有一些是采用集装运输方式运达销售地区。为了便于销售，在销售地区按所要求的零售起点进行新的包装，即大包装改小包装，散装改小包装，运输包装改销售包装，以满足消费者对不同包装规格的需求，从而达到促销的目的。

保鲜是消费者对市场食品的第一要求。即使是已进入零售店的食品，要维持其新鲜度和安全度仍然是比较麻烦的事。由于食品品种繁多，需引入先进的信息系统对产品货架期和保鲜度进行管理。

(1) 采用"不同货架到货方式",即以货架为单位进行到货的方法。首先,对各个店铺的货架与商品的关系进行调查,将商品与其货架的货位输入到物流中心的计算机系统中,在计算机系统中建立起商品与店铺以及与货位的关联,通过计算机系统自动地识别各类食品的数量,应该补充到哪一家店铺的哪一个货位上。这样就可以在货架上按顺序进行商品补充,做到效率最大化。

(2) 鲜度维持管理。采用计算机系统对食品鲜度进行维持,食品的主文件中设定商品有效期和准许销售期限,在商品入库时输入生产日期,计算机系统就可以自动判断各类商品是否可以入库。在库商品严格按照先进先出进行作业,每日由作业人员检验商品日期,为保证不出现超过准许销售期限的商品,对将接近准许销售期限的商品提供警告功能,采用双重保险方式。我国农副产品的流通量很大,其中80%以上的生鲜食品是采取常温保存、流通和初加工方式。据统计,常温流通中果蔬约损失20%~30%、粮油15%、蛋15%、肉干耗3%,加上食品的等级间隔、运输及加工损耗,每年造成经济损失约上千亿元。要发展冷冻食品和生鲜食品流通业,主要是建立食品冷藏供应链,使易腐、生鲜食品从产地收购、加工、贮藏、运输、销售,直到消费的各个环节都处于适当的低温环境之中,以保证食品的质量,减少食品的损耗,防止食品的变质和污染。

此外,半成品加工、快餐食品加工也成为流通加工的组成部分。这种加工形式节约了运输等物流成本,保护了商品质量,增加了商品的附加价值。如葡萄酒是液体,从产地批量地将原液运至消费地配制、装瓶、贴商标、包装后出售,既可以节约运费,又安全保险,以较低的成本卖出较高的价格,附加值大幅度增加。

### 六、机电产品的流通加工

多年以来,机电产品的储运困难较大,主要原因是不易进行包装,如进行防护包装,包装成本过大,并且运输装载困难,装载效率低,流通损失严重。但是这些货物有一个共同的特点,即装配比较简单,装配技术要求不高,主要功能已在生产中形成,装配后不需要进行复杂的检测及调试。所以,为了解决储运问题、降低储运费用,可以采用半成品大容量包装出厂,在消费地拆箱组装的方式。组装一般由流通部门在所设置的流通加工点进行,组装之后随即进行销售。近年来,这种流通加工方式已在我国广泛采用。

## 任务实施

**看一看**

1. 搜集和阅读有关商品流通加工的知识。
2. 了解 AA 公司的商品特性与项目对流通加工设计的总体要求。

**做一做**

### 设计 AA 公司商品的流通加工方案

流通加工是一种很重要的增值业务形式,但如果设置不合理,效果会适得其反。具体思路如下:

是否需要设置流通加工?——在什么地点进行流通加工?——选择什么类型的流通加工?——采用什么技术进行流通加工?

1. 对家电产品,主要考虑防护包装问题。
2. 对袋装食品,主要有分装问题,即大包装改小包装,散装改小包装,运输包装改销售包装等问题。
3. 对蔬菜,要考虑:
(1) 冷冻加工。
(2) 分选加工。如去除多余的根叶等。
(3) 精制加工。比如,鱼类的精制加工所剔除的内脏可以制成某些药物或用作饲料,鱼鳞可以制高级黏合剂,头尾可以制鱼粉等;蔬菜加工的剩余物可以制饲料、肥料等。
(4) 分装加工。即大包装改小包装,散装改小包装,运输包装改销售包装,以满足消费者对不同包装规格的需求,从而达到促销的目的。
4. 对日化用品,主要考虑组装、价格贴付等作业。

特别提醒:在设计流通加工方案时,要考虑发展绿色流通加工,合理地选择流通加工形式可以有效地促进环境保护。进行绿色流通加工的途径主要分两个方面:一方面变消费者分散加工为专业集中加工,以规模作业方式提高资源利用效率,以减少环境污染,如餐饮服务业对食品的集中加工,减少了家庭分散烹调所造成的能源浪费;另一方面是集中处理消费品加工中产生的边角废料,以减少消费者分散加工所造成的废弃物污染,如流通部门对蔬菜的集中加工,减少了居民分散垃圾丢放及相应的环境治理问题。

## 实践训练

**练一练**

练习1:设计 AA 公司商品的流通加工方案(小组完成)。

### 赛一赛

下列判断题,看谁答得快、答得对!

1. 流通加工是销售物流中增加附加价值的活动,是一项具有广泛发展前景的工作。（  ）
2. 流通加工中的包装业属于低投资、低成本、高收入的行业。（  ）
3. 生产加工和流通加工都是创造商品的价值,只是前者是在生产过程中,而后者是在流通过程中。（  ）
4. 流通加工应该设置在近生产企业端。（  ）
5. 合理的流通加工应与配送相结合、与配套相结合、与合理的商流相结合。（  ）

# 项目 6.2　商品分拣

任务 1:设计 AA 公司货物的分拣作业方案。

### 想一想

问题 1:什么是分拣作业?

### 议一议

话题 1:快递员分货属于什么类型的分拣作业?
话题 2:分拣作业应注意哪些方面?

### 相关知识

### 讲一讲

## 一、分拣作业的含义及功能

分拣作业是依据顾客的订货要求或配送中心的送货计划,尽可能迅速、准确地将商品从其储位或其他区域拣取出来,并按一定的方式进行分类、集中,等待配装送货的作业过程。在配送作业的各环节中,分拣作业是非常重要的一环,它是整个仓储与配送作业系统的核心。在仓储与配送中心搬运成本中,分拣作业搬运成本约占90%;在劳动密集型配送中心,与分拣作业直接相关的人力占50%;分拣作业时间约占整个仓储作业时间的30%~40%。因此,合理规划与管理分拣作业,对仓储作业效率具有决定性的影响。

从实际运作过程来看,分拣作业是在拣货信息的指导下,通过行走搬运和拣取货物,再按一定的方式将货物分类、集中。因此,分拣作业的主要过程包括四个环节(如图6-1)。

图6-1 分拣作业的主要环节

分拣作业的速度和质量不仅对仓储与配送作业的效率起决定作用,而且直接影响到整个配送中心的信誉和服务水平。特别是对于客户多、商品品种多、需求批量小、需求频率高、送货时间要求高的配送服务,分拣作业的决定作用更大。因此,迅速并准确地将顾客所要求的商品集合起来,并且通过分类配装及时送交顾客,是分拣作业最终的目的及功能。

## 二、分拣作业管理的基本流程

分拣作业在配送作业环节中不仅工作量大、工艺过程复杂,而且要求作业时间短、准确率高、服务质量好,因此,确定拣货作业方式,加强对分拣作业的管理非常重要。在对分拣作业的管理中,要根据配送的业务范围和服务特点,具体来说就是根据拣货作业单据所反映的商品特性、数量多少、服务要求、送货区域等信息,对分拣作业安排拣货作业路径,系统进行科学的规划与设计,并制定出合理高效的作业流程,这是分拣作业系统管理分派拣货作业人员的关键。在此基础上确定分拣作业方式,设计分拣信息传递的单据,安排拣货、集中货物作业人员和作业路径,将所订不同种类和数量的商品从储位或其他作业区域分货拣出,然后分区集中,完成分拣作业。分拣作业管理的基本流程如图6-2所示。

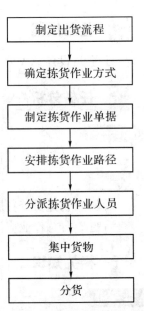

图6-2 分拣作业管理流程

## 三、拣货方式

拣货作业可以划分为按订单拣取、批量拣取及复合拣取三种方式。按订单拣取是分别按每份订单来拣货;批量拣取是多张订单累积成一批,汇总数量后形成拣货单,然后根据拣货单的指示一次拣取商品,再进行分类;复合拣取是充分利用以上两种方式的特点综合运用于拣货作业中。

## （一）按订单拣取

按订单拣取是针对每一份订单，作业员巡回于仓库内，按照订单所列商品及数量，将客户所订购的商品逐一从仓库储位或其他作业区中取出，然后集中在一起的拣货方式。

1. 按订单拣取方式的特点

（1）作业方法单纯，接到订单可立即拣货、送货，所以作业前置时间短。

（2）作业人员责任明确，易于安排人力。

（3）拣货后不用进行分类作业，适用于配送批量大的订单处理。

（4）商品品种多时，拣货行走路径加长，拣取效率较低。

（5）拣货区域大时，搬运系统设计困难。

2. 使用条件

按订单拣取的处理弹性比较大，临时性的生产能力调整较为容易，适合订单大小差异较大、订单数量变化频繁、季节性强的商品配送。商品外形和体积变化较大、商品差异较大的情况下，也宜采用按订单拣取方式，如化妆品、家具、电器、百货、高级服饰等。

## （二）批量拣取

批量拣取是将多张订单集合成一批，按照商品品种类别汇总后再进行拣货，然后依据不同客户或不同订单分类集中的拣货方式。

1. 批量拣取方式的特点

（1）适合配送批量大的订单作业。

（2）可以缩短拣取货物的行走时间，增加单位时间的拣货量。

（3）必须当订单累积到一定数量时，才做一次性的处理，因此会产生停滞时间。

2. 适用条件

批量拣取方式通常在系统化、自动化设置之后作业速度提高而调整能力减少的情况下采用，适合订单变化较小、订单数量稳定的配送中心和外形较规则、固定的商品出货，如箱装、扁袋装的商品。其次，需要进行流通加工的商品也适合批量拣取，再批量进行加工，然后分类配送，有利于提高拣货及加工效率。

## （三）复合拣取

为克服按订单拣取和批量拣取方式的缺点，配送中心也可以采取将按订单拣取和批量拣取组合起来的复合拣取方式。复合拣取即根据订单的品种、数量及出库频率，确定哪些订单适用于按订单拣取，哪些订单适用于批量拣取，分别采取不同的拣货方式。

## （四）自动分拣

自动化分拣系统的分拣作业与上面介绍的传统分拣系统有很大差别，可分为三大类：自动分拣机分拣、机器人分拣和自动分类输送机分拣。

1. 自动分拣机分拣系统

自动分拣机，一般称为盒装货物分拣机，是药品配送中心常用的一种自动化分拣设备。这种分拣机有两排倾斜的放置盒状货物的货架，架上的货物按品种、规格用人工分别分列堆码，货架的下方是皮带输送机。根据集货容器上条码的扫描信息控制货架上每列货物的投放，投放的货物直接装进集货容器，或落在皮带上后再由皮带输送进入集货容器。

2. 机器人分拣系统与装备

基于机器视觉的机器人分拣与人工分拣作业相比，不但高效、准确，而且在质量保障、卫生保障等方面有着人工作业无法替代的优势。与传统的机械分拣作业相比，基于机器视觉的机器人分拣有适应范围广、随时能变换作业对象和变换分拣工序的优势。机器人分拣技术是机器人技术和机器视觉技术的有机组合，日本以及欧美一些发达国家，在机械、食品、医药、化妆品等生产领域应用机器人分拣已经相当普及。

3. 自动分拣系统

当供应商或货主通知配送中心按订单发货时，自动分拣系统在最短的时间内可从庞大的存储系统中准确找到要出库的商品所在的位置，并按所需数量、品种、规格出库。自动分拣系统一般由识别装置、控制装置、分类装置、输送装置组成，需要自动存取系统（AS/RS）支持。

## 比一比

### 案例：条烟的分拣

中国是世界上最大的烟草生产和消费国，烟草工业在国民经济中占据着举足轻重的地位。目前，烟草仍属于国家专卖产品，品种多、批量小的营销模式是各地卷烟分销企业的主要特点。烟草生产企业一般习惯以整件发货为主，烟草流通企业则以条烟发货为主。据此，以市公司为单位的集中式电话访销和一库式配送的新兴销售模式已成为当前各地烟草公司的主流运作模式。而根据访销配送运作模式的要求，烟草公司须将每个零售户需要的卷烟按订单分配好（即分拣到户），这样既减少物流环节、加快商品流通速度，又方便了送货和零售客户。但烟草公司配送中心的工作量却大大增加，而且由于零售户数量多、卷烟品种多、配货时间紧，无形中大大加大了人工劳动强度，分拣人员出错率也随之增多。于是，如何加快分拣速度、减少分拣差错的问题便摆在了烟草公司经营者的面前。因此，物流分拣设备的配备和选型对烟草公司的经营都具有非常重要的意义。

条烟分拣是卷烟配送体系中一个十分关键而又繁锁的环节。近几年来，随着卷烟配送网络建设的全面推进，国内出现了众多型号的条烟分拣设备,如电子标签式、塔式、立式、滑块式、托盘式、通道式,等等。设备名目繁多,用户难以区分和选择。本文通过对常见条烟分拣设备的全面介绍,按自动化程度对其进行分类和述评,提出了设备选型的基本原则,供各级烟草公司在采购设备时参考。

目前,国内烟草公司的分拣方式可分为四大类:手工分拣、电子标签辅助分拣、半自动分拣和自动分拣。其中,半自动分拣的应用较为缺乏。

1. 手工分拣

手工分拣是一种传统的分拣模式,可分为拣选式(摘果式)分拣和分货式(播种式)分拣,在实际卷烟配送过程中,两种方式需综合应用。常用的手工分拣模式所涉及的相关设备有托盘、托盘货架、叉车、托盘车、笼车、输送机、手推车及周转箱等,目前在一些偏远地区仍使用这种方式。此类分拣方式的人工劳动强度大、出错率高、分拣效率低,随着烟草系统物流建设水平的提高,手工分拣将不再是烟草公司主要的分拣方式,因此只辅助分拣一些少量的异形烟和特种烟。

2. 电子标签辅助分拣

国内普遍使用的电子标签拣选系统由拣选灯(电子标签)、流动货架和计算机系统组成。系统可以对卷烟进行摘果式分拣作业,以装于货架格位上的电子显示装置(电子标签)取代拣货单,指示应拣取的物品及数量,辅助拣货人员的作业,减少目视寻找时间。目前,国内卷烟配送的电子标签辅助拣选装置一条线需要作业人数12～14人(含装箱人员),平均分拣量为每小时6 000条左右,每条线一次性投资约50万元左右,比较适合年销量低于6万大箱的烟草公司采用。

3. 半自动分拣

半自动分拣是采用中央控制器,集机、光、电、计算机网络、通信软件、分拣控制软件于一体的多功能、集成、高效、高精度的卷烟自动分拣系统。系统通过计算机网络控制软件,从烟草公司的销售系统中导入销售数据,经软件优化后导出待分拣烟的品种、数量等资料,分拣时通过计算机和PLC指令控制各机械部件,高效准确地实行分拣作业,实现高度自动化。这种模式所涉及的设备有分拣机、输送机、装箱设备及打码设备等。一条半自动分拣线需要作业人数5～8人,平均分拣量为每小时8 000条以上,每条分拣线一次性投资约150万元左右,适合年销量为10万大箱以上的烟草公司采用。目前国内常用的立式分拣机,其结构美观而不复杂,占地面积少,单通道分拣能力为每小时17 600条,系统能力达到每小时8 000～12 000条,条烟分拣变形小于3 mm。

> 读一读

**拓展知识：分拣设备与选择**

**一、分拣技术的分类及发展动向**

自动分拣设备是一种能把物件从主输送线按一定的规律分别导入到指定的分支输送线上，具有对物件进行分类或重组功能的设备。自动分拣设备的技术和形式因设备主体结构及功能的不同而不同，设备主要由物件的输送、供件、分拣主线、物件下线集堆、系统电控和信息处理部分组成。

分拣设备是一种运用普遍的产品，因而也决定它具有客户多样性和设备多样性的特点。多年来，各专业厂商根据用户物件规格差异、场地布局及主要技术指标需求等因素，研制出了许多不同类型、规格的分拣设备，如：按分拣技术的不同，有小车翻盘(斗)式、交叉带式、推块式、推式悬挂式、钢带式、斜导轮分离式等；按主输送线场地布局可有多种方式，常见的有直线形、L形或环形布置；将物件导入分支输送线也有多种方式，有横向推出式、重力跌落式及在线导向式等；分支输送线(也称分拣格口)的功能是收集由主输送线导入的物件，并根据主输送线布局和物件导入方式的不同有多种收集形式，有动力或无动力分支输送线、滑槽式分拣格口、袋架式分拣格口等，也有干脆将集装笼车作分拣格口。

分拣设备是进行物件自动快速分拣作业的设备，其技术水平是物料配送作业现代化的重要标志之一。为便于区分和管理，这些设备可按不同的原则进行分类(参见表6-1、表6-2)。

表6-1 按处理物件的形状及用途分类的分拣设备

| 适合物件类别 | 分拣设备名称 | 备注 |
| --- | --- | --- |
| 片状类 | 半自动信函分拣机 | 处理物件规格：<br>长度L:90～230 mm<br>宽度B:55～140 mm<br>高度T:0.2～5 mm<br>重量W:≤150 g |
| | 自动信函红框理信机 | |
| | 自动OVCR信函分拣机 | |
| | 理分合一自动信函分拣系统 | |
| | 票据排序机 | |
| | 纸钞分类机 | |
| | 设保卡 分类 排号机 | |
| | 其他薄片类分拣机 | |

续表 6-1

| 适合物件类别 | 分拣设备名称 | 备注 |
|---|---|---|
| 扁平类 | 扁平信函分拣机 | 处理物件规格：<br>长度 L：90～230 mm<br>宽度 B：55～140 mm<br>高度 T：5～20 mm<br>重量 W：≤1 500 g |
| 扁平类 | 期刊、书籍配数分拣机 | |
| 箱、包类 | 邮袋分拣机 | 处理物件规格：<br>长度 L：200～800 mm<br>宽度 B：100～500 mm<br>高度 T：10～500 mm<br>重量 W：≤30 kg |
| 箱、包类 | 包裹分拣机 | |
| 箱、包类 | 图书总包分拣机 | |
| 箱、包类 | 成品烟箱分拣机 | |
| 箱、包类 | 条烟配数分拣机 | |
| 箱、包类 | 周转箱路向分拣机 | |
| 箱、包类 | 其他包类分拣机 | 邮袋、服装类 |

表 6-2 按结构技术分类的分拣设备

| 分拣设备名称 | 适合物件类别 | 备注 |
|---|---|---|
| 吸气式分离信函分拣机 | 信函、扁平件 | 邮政专用 |
| 摩擦式信函分拣机 | 信函、薄片类 | 邮政专用 |
| 横推式路向分拣机 | 箱、盒、捆类物件 | |
| 悬挂推式路向分拣机 | 袋、服装、细长类构件 | |
| 翻（盘、斗）板式分拣机 | 箱、盒类及软包装物件 | |
| 底带水平旋转式分拣机 | 箱、盒类及软包装物件 | |
| 顶升斜导轮式分拣机 | 箱、盒类 | |
| 滑臂导向钢带式分拣机 | 箱、盒类 | |
| 底带启闭跌落式分拣机 | 扁平类包装物 | |
| 交叉带式分拣机 | 箱、盒、袋及易碎类物品 | |
| 推块式分拣机 | 尺寸规格内的任何物件 | 物件适应性强 |
| 塔式盒状物分拣机 | 小规格盒类 | 烟草、医药行业 |
| 其他专用分拣机 | 特定类物件 | 如账单、卡片排序设备等 |

设备需求是以行业发展为前提，各个行业会提出不同的需求。当前，我国物流领域涉及分拣设备的主要有邮政、烟草、图书、医药、百货配送等行业。

邮政行业通过前段时期的规划建设和步入市场运作后,各级邮政局分拣设备的配备已趋合理,在未拓展新业务之前,不会有大的需求。而烟草、图书、医药、百货配送等行业正处于发展时期,全国同行业竞争日趋激烈,为求得市场份额,企业在整合资源扩大规模的同时,必将通过运用现代物流技术来提高市场反应速度,以赢得市场竞争力,从而适应各行业小批量、多品种、多客户端的各种高速自动分拣。综合上述,笔者认为分拣设备将会有以下几个发展趋势:

(1) 高速低耗。设备的高效和低成本运行直接影响用户的经济效益,在提高分拣效率方面,除提高设备自身运行线速度外,国外已有供货商将双层分拣主线和多层分拣格口技术方案应用到国内实施案例,如深圳邮政局、广州邮政局。另外,合理的结构和选材以减轻主线自重、低功耗的驱动方式等都是降低设备能耗的主要因素,也是用户设备选型的重要内容。

(2) 高适应性。设备适应性可分两方面叙述:一是对分拣物品的适应性,合理优化设备结(机)构可提高设备对分拣物件规格的范围;二是对设备安装场地的适应性,使用户有更大的挑选余地。

(3) 高自动化。通过设备优化,减少工艺环节,如自供件、自卸载等。同时,减少设备日常维护工作量,也是提高设备自动化程度的有效举措,如传感器的免维护措施、提高设备自监控能力等。

(4) 高性价比。主要反映以下两个方面:一是在规划物流系统时,如何选用合适的设备来达到系统功能要求,不盲目求洋求全;二是同类设备在具备相同性能指标的情况下售价要低。

## 二、选择分拣设备的注意事项

关于分拣设备的应用,可从供应商和客户两个层面分析探讨。

我国的自动分拣产品有很大的潜在市场,客户对产品的需求也有很大的差别。目前,我国的自动分拣产品还没有形成明显的高、低端市场,很多客户对这种产品的技术、功能、价格还在认识当中。因此作为用户来说,不应过分看重分拣设备的技术含量有多高、外形多美观,所关心的应为整体效益,即设备的性价比。供应商向用户销售产品时应根据客户的不同特点,用其积累的丰富经验,以客户为中心认真分析需求,为客户提供优化的系统解决方案,而不是把产品硬性地销售给客户。

在对分拣系统进行规划时,可考虑以下几个方面:首先是根据物流系统的总体业务需求和场地面积,进行工艺流程设计、效率分析和设备布局;其次是根据处理物件种类和规格、要求系统设备应达到的处理效率和分拣格口数来确定分拣设备类型和相关技术参数。下面介绍几种常用的分拣设备。

## 1. 斜导轮式分拣机

该设备以结构简单、价格便宜及扩容性好而备受青睐。分拣格口可单侧或双侧设置,缺点是分拣效率相对较低,一般为2 500~3 000件/小时。主要用于物件规格相对规整、分拣效率要求不高的箱包类物件,如纸箱、周转箱等。

## 2. 推块式分拣机

推块式分拣机是目前物流系统中较常用的设备之一,具有处理物件规格范围大(最长可达1 200 mm)、分拣效率高等特点,一般为5 000~10 000件/小时。适合分拣规格尺寸变化较大、包装相对规范的物件,常用于快件、医药、图书、烟草、百货等行业。该设备一般为直线型布置,分拣格口可单侧或双侧设置。

## 3. 交叉带式分拣机

该设备也是物流系统中较常用的设备之一,具有分拣效率高、可设置格口数多、布局灵活等特点,最大分拣效率可达15 000件/小时,分拣格口可设置多达400个。适合不同类型的物件,特别是软包装(如袋状物)物件的分拣,常用于邮政、机场、配送中心等行业。交叉带式分拣系统一般为环形布局,双向格口布置。

 **任务实施**

**看一看**

1. 搜集和阅读有关商品分拣的知识。
2. 了解AA公司的商品特性与项目对分拣作业设计的总体要求。

**做一做**

### 设计AA公司货物的分拣作业方案

1. 首先应明确四类商品的不同特性和出入库频率。
2. 一般按照以下程序进行设计:
(1) 确认发货周期。
(2) 决定拣货方法:根据出货量和出货频率,小体积、小批量、人力搬运范围之内采用手工搬运;体积大、重量大的货物采用升降叉车等搬运机械辅助作业;对于出货频率很高的可采用自动分拣系统。
(3) 产生拣货信息:生成拣货单或电子拣货信号。
(4) 行走及搬运:如果是手工搬运,要安排好人员和行走路线。
(5) 拣货:要确认被拣货物的品名、规格、数量等内容与拣货信息相一致。

(6) 货物集中分类：批量分拣时可按不同的客户或配送线路、流通加工要求分类集中。

3. 注意事项

要正确、迅速地集合客户所订购的货物必须做到：

(1) 选择适当的分拣设备。

(2) 采取切实而高效的分拣方式。

(3) 运用一定的方法策略组合，提高分拣效率，提升作业速度与能力。

### 实践训练

**练一练**

练习1：设计 AA 公司货物的分拣作业方案（小组完成）。

**赛一赛**

竞赛1：比比哪个小组设计的分拣作业方案更好。

## 项目 6.3　配送作业

### 任务描述

任务1：设计 AA 公司货物的配送方案。

### 任务分析

**想一想**

问题1：配送和运输是什么关系？

**议一议**

话题1：你所了解的配送形式有哪些？

### 相关知识

**讲一讲**

一、配送的概念

"配送"这个词汇来自日语原词，《日本工业标准(JIS)物流用语》中将"配送"定义为："将货物从物流据点送交给收货人。"

2001年4月，中国国家标准《物流术语》将"配送"定义为："在经济合理区域范围内,根据用户要求,对物品进行拣选、加工、包装、分割、组配等作业,并按时送达指定地点的物流活动。"

"配送"的英语原词为 delivery,但不能将它简单地理解为交货、运送。和"配送"相近的词汇还有"分送""投送""输送""供应""供给""发放"等,从配送的实际形态上看,这些词汇都不能对配送做出满意的标注。

从配送活动的实施过程上看,配送包括两个方面的活动:"配"是对货物进行集中、分拣和组配,"送"是以各种不同的方式将货物送达指定地点或用户手中。

配送具有以下几个特点:

(1) 配送不是一般概念的送货,也不是推销产品时直接从事的销售性送货,而是从物流结点至用户的一种特殊送货形式。从送货的功能看,其特殊性表现在:①从事送货的是专职流通企业,而不是生产企业;②配送是"中转"型送货,而一般传统意义上的送货,尤其是从工厂至用户的送货往往是直达型;③一般送货是生产企业生产什么就送什么,有什么就送什么,而配送则是需要什么送什么,是以用户为驱动源的。

(2) 配送不是一般的运输和输送,而是运输与其他活动共同构成的结合体。虽然配送活动离不开运输,但在整个运输过程中它是处于"二次运输""支线运输""末端运输"的位置,即是最终资源配置,是接近顾客的配置,是从物流结点至用户的终端运输。

(3) 配送不是供应和供给,它不是广义概念的组织资源订货、签约、进货、结算及对物资处理分配的供应,而是以供应者送货到用户的形式进行供应。从服务方式上看,配送是一种"门到门"的服务,可以将货物从物流结点一直送到用户的仓库、营业现场、车间乃至生产线的起点。

(4) 配送不是消极的送货发货,而是在全面配货的基础上,充分按照用户的要求进行服务,它是将"配"和"送"有机地结合起来,完全按照用户要求的数量、种类、时间等进行分货、配货、配装等工作。

(5) 配送是一项有计划的活动,需要根据客户的需要以及从事配送的企业能力,有计划地进行送货活动,以满足客户订货的需要。

## 二、配送的要素

配送是根据客户的订货要求,在配送中心或物流结点进行货物的集结与组配,以最适合的方式将货物送达客户的全过程。配送包括以下要素:

(一) 集货

集货是将分散的或小批量的物品集中起来,以便进行运输、配送的作业。集货是配送的准备工作或基础工作,它通常包括制订进货计划、组织货源、储存保管等基本业务。专业化流通机构组织货源时,集货工作可以由配送机构组织订货、购货、结算,同时承担进货验收、储存等其他物流活动,也就是在配送机构实现商流与物流合一。商业性批发配送机构的连锁超市配送中心,还可以由配送机构只代理供方或需方商品的入库、验收、储存等物流活动,而采购、结算等商流活动则由供需双方直接完成,即商流与物流分离的模式。由传统仓库发展而来的仓储配送中心即属于这一类。

（二）分拣

分拣是将物品按品名、规格、出入库先后顺序进行分门别类的作业。分拣是配送不同于一般形式的送货以及其他物流形式的重要的功能要素,也是配送成败的一项重要的支持性工作。它是完善送货、支持送货的准备性工作,是不同配送企业在送货时进行竞争和提高自身经济效益的必然延伸。所以,也可以说,分拣是送货向高级形式发展的必然,有了分拣作业才能大大提高送货服务水平。

（三）配货

配货是指使用各种拣选设备和传输装置,将存放的物品按客户的要求分拣出来,配备齐全,送入指定发货区（地点）。它与分拣作业不可分割,二者一起构成了一项完整的作业。通过分拣配货,可达到按客户要求进行高水平送货的目的。

（四）配装

在单个客户配送数量不能达到车辆的有效载运负荷时,就存在如何集中不同客户的配送货物,进行搭配装载以便充分利用运能、运力的问题,这就需要配装。配送有别于一般性的送货还在于,通过配装可以大大提高送货水平及降低送货成本,同时能缓解交通流量过大造成的交通堵塞,减少运次,降低空气污染。所以,配装也是配送系统中具有现代化特点的功能要素之一。

（五）配送运输

配送运输属于运输中的末端运输、支线运输。它和一般运输形态的主要区别在于:配送运输是较短距离、较小规模、较高频度的运输形式,一般使用汽车作为运输工具。与干线运输的另一个区别是:配送运输的路线选择问题是一般干线运输所没有的。干线运输的干线一般是唯一的运输路线,不可选择,而配送运输由于配送客户多、地点分散,一般集中在城市内或城郊,且城市交通路线又较为复杂,存在空间和时间上的峰谷交替。如何组合最佳路线,如何使配装和路线选择有效搭配,已成为配送运输的工作难点,也是配送运输的特点。对于较为复杂的配送运输,需要用数学模型规划整合来取得较好的运输效果。

（六）送达服务

将配好的货物运输到客户处还不算配送工作的结束,这是因为送达货物和客户接受货物之间往往还会出现不协调,使配送前功尽弃。因此,要圆满地实现运到之货的移交,并有效地、方便地处理相关手续并完成结算,还应当讲究卸货地点、卸货方式等。送达服务也是配送独具的特色。

（七）配送加工

配送加工是流通加工的一种,是按照客户的要求进行的流通加工。在配送活动中,有时需要根据用户的要求或配送对象,为便于流通和消费,改进商品质量,促进商品销售,对商品进行套裁、简单组装、分装、贴标、包装等加工活动。配送加工这一功能要素在配送中不具有普遍性,但往往具有重要的意义。通过配送加工,可以大大提高客户的满意程度。配送加工一般取决于客户的要求,加工目的较为单一。

## 三、配送业务的组织

配送业务的组织一般是按照功能要素展开的,其基本流程如图6-3所示。

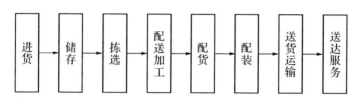

**图6-3 配送基本业务流程**

具体到不同类型、不同功能的配送中心或物流结点的配送活动,其流程可能有些不同,而且不同的商品由于特性不一样,其配送流程也会有所区别。例如食品类商品由于其种类繁多、形状特性不同,保质保鲜要求也不一样,所以通常有不同的配送流程(如图6-4)。

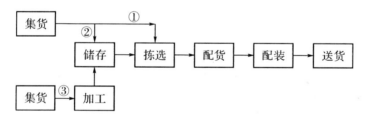

**图6-4 食品类商品的三种配货流程**

第①类商品保质期短,保鲜要求高,如海鲜产品、鱼、肉类制品等,集货后不经过储存立即分拣配货、配装后送达客户。

第②类商品保质期较长,比如矿泉水、方便食品等,可以在集货后经过储存保管,再按客户的订单要求组织配送。

第③类商品在集货后需按客户的要求,按商品特性进行配送加工后再组织配送,如速冻食品、大包装进货食品。

## 四、配送方法

在不同的市场环境下,为了满足不同产品、不同企业、不同的流通环境的要求,在配送组织活动过程中,可以采取不同的配送形式来满足用户的需要。根据配送组织过程的两大要素,即配送的时间和配送货物的数量不同,配送活动分为定时配

送、定量配送、定时定量配送、定时定线路配送、即时配送和共同配送几种不同的组织形式。

（一）定时配送

定时配送是配送企业根据与用户签订的配送合同，按照约定的时间间隔进行的配送组织形式。在实践活动中，配送的时间间隔可以是数天或数小时不等，而且每次配送之前以商定的联络方式，比如电话或通过配送信息管理系统的指令输入等，通知配送中心或配送企业需要的商品品种及数量。

这种配送形式的时间比较固定，且具有一个循环周期，因此便于安排配送计划和配送调度，也便于用户安排接货和组织生产。但是由于配送的商品种类、数量不确定，配货、配装、运输的难度较大，在具体实施时，也会对运力的合理安排造成困难。定时配送有两种形式：

1. 日配形式

日配是定时配送中较为广泛采纳的一种形式，尤其是在城市内的配送活动中，日配占了绝大部分比例。一般日配的时间要求大体是：上午的配送订货下午送达，下午的配送订货第二天送达，即实现在订货发出后 24 小时之内将货物送到用户手中；或者是用户下午的需要保证上午送到，上午的需要保证前一天下午送到，即实现在货物实际投入使用前 24 小时之内送到。

广泛而稳定地开展日配方式，可使用户基本上无需保持库存，做到以配送日配方式代替传统的库存来实现生产的准时和销售经营的连续性（无缺货）。一般日配形式较适合下述几种情况：

（1）保鲜要求较高的商品和食品，如蔬菜、水果、肉类、点心、鲜花等。

（2）用户是多个小型商店，如街区的零售店或便利店，它们的资金实力小，追求资金、货物周转快，随进随销。

（3）由于用户的条件限制，不可能保持较长时期的库存，比如采用零库存管理的生产企业，位于商业中心"黄金地段"的商店，或那些缺少储存设施（比如冷藏设施）的用户。

（4）临时出现的配送需求。

2. 准时—看板方式

准时—看板方式是实现配送供货与生产企业保持同步的一种配送方式。与日配方式和一般定时配送方式相比，这种方式更为精确和准确，配送组织过程也更加严密。其配送要与企业生产节奏同步，每天至少一次，甚至几次，以保证企业生产的不间断。这种配送方式的目的是实现供货时间恰好是用户生产之时，从而保证货物不需要在用户的仓库中停留，可直接运送至生产现场，这样与日配形式比较，连"暂存"这个过程也可取消，可以绝对地实现零库存。准时—看板方式要求依靠高水平的配送系统来实现，由于要求迅速反应，因而对多用户进行周密的共同配送计划是不可能的。这种形式较适合于装配型、重复生产的用户，其所需配送的货物是重复的、大量的且变化大，因而往往是一对一的配送。

（二）定量配送

定量配送是指按照规定的数量（批量），在一个指定的时间范围内（对配送时间不严格限定）进行配送。这种配送方式的配送货物数量固定，备货较为方便、简单，可以依据托盘、集装箱及车辆的装载能力来测定配送的数量，也能够有效利用托盘、集装箱等集装方式，可做到整车配送，配送的效率较高。另外，由于不严格限定配送时间，因此在时间上能够将不同用户所需要的货物配装成一辆整车后进行配送运输，这样能提高运力的利用率。而对于用户来讲，由于每次送达的货物数量是固定的，所以接货工作也易于组织，用户的生产和销售计划也易于与配送活动保持同步进行。不足之处在于，由于每次配送的数量保持不变，因此不够机动灵活，有时会增加用户的库存，造成库存过高或销售积压。

（三）定时定量配送

定时定量配送是按照所规定的配送时间和配送数量来组织配送。这种形式兼有定时配送和定量配送两种形式的优点，但是对配送组织要求较高，计划难度大，不太容易做到既与用户的生产节奏保持合拍，同时又保持较高的配送效率，实际操作较为困难。一般适合于配送专业化程度高的厂商（制造商）配送中心配送。

（四）定时定线路配送

定时定线路配送是指在规定的运行线路上，制定到达时间表，按照运行时间表进行配送的形式。

采用这种配送方式的用户必须提前提出订货要求，并按规定的时间在规定的运行线路上接货，也可将其称作班车配送或列车时刻表配送。

这种配送方式对配送企业而言，有利于安排车辆运行及人员配备，比较适合于用户相对集中、用户需求较为一致的环境，并且配送的品种和数量不能太大，批量的变化也不能太大。对于用户来讲，由于配送的时间和路线固定，可以根据需要有计划地安排接货，但由于配送时间和路线不变，因而对用户的适应性较差，灵活性和机动性也不强。

（五）即时配送

即时配送是指完全按照用户提出的送货时间和送货数量，随时进行的配送组织形式。这是一种灵活性和机动性很强的应急配送方式。对用户而言，可以用即时配送来代替保险储备。但对配送的组织者来说，很难做到充分利用运力，配送成本较高。同时，由于这种配送形式完全按照用户的要求来进行，因而配送的计划性较差，对配送组织过程要求高，对配送企业的应变能力和快速反应能力要求也比较高。其优点是适合用户要求的能力强，有利于提高配送企业的管理水平和作业效率。

（六）共同配送

1. 共同配送的定义

根据日本运输省流通对策本部《协同运输系统导入推进纲要》的定义，共同配送是指"在城市里，为使物流合理化，在几个有定期运货需求的货主的合作下，由一个卡车运输业者，使用一个运输系统进行的送配"，即把过去按不同货主、不同商品分别进行的配送，改为不分货主和商品集中运货的"货物及配送的集约化"。换句话说，就是把货物都装入在同一条路线上运行的车上，用同一台卡车为更多的顾客运货。

我国国家标准《物流术语》对共同配送的解释是："由多个企业联合组织实施的配送活动。"

2. 共同配送的方式

有两种运作方式：

（1）由一个配送企业对多家用户进行配送。即由一个配送企业综合某一地区内多个用户的要求，统筹安排配送时间、次数、路线和货物数量，全面进行配送。

（2）仅在送货环节上将多家用户待运送的货物混载于同一辆车上，然后按照用户的要求分别将货物运送到各个接货点，或者运到多家用户联合设立的配送货物接收点上。这种配送有利于节省运力和提高运输车辆的货物满载率。

3. 共同配送的优点

（1）从货主的角度来看，共同配送可以降低配送成本。由于共同配送是多个货主企业共享一个第三方物流服务商的设施和设备，从而由多个货主共同分担配送成本，从而降低了成本。另外，多个不同货主的零散运输通过整合可以变成成本更低的整车运输，从而使得运输费用大幅度降低。共同配送还可以降低每个货主的日常费用支出，降低新产品上市时的初始投资风险。

（2）从第三方物流服务商的角度来看，共同配送同样可以降低他们的成本，从而间接地为其客户节省费用。著名的美国第三方物流商 Exel 的副总裁托马斯认为："我们之所以能够降低我们的成本，是因为我们的人工、设备和设施费用分摊到了很多共享的客户身上。这些零散客户共享所带来的生意就像大客户所带来的生意量一样大，使得我们可以发挥物流的规模效益，从而节约成本，这些成本的节约又反过来可以使我们公司实施更加优惠的低价政策。"

共同配送的优势见表6-3。

表6-3 共同配送的优势

| 货 主 | 运 送 业 者 |
|---|---|
| 1. 运费负担减轻 | 1. 可以提高输送效率 |
| 2. 可以裁减人员 | 2. 可以减少物流成本 |
| 3. 可以小批量进货配送 | 3. 可以裁减物流人员 |

续表 6-3

| 货　主 | 运　送　业　者 |
|---|---|
| 4. 收货人员可以对不同品种货物统一验收 | 4. 可以减少不适当的竞争 |
| 5. 物流空间可以相互融通 | 5. 可以减少重复的服务 |
| 6. 可以缓解交通拥挤 | 6. 可以缓解交通拥挤 |
| 7. 防止环境污染 | 7. 防止环境污染 |

4．共同配送的问题及解决办法

日本新潟产业大学的菊池康也教授对日本开展共同配送过程中出现的问题作出了分析，并对如何消除这些问题的影响提出了自己的看法。

（1）日本共同配送发展的障碍

①有可能泄露企业的商业机密；

②难于进行商品管理；

③担心出现纠纷，担心服务水平下降；

④担心协同物流设施费用及其管理成本增加；

⑤担心成本收益的分配出现问题；

⑥主管人员在经营管理方面存在困难；

⑦缺乏实现共同配送的领袖人物；

⑧为建立共同配送设施而投入改善环境的投资不易合理分配；

⑨建立共同配送系统的专家不足。

（2）如何消除这些障碍

从货主角度，应注意以下问题：

①由于大型零售业的流通变革非常激烈，在批发阶段，要求多品种一次性进货。为适应这种需求，无论如何必须开展共同配送。

②货主的竞争只在销售，而配送应当协同进行。实际开展时需要投入许多的人员、精力、资金和时间，这方面应有充分的精神准备。

③在公司内部，特别是要能够得到销售部门对开展共同配送的理解，应当想办法既能够开展共同配送，又不会把顾客的名单和交易价格泄露出去。

④应当在同一地区寻找既有配送实力又无需竞争的公司，即不同行业的公司，联手开展共同配送。

⑤如与不同行业的公司开展共同配送，应注意选择如下对象：配送地址的分布类似；商品特征类似；保管和搬运拣选类似；系统类似；服务水平类似；处理的配送量类似。

⑥实际操作时，要切实定好接收订货信息的时间，以及托盘、货单、代码等基础条件。

⑦开展共同配送时必须注意这些问题,为取得成功,需要有信心,并使之系统化。

5. 如何开展共同配送

(1) 开展共同配送的程序

研究物流协同化的可能性→参加的单位统一意志→确立物流协同化的主体→系统的设计→办理有关手续(主要是行政手续)→筹措资金→工作开始的确认→运营主体开始工作→实施后的调查研究及工作改进。

(2) 实施过程中要注意的问题

①不要泄露合作企业的商业机密;

②共同配送化主体要有好的领导人或协调人,就共同配送问题协调各方面的意见,最好由有经验的物流专家来担任协调人;

③要保持较高的服务水平;

④要有成本效益目标;

⑤搞好商品管理;

⑥搞好成本效益分配;

⑦要阻止设施费用和管理成本的增长;

⑧创造条件取得公司内部的理解和支持。

总之,为促成共同配送的实现有许多困难,这些困难只靠货主单方面的努力是不可能解决的,还要有厂家、运送业者和接受配送单位的强有力的支持,有时甚至还需要政府或地方公共团体的支持。

### 五、配送方案的制订

(一) 配送方案的概念

配送方案是指从事配送活动的物流配送项目和物流配送运作的总称。它包含两层意思:一是指某个具体配送活动的方案,如受客户委托对某个产品的配送活动做出规划和实施计划;二是指解决配送活动中问题的方法和具体运作的描述。

(二) 配送方案的内容

配送方案都是为客户提供合理的、低成本的、高效率的配送服务而做的,一般由以下几部分组成:

1. 资源筹措方案

首先必须考虑以最低成本取得货物。采购时要考虑订货成本、储备成本、缺货成本、运输时间等各种费用和因素,才能正确确定物资的采购批量。为避免意外因素,还应储备一定的安全存量。

2. 实施时间、地点、方式、要求、状况的规定

必须统一分配与调节。从收到订单起,制订配送计划,安排配送,启动服务程序运行,通过物流信息技术一步到位,使客户得到"一站式"服务。

3. 合作伙伴的选择

要慎重选择合作伙伴:一要看对方实力,二要看对方的诚信度,三要看产品的

市场份额。配送企业和合作伙伴可以通过协商机制和利益机制作用达到"双赢"的效果。

4. 配送计划的拟定

配送计划的拟定要以市场为导向,商流为前提,物流为基础。要根据订货合同研究分析所需配送货物的性能、运输条件,并在考虑需求数量的条件下,确定运输方式和相应的运载工具,再根据交通条件、道路情况及运载设备、工具等条件,研究分析并制订运输配置计划,最后还要考虑各配送点的运力与货物的资源情况,包括货物的品种、规格、数量等。

5. 配送线路的选择

配送线路合格与否对配送速度、成本、效益有很大的影响,所以应采用科学合理的方法来优化配送线路。选择配送线路的方法有许多种,要根据配送货物的数量、特性、客户的地理位置、距离、交通状况、运送成本、客户对配送服务的时间要求等因素具体确定。

### 比一比

**案例:沃尔玛的商品配送**

沃尔玛诞生于1945年的美国。在它创立之初,由于地处偏僻小镇,几乎没有哪个分销商愿意为它送货,于是不得不自己向制造商订货,然后再联系货车送货,效率非常低。在这种情况下,沃尔玛的创始人山姆·沃尔顿决定建立自己的配送组织。1970年,沃尔玛的第一家配送中心在美国阿肯色州的一个小城市本顿维尔建立,这个配送中心供货给4个州的32个商场,集中处理公司所销的40%商品。

沃尔玛配送中心的运作流程是:供应商将商品的价格标签和UPC条形码(统一产品码)贴好,运到沃尔玛的配送中心;配送中心根据每个商店的需要,对商品就地筛选,重新打包,从"配区"运到"送区"。

由于沃尔玛的商店众多,每个商店的需求各不相同,这个商店也许需要这些种类的商品,那个商店则有可能又需要另外一些种类的商品,沃尔玛的配送中心就是根据商店的需要,把产品分类放入不同的箱子当中。这样,员工就可以在传送带上取到自己所负责的商店所需的商品。那么在传送的时候,他们怎么知道应该取哪个箱子呢?传送带上有一些信号灯,有红的、绿的,还有黄的,员工可以根据信号灯的提示确定箱子应被送往的商店来拿取这些箱子。这样,所有的商店都可以在各自所属的箱子中拿到需要的商品。

在配送中心内,货物成箱地被送上激光制导的传送带。在传送过程中,激光扫描货箱上的条形码,全速运行时,只见纸箱、木箱在传送带上飞驰,红色的激光四处闪射,将货物送到正确的卡车上。传送带每天能处理20万箱货物,配送的准确率超过99%。

20世纪80年代初,沃尔玛配送中心的电子数据交换系统已经逐渐成熟。到了20世纪90年代初,它购买了一颗专用卫星,用来传送公司的数据及其信息。这种以卫星技术为基础的数据交换系统的配送中心,将自己与供应商及各个店面实现了有效连接,沃尔玛总部及配送中心在任何时间都可以知道,每一个商店现在有多少存货,有多少货物正在运输过程中,有多少货物存放在配送中心等;同时还可以了解某种货品上周卖了多少,去年卖了多少,并能够预测将来能卖多少。沃尔玛的供应商也可以利用这个系统直接了解自己昨天、今天、上周、上个月和去年的销售情况,并根据这些信息来安排组织生产,保证产品的市场供应,同时使库存降低到最低限度。

由于沃尔玛采用了这项先进技术,配送成本只占其销售额的3%,其竞争对手的配送成本则占到销售额的5%,仅此一项,沃尔玛每年就可以比竞争对手节省下近8亿美元的商品配送成本。20世纪80年代后期,沃尔玛从下订单到货物到达各个店面需要30天,现在由于采用了这项先进技术,这个时间只需要2~3天,大大提高了物流的速度和效益。

从配送中心的设计上看,沃尔玛的每个配送中心都非常大,平均占地面积大约有11万m²,相当于23个足球场。一个配送中心负责一定区域内多家商场的送货,从配送中心到各家商场的路程一般不会超过一天行程,以保证送货的及时性。配送中心一般不设在城市里,而是在郊区,这样有利于降低用地成本。

沃尔玛的配送中心虽然面积很大,但它只有一层,之所以这样设计,主要是考虑到货物流通的顺畅性。有了这样的设计,沃尔玛就能让产品从一个门进,从另一个门出。如果产品不在同一层就会出现许多障碍,如电梯或其他物体的阻碍,产品流通就无法顺利进行。

沃尔玛配送中心的一端是装货月台,可供30辆卡车同时装货;另一端是卸货月台,可同时停放135辆大卡车。每个配送中心有600~800名员工,24小时连续作业;每天有160辆货车开来卸货,150辆车装好货物开出。

在沃尔玛的配送中心,大多数商品停留的时间不会超过48小时,但某些商品也有一定数量的库存,这些商品包括化妆品、软饮料、尿布等各种日用品,配送中心根据这些商品库存量的多少进行自动补货。到现在,沃尔玛在美国已有30多家配送中心,分别供货给美国18个州的3 000多家商场。

沃尔玛的供应商可以把商品直接送到众多的商店中,也可以把商品集中送到配送中心。两相比较,显然集中送到配送中心可以使供应商节省很多钱。所以在沃尔玛销售的商品中,有87%左右是经过配送中心的,而沃尔玛的竞争对于仅能达到50%的水平。由于配送中心能降低50%左右的物流成本,使得沃尔玛能向顾客提供比其他零售商更廉价的商品,这正是沃尔玛迅速成长的关键所在。

### 读一读

**拓展知识:仓单融资业务介绍**

**一、什么是仓单融资**

仓单融资又称为"仓单质押融资""仓储融资",是指申请人将其拥有完全所有权的货物存放在商业银行指定的仓储公司(以下简称仓储方),并以仓储方出具的仓单在银行进行质押,作为融资担保,银行依据质押仓单向申请人提供用于经营与仓单货物同类商品的专项贸易的短期融资业务。

贷款按照有无担保,一般分为信用贷款和担保贷款,其中担保贷款又分为保证贷款、抵押贷款和质押贷款。一般来说,银行认可的抵押物主要是不动产如房屋、厂房、机器设备等,质押物主要是银行存单、国债等有价证券。尽管生产企业或商业企业的存货也具有一定的价值,理论上也可以进行抵押,但是由于银行难以对存货进行有效的监管,同时缺乏对存货市场价值的评估,银行一般不愿意接受存货抵押借款的方式。这样,对于那些缺乏合适抵押品的企业,尽管其拥有大量的存货,却难以从银行获得贷款支持。大多数中小企业都存在这种尴尬的局面。

仓单融资实质是一种存货抵押融资方式,通过银行、仓储公司和企业的三方协议,引入专业仓储公司在融资过程中发挥监督保管抵押物、对抵押物进行价值评估、担保等作用,实现以企业存货仓单为抵押的融资方式。

仓单融资适用于流通性较高的大宗货物,特别是具有一定国际市场规模的初级产品,如有色金属及原料、黑色金属及原料、煤炭、焦炭、橡胶、纸浆以及大豆、玉米等农产品。任何特制的商品、专业机械设备、纺织服装,家电等产品,一般难以取得银行仓单融资的机会。

目前新加坡等银行及国内外资银行主要是向国外贸易商或国内公司设在境外的窗口公司提供保税货物仓单融资。近年来,国内也有一些外资银行与国内银行合作,以在国内非保税仓库暂时存仓的进出口货物为抵押,向国内企业设在境外的窗口公司提供仓单融资,并最终贷款给国内企业。

**二、仓单融资的主要特点**

(1) 仓单融资与特定的生产贸易活动相联系,是一种自偿性贷款。一般来说,贷款随货物的销售实现而收回,与具有固定期限的流动资金贷款、抵押贷款相比,周期短、安全性高、流动性强。

(2) 适用范围广。仓单融资不但适用于商品流通企业,而且适用于各种生产企业,能够有效地解决企业融资担保难的问题。当企业缺乏合适的固定资产作抵押,又难以找到合适的保证单位提供担保时,就可以利用自有存货的仓单作为质押申请贷款。

(3) 质押物受限制程度低。与固定资产抵押贷款不同,质押仓单项下货物受限制程度较低,货物允许周转,通常可以采取以银行存款置换仓单和以仓单置换仓单两种方式。质押物受限制程度低,对企业经营的影响也较小。

(4) 仓单融资业务要求银行有较高的风险监控能力和较高的操作技能。仓单融资中,抵押货物的管理和控制非常重要,由于银行一般不具有对实物商品的专业管理能力,就需要选择有实力、信誉高的专业仓储公司进行合作。同时,银行需要确认仓单是否是完全的货权凭证、银行在处理仓单时的合法地位、抵押物价值的评估等问题。

### 三、仓单融资的作用

仓单融资是现代生产经济条件下企业物资流动、经营活动与银行融资活动有机融合在一起的、多方得益的一种融资模式。

(1) 对融资企业的作用。通过以存货作抵押,解决了中小企业缺乏固定资产作抵押、担保难的问题,盘活了存货资金,有助于企业获得银行贷款支持;存货资金的盘活,使企业的存货周转速度加快,有助于企业获取采购的主动权,同时能够使企业增加销售客户,扩大市场份额;存货资金的盘活,也就是经营资金的节约,通过与银行的融资活动,能够为后续的融资活动奠定良好的基础。

(2) 对仓储公司的作用。通过与银行的合作协议,提供保管、监管、保证服务,为服务企业获得银行融资提供了保证,从而能够加深仓储公司与服务企业的业务合作关系;通过提供金融服务功能,可以增加仓储公司的客户数量。

(3) 对银行的作用。通过三方合作,解决了存货抵押监管难的问题,通过仓储公司的保管、保证,有助于实现信贷风险控制的目标,扩大业务范围,增加客户规模。质押融资与信用融资相比,有仓储公司负责监管,质押物变现能力强,因此,信贷资金风险较低。而且在贷款收益之外,还可以获得包括结算、汇兑差价等中间业务收入。

通过仓单融资开展金融服务,对于中小企业、银行、第三方仓储公司(或物流公司)都具有重要作用,不仅有助于提高企业的资金使用效率,而且能够有效地解决中小企业担保难、抵押难的贷款问题,提高银行的资源分配效率。

### 四、仓单质押的模式

仓单融资在实践中有多种做法,为了满足企业的需求,便利企业融资和经营,银行也在不断创新,不断在仓单融资模式的基础上拓展新的融资模式。目前,国内外金融机构的仓单融资模式主要有以下四种。

**1. 仓单质押贷款的基本模式**

仓单质押贷款,是制造企业或流通企业把商品存储在仓储公司仓库中,仓储公司向银行开具仓单,银行根据仓单向申请人提供一定比例的贷款,仓储公司代为监管商品。开展仓单质押业务,既解决了借款人流动资金不足的困难,同时通过仓单质押可以降低银行发放贷款的风险,保证贷款安全,还能增加仓储公司的仓库服务功能,增加货源,提高仓储公司的经济效益。

仓单质押贷款的主要流程如图6-5所示。

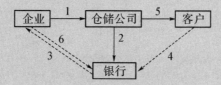

图6-5 仓单质押贷款流程

流程说明:(1)企业向银行提出贷款申请,按照银行要求把货物存放在银行指定的仓储公司;(2)仓储公司向银行提交企业交存货物的仓单,进行质押,承诺将保证货物的完好,并严格按照银行的指令行事;(3)银行向企业发放贷款;(4)企业实现货物的销售,购买方(客户)将货款汇入银行的企业账户;(5)仓储公司根据银行的指令,向购买方移交货物;(6)企业归还银行的贷款本息。

仓单质押贷款实质是存货抵押贷款,由于银行难以有效地监管抵押物,就需要借助第三方仓储公司形成的仓单,以及仓储公司提供的保管、监督、评估作用来实现对企业的融资。在实践中,以仓单质押模式为基础,通过拓展仓储仓单的范围、强化仓储公司担保职能、以未来仓单作质押等,又可以形成异地仓库仓单质押贷款、统一授信担保贷款和保兑仓融资模式。

**2. 异地仓库仓单质押贷款**

异地仓库仓单质押贷款是在仓单质押贷款融资基本模式的基础上,对地理位置的一种拓展。仓储公司根据客户需要,或利用全国的仓储网络,或利用其他仓储公司的仓库,甚至是客户自身的仓库,就近进行质押监管,提供仓单,企业根据仓储公司的仓单向银行申请借款。

异地仓库仓单质押贷款充分考虑客户的需要,可以把需要质押的存货等保管在方便企业生产或销售的仓库中,极大地降低了企业的质押成本。

3. 保兑仓融资模式

保兑仓或称买方信贷,相对于企业仓单质押业务来说,其特点是先票后货,即银行在买方(客户)交纳一定的保证金后开出承兑汇票,收票人为生产企业,生产企业在收到银行承兑汇票后向银行指定的仓库发货,货到仓库后转为仓单质押。在这一模式中,需要生产企业、经销商、仓储公司、银行四方签署"保兑仓"合作协议,经销商根据与生产企业签订的《购销合同》向银行交纳一定比率的保证金,申请开立银行承兑汇票,专项用于向生产企业支付货款,由第三方仓储公司提供承兑担保,经销商以货物对第三方仓储公司提供反担保。银行向生产企业开出承兑汇票后,生产企业向保兑仓交货,此时转为仓单质押。

保兑仓的运作流程如图6-6所示。

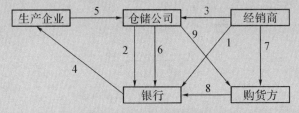

图6-6 保兑仓融资流程

流程说明:(1)经销商向银行提出借款申请,并支付一定的保证金;(2)仓储公司向银行提供承兑担保;(3)经销商向仓储公司提供反担保;(4)银行向生产企业开出银行承兑汇票;(5)生产企业按照汇票要求,向仓储公司交货;(6)仓储公司提货、存仓,并向银行签发仓单;(7)在仓单融资期限内,经销商向购货方销售货物;(8)购货方将货款汇入银行的企业账户,偿还经销商的质押贷款;(9)根据银行指令,仓储公司向购货方移交货物。

4. 统一授信的担保模式

统一授信的担保模式是指银行根据仓储公司的规模、经营业绩、运营现状、资产负债比以及信用程度等,把一定的贷款额度直接授权给仓储公司,再由公司根据客户的条件、需求等进行质押贷款和最终清算。仓储公司向银行提供信用担保,并直接利用信贷额度向相关企业提供灵活的质押贷款,银行则基本上不参与质押贷款项目的具体运作。

统一授信的担保模式有利于企业更加便捷地获得融资,减少原先向银行申请质押贷款时的多个申请环节;同时也有利于银行充分利用仓储公司监管货物的管理经验,通过仓储公司的担保,强化银行对质押贷款全过程监控的能力,更加灵活地开展质押贷款服务,降低贷款风险。

### 五、仓单质押的具体程序

（1）供货商与贸易公司签订购货合同。

（2）贸易公司作为借款人向融资银行缴纳保证金，请求该银行开出信用证。

（3）融资银行开出以供货商为受益人的信用证，并由供货商所在地银行通知信用证。

（4）供货商审证后发货。

（5）供货商将包括提单在内的全套L/C要求的单据交至供货商所在地银行。

（6）供货商所在地银行向开证行即融资银行交单。

（7）融资银行作为开证行在审核单据无误后付款。

（8）供货商所在地银行向供货商划拨款项。

（9）融资银行将代表货物所有权的单据——提单交给物流公司。

（10）物流公司提货、存仓，并签发仓单给融资银行。

（11）在仓单融资期内，贸易公司向境内进口商转售货物。

（12）境内进口商向贸易公司支付货款。

（13）贸易公司用该货款偿还银行贷款。

（14）融资银行向物流公司发出指令，要求放货给贸易公司。

（15）贸易公司结清有关仓储费用。

（16）物流公司向贸易公司放货。

（17）贸易公司向进口商放货。

在这种仓单融资方式下，在融资开始前，融资银行、贸易公司与物流公司签订保税仓库抵押物管理协议，融资银行与贸易公司签订仓单融资协议。

## 任务实施

**看一看**

1. 搜集和阅读有关商品配送的知识。
2. 了解AA公司的商品特性、客户分布及对配送设计的总体要求。

**做一做**

### 设计AA公司货物的配送方案

重点考虑以下几个方面：

（1）配送方式的选取；

（2）配送业务流程的设计；

(3) 配送人员的安排；
(4) 配送设备的配置。

注意事项：单点上最优的仓储方案、最优级的运输方案、最优级的配送方案不等于整体的最优，必须从网络的角度，综合仓储方案、运输方案、配送方案，选择最优级的整体方案。

在客户授权下，从整体网络进行物流配送方案的整体设计。

## 一、物流网点制定

1. 考虑因素

(1) 数量；
(2) 各点的规模；
(3) 位置；
(4) 主要职能进行市内配送，实现高频次周转；
(5) 该点仓租相对便宜，减轻仓租费用的负担。

2. 方案的设计

(1) 在现有的销售网点中，选若干销售量大的点作为该区的物流网点；
(2) 覆盖区域的确定：以该点为中心，满足经济区域配送的范围为该区的区域。

## 二、仓储量与配送频次的调整

在一定的条件下仓储成本与运输成本是相斥的，作为客户的物流总代理需要能纵观全局，用经济预测的方法，做好成本预算和时间预算方案，并选择最佳方案。

### 实践训练

**练一练**

练习1：设计AA公司货物的配送方案（小组完成）。

**赛一赛**

下列选择题，看谁答得快、答得对！

1. 商流与物流相分离的配送模式又可称为　　　　　　　　　　（　　）
   A. 直接配送　　　　　　　　　　B. 间接配送
   C. 代理配送　　　　　　　　　　D. 互补配送

2. 集中性配送网络也存在从配送中心到顾客的运输成本增大的趋势，以下哪一个并非其具体表现　　　　　　　　　　　　　　　　　　　　　（　　）
   A. 库存量的降低　　　　　　　　B. 安全库存降低
   C. 管理费用少　　　　　　　　　D. 运输成本中外向运输成本增大

3. 工业生产资料配送服务的对象都是　　　　　　　　　　　　（　　）

A. 零售店 B. 企业
C. 个人 D. 组织
4. 以下哪个是适合日配式的用户 （　　）
A. 零售店 B. 装配型企业
C. 快递配送企业 D. 制造企业
5. 不适合定时定量配送方式的用户为 （　　）
A. 汽车制造业 B. 日用品制造业
C. 家用电器 D. 机电产品制造业
6. 配送计划中,起补充作用的是 （　　）
A. 配送主计划 B. 每日配送计划
C. 一般配送计划 D. 特殊配送计划
7. 整理配送七要素中人员指的是 （　　）
A. 供应商 B. 生产商
C. 配送业务员 D. 零售人员
8. 通常情况下,配送中心辐射范围为 （　　）
A. 40 km B. 60 km
C. 80 km D. 100 km
9. 下列哪个不可作为配送线路的目标 （　　）
A. 周转率最高 B. 效益最高
C. 准确性最高 D. 劳动消耗最低
10. 在配送系统中,理货是配送的 （　　）
A. 基础环节 B. 重要环节
C. 核心环节 D. 关键环节

# 项目7　仓储经营管理

**学习目标**

**1. 知识目标**：明确库存控制的含义、作用；掌握 ABC 分类管理法，掌握一般库存控制方法，掌握仓储商务活动的内容；熟悉仓储成本的构成和绩效考核的要求。

**2. 能力目标**：能对仓库进行 ABC 分类管理；具备制定仓储业务投标书、仓储商务谈判、合同签订等能力和进行仓储绩效考核的能力。

**3. 素质目标**：培养仓储经营管理的能力。

**工作任务**

1. 对 AA 公司储存货物进行 ABC 分类控制。
2. 从管理运作角度为 AA 公司仓储业务设计仓储管理信息系统。
3. 对 AA 公司仓储业务进行财务预测分析,制定 AA 公司仓储绩效评价指标体系。

## 项目 7.1　库存控制管理

 **任务描述**

任务 1:对 AA 公司储存货物进行 ABC 分类控制。

 **任务分析**

**想一想**

问题 1:什么是库存？库存的意义是什么？
问题 2:学校超市采取的是什么进货方法？

**议一议**

话题 1:为什么说库存是最大的恶魔？
话题 2:什么是零库存？怎样实现零库存？

## 相关知识

### 讲一讲

### 一、库存的含义和类型

（一）库存的含义

库存是指企业在生产经营过程中为销售或者耗用而储备的物品。一般来讲，库存是处于储存状态的物品，但广义的库存还包括处于制造加工状态和运输途中的物品，所以企业的原材料、燃料、低值易耗品、在产品、半成品、产成品等都属于库存范畴。

（二）库存的类型

库存按其作用划分，可分为周转库存、安全库存、转运库存等。

### 二、库存的合理化

库存的合理化就是在满足用户需求的前提下，以最经济的方法和手段，使库存费用、订货费用、缺货损失之和保持在最小的状态。既要处理好订货次数和订货数量之间的效益背反问题，还要处理好用户的需求问题。

### 三、库存控制中的 ABC 分类技术

（一）概述

ABC 分类管理——将库存物品按品种和占用资金的多少分为特别重要的库存（A 类）、一般重要的库存（B 类）和不重要的库存（C 类）三个等级，然后针对不同等级分别进行管理与控制

A 类库存——虽然只占所有品目的 10% 左右，却占出库金额的 70% 左右，是周转率很高的库存品目。

B 类库存——同样占所有库存品目的 20% 左右，却占出库金额的 20% 左右，是周转率普通的库存品目。

C 类库存——虽然占所有库存品目的 70% 左右，出库金额却不足 10% 左右，是周转率很低的库存品目。

综上所述，建立在 ABC 分类基础上的策略包括以下内容：

(1) 花费在购买 A 类存货的资金应大大多于花在 C 类的存货上。

(2) 对 A 类存货的现场控制应更严格；或许是它们应存放于更安全的地方，而且为了保证记录的准确性，更应对它们频繁地进行检验。

(3) 预测 A 类存货应比预测其他类存货更为仔细精心。

因此，利用 ABC 分析法可以保证预测的准确性，现场控制效果更好，并增强供应商的信赖度，减少安全库存数量及库存投资。

例如，当我们根据物品的年耗用金额来进行排队的时候，就会发现少数物品占

用了很大的资金,而大多数物品占用的资金却很少。这个关系可以从表 7-1、表 7-2 中明显地看到。

表 7-1 各种物品的年耗用金额

| 物品编号 | 年耗用金额 | 占全部金额的比重/% |
| --- | --- | --- |
| 22 | 95 000 | 40.7 |
| 68 | 75 000 | 32.1 |
| 27 | 25 000 | 10.7 |
| 03 | 15 000 | 6.4 |
| 82 | 13 000 | 5.6 |
| 54 | 7 500 | 3.2 |
| 36 | 1 500 | 0.6 |
| 19 | 800 | 0.3 |
| 23 | 425 | 0.2 |
| 41 | 225 | 0.1 |
| 合计 | 233 450 | 100.0 |

表 7-2 物品的 ABC 分类

| 类别 | 物品编号 | 年耗用金额 | 占全部金额的比重/% |
| --- | --- | --- | --- |
| A 类 | 22、68 | 170 000 | 72.8 |
| B 类 | 27、03、82 | 53 000 | 22.7 |
| C 类 | 54、36、19、23、41 | 10 450 | 4.5 |

将物品进行 ABC 分类,其目的在于根据分类结果对每类物品采取适宜的控制措施(如图 7-1、表 7-3)。

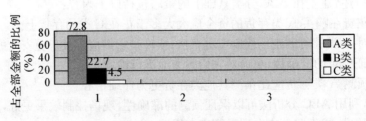

图 7-1 ABC 分类结果

表 7-3　不同类别存货的库存控制策略

| 存货类别 | 库存控制策略 |
| --- | --- |
| A 类 | 严密控制,每月检查一次 |
| B 类 | 一般控制,定期检查一次 |
| C 类 | 自由处理 |

（二）ABC 分类的步骤

ABC 分类可按下述步骤进行：

(1) 将物品按照需求价值从大到小进行排序；

(2) 计算各种物品占用金额的百分比并进行累计（或进行品种百分比累计）；

(3) 按照分类标准,即选择断点进行分类,确定 A、B、C 三类物品。

通过历史数据统计（如表 7-4）,我们得到某仓库一段时期各种物品的需求量,用 ABC 分类法对这些物品进行分类。

表 7-4　需求量历史数据

| 物品编号 | 需求量 | 物品编号 | 需求量 |
| --- | --- | --- | --- |
| 001 | 25 | 006 | 15 |
| 002 | 7 | 007 | 150 |
| 003 | 170 | 008 | 4 |
| 004 | 20 | 009 | 4 |
| 005 | 3 | 010 | 2 |

根据上述步骤,进行 ABC 分类,计算的结果见表 7-5 和图 7-2。在进行 ABC 分类分析时,断点的选择是一项基于明显偏差的随意行为,它对 ABC 分类结果有明显影响。一般我们可以按下列原则选择断点,即某一物品与下一物品之间的需求有很大的不同而呈现分离,这时我们就可以确定断点的所在。

表 7-5　分类计算的结果

| 需求 | 累计需求 | 累计需求占整个需求的百分比/% | 物品的累计数 | 累计物品占整个物品的百分比/% | 分类 |
| --- | --- | --- | --- | --- | --- |
| 170 | 170 | 42.50 | 1 | 10.00 | A 类 |
| 150 | 320 | 80.00 | 2 | 20.00 | A 类 |
| 25 | 345 | 86.25 | 3 | 30.00 | B 类 |
| 20 | 365 | 91.25 | 4 | 40.00 | B 类 |
| 15 | 380 | 95.00 | 5 | 50.00 | B 类 |
| 7 | 387 | 96.75 | 6 | 60.00 | C 类 |

续表 7-5

| 需求 | 累计需求 | 累计需求占整个需求的百分比/% | 物品的累计数 | 累计物品占整个物品的百分比/% | 分类 |
| --- | --- | --- | --- | --- | --- |
| 4 | 391 | 97.75 | 7 | 70.00 | |
| 4 | 395 | 98.75 | 8 | 80.00 | C类 |
| 3 | 398 | 99.50 | 9 | 90.00 | |
| 2 | 400 | 100.00 | 10 | 100.00 | |

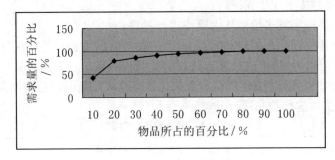

图 7-2　ABC 分析图

ABC 分类的结果并不唯一，分类的目标是把重要的物品与不重要的物品分离开来。尽管年使用量和价值是确定一个存货分类系统时最常用的两个评价指标，但是其他指标也同样可以用来对存货进行分类。

(1) 缺货后果。如果某些存货的供应中断将给其他运作带来严重干扰甚至延误的话，它们应该获得较高的优先级别。

(2) 供应的不确定性。某些存货尽管价值较低，但是供应缺乏规律性或非常不确定，因此也应该得到更多的重视。

(3) 过期或变质的风险。如果存货很容易因过期或变质而失去价值，那么运作经理就必须给予更多的关注和监控。

一些更复杂的存货分类系统则同时使用这些指标，并分别按照各个指标给存货进行 A、B、C 类的划分。例如，一个零件可能被划分为 A/B/A 类，即按照价值划分，属于 A 类；按照缺货后果划分，属于 B 类；按照过时风险划分，属于 A 类。ABC 分析理论上要求分为三类，但在应用中可以根据实际情况分为五类或六类。另外，在进行 ABC 分析时，所选择的分析时间也是非常重要的，应选择能反映真实情况的时间段，通常会以年为分析的时间周期，即时间段。有几点需要说明的情况：

(1) ABC 分析法的优点是减轻而不是加重库存控制，这是因为它没有把重点放在占库存物品大多数的 C 类物品上。

(2) 针对企业的具体情况，可以将存货分为适当的类别，不要求局限于三类。

(3) 对于物流企业经营的物品而言，分类情况并不揭示物品的获利能力。

(4)分类情况不反映物品的需求程度。

因而在进行分类时,要对诸如采购困难、可能发生的偷窃、预测困难、物品的变质或陈旧、仓容需求量的大小和物品在生产和经营上的需求情况等因素加以认真的考虑,做出适当的分类。

### 四、库存成本的构成

要进行库存控制,首先需要了解库存成本的构成以及库存成本的特点。

库存成本主要分为订货成本、保管成本、缺货成本、进货成本与购买成本。订货成本是指从发出订单到收到存货整个过程中所付出的成本,如订单处理成本(包括办公成本和文书成本)、运输费、保险费以及装卸费等。保管成本是指在保管过程中为保管物品而发生的全部费用。缺货成本是指因存货不足而造成的损失。进货成本与购买成本是指在进货途中为进货所花费的全部支出。

这种与订货批量无关的成本称为固定成本,而把那些与订货批量有关的成本称为变动成本。因此,进货成本与购买成本是固定成本,而订货成本、保管成本、缺货成本是可变成本。

### 五、传统的库存控制方法

传统的库存管理是以单个企业为管理对象,确定库存的最佳订货点、订货量、订货方式,在基本满足需要的前提下使库存总成本最小。

#### (一)定量订货法

定量订货法是指当库存量下降到预定的最低库存量(订货点)时,按规定进行订货补充的一种库存控制方法。当库存量下降到订货点时,即按预先确定的订货量发出订单,经过订货期、交货周期,库存量继续下降,到达安全库存量时,收到订货,库存水平回升,原理如图7-3所示。采用定量订货方式必须预先确定订货点和订货量。

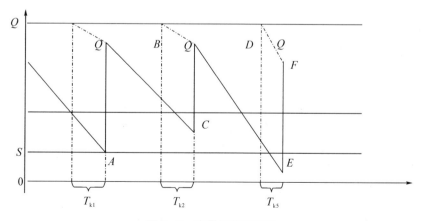

图7-3 定量订货法原理

其中：

$Q$——批量或订货量；

$S$——安全库存；

$T_k$——订货提前期，即从发出订单到货到的时间间隔。

### 1. 订货点的确定

通常订货点的确定主要取决于需求率和订货交货周期这两个因素。在需求为固定、均匀的和订货交货期不变的情况下，订货点由以下公式确定：

$$订货点 = \frac{平均交货期 \times 全年需求量}{365} + 安全库存量$$

在需求是固定、均匀的和订货交货期不变的情况下，不需要设安全库存时，订货点由以下公式确定：

$$订货点 = \frac{平均交货期 \times 全年需求量}{365}$$

但在实际工作中，常常会遇到各种波动的情况，如需求发生变化，交货期因某种原因而延长等，这时就必须要设置安全库存量，订货点则应用公式(1)来确定。

### 2. 基本经济订货批量 EOQ 的确定

订货批量 $Q$ 通常依据经济批量 $EOQ$ 的方法来确定，即总库存成本最小时的每次订货数量。通常，年总库存成本的计算公式为：

$$年总库存成本 = 购进成本 + 订货成本 + 保管成本$$

即

$$TC = D \cdot P + \frac{D \cdot C}{Q} + \frac{Q \cdot H}{2}$$

其中：

$TC$——年总成本；

$D$——年需求总量；

$P$——单位物品的购入成本；

$C$——每次订货成本；

$H$——单位物品年储存成本（$H = P \cdot F$，$F$ 为年仓储保管费用率）；

$Q$——批量或订货量；

$Q/2$——年平均库存量。

经济订货批量 $EOQ$ 的确定公式：

$$EOQ = \sqrt{\frac{2C \cdot D}{H}} = \sqrt{\frac{2C \cdot D}{P \cdot F}}$$

**例1**：某公司根据计划每年需要采购零件30 000个。甲零件的单位购买价格是20元,每次订购的成本是240元,每个零件每年的仓储保管成本为10元。要求计算:甲零件的经济订货批量、最低年总库存成本、每年的订货次数及平均订货间隔周期。

解： $EOQ = \sqrt{\dfrac{2C \cdot D}{H}} = \sqrt{\dfrac{2 \times 240 \times 30\,000}{10}} = 1\,200(\text{个})$

每年的总库存成本 $TC = D \cdot P + \dfrac{D \cdot C}{Q} + \dfrac{Q \cdot H}{2}$

$\qquad\qquad = 30\,000 \times 20 + \dfrac{240 \times 30\,000}{1\,200} + \dfrac{1\,200 \times 10}{2}$

$\qquad\qquad = 612\,000(\text{元})$

每年的订货次数 $N = \dfrac{D}{Q} = \dfrac{30\,000}{1\,200} = 25(\text{次})$

平均订货间隔周期 $T = \dfrac{360}{25} \approx 14(\text{天})$

### (二) 定期订货法

所谓定期订货控制法,是指根据预先确定的订货间隔期按期订购物品,以补充库存的一种库存控制方法。通俗地说每隔一个订货周期,就要检查库存,发出订货单,每次订货量的大小都使得订货后的名义库存量达到最高库存量(如图7-4)。

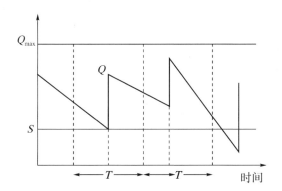

$Q$—批量或订货量;$T$—周转期;$S$—安全库存。

**图7-4　定期订货法原理**

定期订货控制方法中订货量的确定方法:

订货量=最高库存量-现有库存量-订货未到量+顾客延迟购买量

**1. 订货周期的确定**

定期订货法中,订货周期决定了订货时机,它也就是定期订货法的订货点。订货周期,就是订货间隔周期。定量订货法的订货间隔期之间可能不等,而定期订货法的订货间隔期都相等。订货间隔期的长短,直接决定了最高库存量的大小,也就是决定了仓库的库存水平的高低,因而决定了库存费用的大小。所以订货周期不能太长,太长了,就会使库存水平过高;也不能太短,太短了,订货批次太多,增加了订货费用。

在一般情况下,可以用经济订货周期作为定期订货法的订货周期。实际上,订货周期也可以根据具体情况进行调整。例如:根据自然日历习惯,按月、季、年订货;也可以根据企业的生产周期或供应周期等来确定订货周期。

2. 最高库存量的确定

定期订货法的最高库存量应该以满足订货间隔期和订货提前期的需求量为依据。也就是说,最高库存量等于订货间隔期和订货提前期的总需求量。

3. 订货量的确定

定期订货法没有固定不变的订货量,每个周期订货量的大小等于该周期的最高库存量与实际库存量的差值。这里所谓的"实际库存量",是指检查库存时仓库实际具有的能够用于销售供应的全部物品的数量。

4. 定期订货法的应用

(1) 定期订货法直接运用于单一品种的订货,但是稍加处理,也可以用于几个品种的联合订货。

(2) 定期订货法不但适用于随机型需求,也适用于确定型需求。对于不同的需求类型,可以导出具体的运用形式,但它们的应用原理都是相同的。

(3) 定期订货法适用于品种数量大、占用资金较少的C类库存和B类库存。

## 六、现代库存管理方法

随着客户需求的变化、生产方式的变革以及计算机技术的发展和应用,一些现代库存管理方法相继被运用,这些方法包括物料需求计划(MRP)、准时制生产(JIT)与库存管理和供应商管理库存(VMI)等。

**比一比**

**案例:神州摩托的库存控制**

**一、概况**

神州摩托是一家批发和零售各种型号摩托车、自行车及其零配件的专营商店,每年销售各种类型摩托车约7 000辆,自行车约30 000辆,年销售额近5 000万元。过去几年产品畅销,商店效益好,但是管理比较粗放,主要靠经验管理。由于商店所在地离生产厂家距离较远,前几年铁路运输比较紧张,为避免缺货,神州商店经常保持较高的库存量。近两年来,经营同类业务的商店增加,市场竞争十分激烈。

神州摩托经销部新聘任徐先生担任主管,徐先生具有大学本科管理专业学历,又有几年在百货商店实际工作的经验。他上任以后,就着手了解情况,寻求提高经济效益的途径。摩托车自行车采购的具体方式是:参加生产厂家每年一次的订货会议,签订下年度的订货合同,然后按期到生产厂家办理提货手续,组织进货。徐先生认为摩托车经营部应当按照库存控制理论,在保证市场供应的前提下,尽量降低库存,是提高经济效益的主要途径。

### 二、经济订购批量的计算

神州摩托销售不同型号的摩托车,徐先生首先选择XH公司生产的产品,计算其经济订购批量。

**已知条件**

徐先生为了计算XH公司供应的摩托车的经济批量,收集了如下数据:

1. 每年对XH公司生产的摩托车需用量为3 000辆,平均每辆价格为4 000元。

2. 采购成本。主要包括采购人员处理一笔采购业务的车旅费、住勤费、通信等费用。以往采购人员到XH公司出差,乘飞机住宾馆、坐出租车,一次采购平均用16至24天,采购员各项支出每人平均为6 700元,每次订货去两名采购员,采购成本为$6\ 700 \times 2 = 13\ 400$(元/次)。

3. 每辆摩托车的年保存费用。

(1) 所占用资金的机会成本。每辆摩托车平均价格为4 000元,银行贷款利率年息为6%。

所占用资金的机会成本$=4\ 000 \times 6\% = 240$(元)

(2) 房屋成本(仓库房租及折旧、库房维修、库房房屋保险费用等平均每辆摩托车分担的成本)。商店租用一仓库,年租金52 000元。仓库最高库存量为700辆,最低时不足100辆,平均约为400辆,因此,每辆车年房屋成本可取为130元/辆·年。

(3) 仓库设施折旧费和操作费。吊车、卡车折旧和操作费平均10元/辆·年。

(4) 存货的损坏、丢失、保险费用平均20元/辆·年。

以上各项合计年保存费用为:

$240 + 130 + 10 + 20 = 400$(元/辆·年)

**计算**

徐先生将以上数据代入经济订购批量计算公式,计算出经济订购批量以及订购间隔期、订购点、年库存维持成本等。

1. 经济订购批量$=\sqrt{2 \times 3\ 000 \times 13\ 400 / 400} = 448$(辆)

2. 每年订购次数$=3\ 000 / 448 = 7$(次)

3. 订购间隔期。神州商店每周营业7天,除春节放假5天外,其他节假日都不停业。年营业日为360日,订购间隔可用下面公式算出。

订购间隔期＝360/7＝52（天）

若采用定期订购方式，订购间隔为52天，即每隔52天订购一次。

4. 订购点。若采用定量订购方式，则要计算出订购点。徐先生为计算订购点量，需要订货提前期的有关数据，他了解到订货提前期由下表所示的几个部分组成。

表　订购提前期的组成

| 采购准备期 | 与供应商谈判时间 | 供应商提前期 | 到货验收期 |
| --- | --- | --- | --- |
| 4 | 4 | 15 | 2 |

订货提前期指与供应商谈判结束到摩托车到商店仓库所需的时间。由上表可算出，订购提前期为25天。

若安全库存为40辆，可用下式算出订购点。

订购点＝（25×3 000÷360）＋40＝250（辆）

5. 年库存维持费用。年库存维持费用等于年订购成本与年保存费用之和，即：

年库存维持费用＝7×13 400＋（448/2＋40）×400＝93 800＋105 600＝199 400（元/年）

经过上面的数据收集、分析与计算，徐先生对库存各种费用的大体情况，以及在哪些方面可以采取措施来降低费用有了一个初步的认识。

## 读一读

### 拓展知识：如何降低库存

企业总是不断地寻求降低库存的方法。这里仅从库存作用的角度出发，讨论降低库存的基本策略和具体措施。如表7-6所示，基本策略是指降低该种库存所必须采取的行动，具体措施是指如何降低由于采取基本策略可能带来的成本增加，以及如何减少对该种库存的需求。

表7-6　降低库存的策略

| 库存类型 | 基本策略 | 具体措施 |
| --- | --- | --- |
| 周转库存 | 减小批量 | 降低订货费用<br>缩短作业交换时间<br>利用"相似性"增大生产批量 |
| 安全库存 | 订货时间尽量接近需求时间<br>订货量尽量接近需求量 | 改善需求预测工作<br>缩短生产周期和订货周期<br>减少供应的不稳定性<br>增加设备和人员的柔性 |

续表 7-6

| 库存类型 | 基本策略 | 具体措施 |
|---|---|---|
| 调节库存 | 使生产速度与需求变化吻合 | 尽量"拉平"需求波动 |
| 在途库存 | 缩短生产—配送周期 | 标准品库存且慎重选择供应商与运输商减小批量 $Q$ |

(1) 周转库存。由于平均周转库存等于 $Q/2$，所以降低周转库存的基本策略很简单，即减小批量 $Q$。

现在有一些日本企业可以做到周转库存只相当于几个小时的需求量，而对于大多数企业来说，至少是几周，甚至几个月。但是，单纯地减小 $Q$ 而不在其他方面做相应的变化将很有风险，有可能带来严重的后果，例如订货成本或作业交换成本可能急剧上升，因此，必须再采取一些具体措施，寻找使订货成本或作业交换成本降低的办法。在这方面，日本企业有很多成功的经验，利用一人多机、成组技术或柔性制造技术等。

(2) 安全库存。如前所述，安全库存是为了防止意外情况的发生而比需要的时间提前订货或订货量大于需求量。降低这种库存所必须采取的行动也很显然：订货时间尽量接近需求时间，订货量尽量接近需求量。但是与此同时，由于意外情况发生而导致供应中断、生产中断的危险也随之加大，从而影响到为顾客服务，除非有可能使需求的不确定性和供应的不确定性消除，或减到最小限度。这样，至少有4种具体措施可以考虑使用：①改善需求预测。预测越准，意外需求发生的可能性就越小。还可以采取一些方法鼓励用户提前订货。②缩短订货周期与生产周期，这一周期越短，在该期间内发生意外的可能性也越小。③减少供应的不稳定性。方法之一是让供应商知道你的生产计划，以便他们能够尽早做出安排。另一途径是改善现场管理、减少废品或返修品的数量，从而减少由于这种原因造成的不能按时按量供应。还有一种途径是加强设备的预防维修，以减少由于设备故障而引发的供应中断或延迟。④增加设备、人员的柔性。这可以通过生产运作能力的缓冲、培养多面手人员等方法来实现。这种方法更多地用于非制造业，因为对于非制造业来说，服务无法预先储存。

(3) 调节库存。降低库存的基本策略是尽量使生产速度与需求变化相吻合，但这是一件说起来容易、做起来难的事情。一种思路是想办法把需求波动尽量"拉平"，针对性地开发新产品，使不同产品之间的需求"峰""谷"错开，相互补偿；又如在需求淡季通过价格折扣等促销活动转移需求。

(4) 在途库存。影响在途库存的变量有两个：需求和生产—配送周期。由于企业难以控制需求，因此，降低这种库存的基本策略是缩短生产—配送周期。可采取的具体措施，一是前面所述的标准品库存前置，二是选择更可靠的供应商和运输商，以尽量缩短不同存放地点之间的运转和存储时间。还

可利用计算机管理信息系统来减少信息传递上的延误,以及由此引起的在途时间的增加。此外,还可以通过减小批量 $Q$ 来降低在途库存,因为 $Q$ 越小,生产周期越短。

从上面可以看出,这四种库存的不同降低策略实际上是相互关联、相互作用的。因此,在实际的库存管理中需要全盘统筹,综合考虑。

 **任务实施**

看一看

1. 查询前面 AA 公司业务量及货物种类。
2. 对仓储费用、运输费用作一定的假设。

做一做

对 AA 公司储存商品的分类控制,可以根据前面假设的产品类别与数量,列成产品种类表,然后根据知识要点中的步骤进行计算。

对 AA 公司的库存控制,可以事先对需求量、产品的单位仓储成本及运输成本进行假设,然后根据 EOQ 计算订货批量。

订货点可以根据事先假设的安全库存及订货周期来计算。

 **实践训练**

练一练

练习1:对 AA 公司储存商品采用 ABC 分类法进行分类(小组完成)。

赛一赛

竞赛1:比比哪个小组的储存商品分类更准确。

# 项目 7.2　仓储商务管理

 **任务描述**

任务1:制定一份仓储合同。
任务2:制定 AA 公司客户服务方案。

 **任务分析**

想一想

问题1:仓储商务管理应包括哪些部分?

**议一议**

话题1：订立仓储合同应注意哪些关键问题？

**相关知识**

**讲一讲**

## 一、仓储商务的含义与作用

仓储商务是指仓储经营人利用所具有的仓储保管能力向社会提供仓储保管产品和获得经济收益所进行的交换行为。仓储商务是仓储企业对外的基于仓储经营而进行的经济交换活动，是一种商业性的行为，因而说仓储商务发生在公共仓储和营业仓储之中，企业自营仓储则不发生仓储商务。仓储商务活动的内容主要有：仓储商情调查和发现商业机会；市场分析和选择商业机会；商务磋商和签订商业合同；合同履行的协调；争议处理和风险控制；企业形象塑造；制定竞争战略和发展市场；保持企业可持续发展。

## 二、仓储商务的内容与过程

（一）市场调查和市场宣传

市场调查不仅是企业经营决策的依据，也是仓储企业经营过程中长期的日常工作。商务部门需要不断进行市场调查和发现商业机会，搜寻商机，以便建立商业关系。商务市场调查主要针对市场的供求关系、消费者对产品需求的变化，以及将来的发展，进行准确调查和科学预测，以便企业进行经营决策和产品设计、商务宣传的有效开展。

市场宣传是企业建立企业形象的一种手段，也是企业获得商业机会的手段之一。商务部门应合理和充分利用企业有限的资源，采取针对性的有效措施，对潜在性客户和竞争性客户进行有效宣传和推广，促进业务关系的建立。市场宣传可以采用广告宣传、企业联系、宣传推广、人员促销等方法进行。

（二）积极营销和妥善选择商机

营销也称为市场营销，是从市场需要出发，进行构思、设计、定价、促销和分销的规划和实施过程。其核心是交换，实现双方互利的交换。仓储企业按照市场对产出产品的需求，设计仓储方案并向社会推广，实现交易就是仓储营销管理的目的。积极营销就是要细致地开展市场、产品分析，准确地选择目标市场和产品定位，合理地确定营销组合，严格管理营销的活动过程。

仓储推销的方式同样可以采用人员推销和非人员推销的方式。人员推销是选择合适的员工采取上门推销、柜台推销、会议推销等方式进行面对面的推销；非人员推销则是采用广告、营业推广、公共宣传等方式使产品被社会接受。

在获得商机之后，仓储企业应根据企业的经营目标和客户的资信选择合适的对象开展交易。

### (三) 商务谈判

商务谈判是企业进行商务活动的必要环节,但由于买卖双方市场势力的不同,在商务活动过程中,企业之间对交易条件的影响并不是均衡的。一般来说,在买方市场环境中,买方会有更多的主动权。因此,对于处于卖方条件下的仓储企业,更应该充分重视交易过程中的谈判环节,通过商务谈判来确定相关服务细节与价格标准,富有技巧的谈判要求充分挖掘自身卖点,并清楚洞察对方的目标,这不但关系利润的争取,有时还会影响交易的成败。

### (四) 订立仓储合同

合同是市场经济主体之间期望发生民事关系的手段。通过订立合同,两个独立的经济主体发生了债权债务关系。需要仓储服务的存货人与经营仓储的保管人通过订立仓储合同发生了货物保管和被保管的经济关系,并通过仓储合同调整双方关于仓储的权利和义务。仓储合同经过双方要约和承诺的过程,当双方意见一致时合同成立。

由于物质仓储往往需要较长的时间,还可能需要对仓储物进行加工处理、分拆等作业,进行流通管理。为了保证保管人严格按照存货人的要求进行处理,避免时间久远遗忘而出现争议,以及涉及仓单持有人的第三方关系,因而仓储合同需要订立较为完备的条约,需要合同条款细致、内容充分。由于仓储保管是双务行为,需要较为完整的合同订立程序,明确的合同成立表示,以及完整的合同形式。

### (五) 客户关系管理

客户关系管理也是仓储商务管理的重要内容。良好的客户关系管理可以有效地维系企业与客户之间的关系,减少客户流失,并节约重复交易费用。对于仓储企业来说,进行客户关系管理可以借助于信息系统,对客户资源进行收集、整理与挖掘,了解客户主要诉求以及需求规律,以期更好地为客户提供服务。另外,还要对客户的建议与抱怨给予充分重视并进行及时处理。

## 三、仓储业务的招投标管理

随着经济的发展,交易方式也出现了不同的变迁,其中招标已经成为很多企业,特别是大企业寻找业务、设备或项目的主要方式之一。现代仓储企业要想寻求与规模企业合作,承揽其仓储业务,必须要对招标这一方式进行研究,熟悉投标书的基本制作方法,掌握一定的投标技巧。

### (一) 招标投标的含义

招标投标,是在市场经济条件下进行大宗货物的买卖、工程建设项目的发包与承包,以及服务项目的采购与提供时,所采用的一种交易方式。在这种交易方式下,通常是由项目的采购方(包括货物的购买、工程的发包和服务的采购)作为招标方,通过发布招标公告或者向一定数量的特定供应商、承包商发出招标邀请等方式发出招标采购的信息,提出所需采购的项目的性质及其数量、质量、技术要求,交货期、竣工期或提供服务的时间,以及其他供应商、承包商的资格要求等招标采购条件,表明将选择最能够满足采购要求的供应商、承包商与之签订采购合同的意向,由各有意提供采购所需货物、工程或服务的报价及其他响应招标要求的条件,参加投标竞争。经招标方对各投标者的报价及其他条件进行审查比较后,从中择优选定中标者,并与其签订采购合同。

招标投标的交易方式,是市场经济的产物,采用这种交易方式,须具备两个基本条件。一是要有能够开展公平竞争的市场经济运行机制。在计划经济条件下,产品购销和工程建设任务都按照指令性计划统一安排,没有必要也不可能采用招标投标的交易方式。二是必须存在招标采购项目的买方市场,对采购项目能够形成卖方多家竞争的局面,买方才能够居于主导地位,有条件以招标方式从多家竞争者中择优选择中标者。在卖方市场条件下,许多商品供不应求,买方没有选择卖方的余地,卖方也没有必要通过竞争来出售自己的产品,也就不可能产生招标投标的交易方式。

(二)《中华人民共和国招标投标法》对投标内容的规定

为了规范招标投标活动,保护国家利益、社会公共利益和招标投标活动当事人的合法权益,提高经济效益,保证项目质量,我国于 2000 年 1 月 1 日起施行《中华人民共和国招标投标法》,并于 2017 年 12 月 27 日进行了修正,其中第三章专门对投标行为作了约束与规定。

第二十五条　投标人是响应招标、参加投标竞争的法人或者其他组织。

依法招标的科研项目允许个人参加投标的,投标的个人适用本法有关投标人的规定。

第二十六条　投标人应当具备承担招标项目的能力;国家有关规定对投标人资格条件或者招标文件对投标人资格条件有规定的,投标人应当具备规定的资格条件。

第二十七条　投标人应当按照招标文件的要求编制投标文件。投标文件应当对招标文件提出的实质性要求和条件作出响应。

招标项目属于建设施工的,投标文件的内容应当包括拟派出的项目负责人与主要技术人员的简历、业绩和拟用于完成招标项目的机械设备等。

第二十八条　投标人应当在招标文件要求提交投标文件的截止时间前,将投标文件送达投标地点。招标人收到投标文件后,应当签收保存,不得开启。投标人少于三个的,招标人应当依照本法重新招标。

在招标文件要求提交投标文件的截止时间后送达的投标文件,招标人应当拒收。

第二十九条　投标人在招标文件要求提交投标文件的截止时间前,可以补充、修改或者撤回已提交的投标文件,并书面通知招标人。补充、修改的内容为投标文件的组成部分。

第三十条　投标人根据招标文件载明的项目实际情况,拟在中标后将中标项目的部分非主体、非关键性工作进行分包的,应当在投标文件中载明。

第三十一条　两个以上法人或者其他组织可以组成一个联合体,以一个投标人的身份共同投标。

联合体各方均应当具备承担招标项目的相应能力;国家有关规定或者招标文件对投标人资格条件有规定的,联合体各方均应当具备规定的相应资格条件。由同一专业的单位组成的联合体,按照资质等级较低的单位确定资质等级。

联合体各方应当签订共同投标协议,明确约定各方拟承担的工作和责任,并将共同投标协议连同投标文件一并提交招标人。联合体中标的,联合体各方应当共同与招标人签订合同,就中标项目向招标人承担连带责任。

招标人不得强制投标人组成联合体共同投标,不得限制投标人之间的竞争。

**第三十二条** 投标人不得相互串通投标报价,不得排挤其他投标人的公平竞争,损害招标人或者其他投标人的合法权益。

投标人不得与招标人串通投标,损害国家利益、社会公共利益或者他人的合法权益。

禁止投标人以向招标人或者评标委员会成员行贿的手段谋取中标。

**第三十三条** 投标人不得以低于成本的报价竞标,也不得以他人名义投标或者以其他方式弄虚作假,骗取中标。

### (三)仓储业务投标书的内容

投标书的内容与格式,是由招标方决定的,没有统一的格式。对于仓储业务投标书而言,往往包含以下内容。

(1) 公司的资质。如公司的营业执照等,表明公司具有一定的资质,符合招标方对企业的要求。

(2) 公司情况简介。主要包括公司的资产状况,组织结构,人员构成,公司硬件设施,如车辆、仓库信息等,仓储网络,公司的信息系统建设等。

(3) 业务流程。主要包括收货、理货、入库、仓储保管、补货、分拣、流通加工、配送等流程。

(4) 公司仓库状况。因为仓库是仓储业务的载体,所以为了说明公司能够提供满意的仓储服务,一般都要对自己的仓储网点以及仓库布局、设备等进行介绍。

(5) 仓储保管方案设计。针对招标方的业务要求,对仓储保管方案进行设计,这是整个投标书的重点内容之一,要尽量按照招标方的需求进行设计。

(6) 保证与支持系统。为了较好地实现招标方的业务需求,仓储企业在保管方案设计外还应提供保证与支持系统,如制度的建设、专门组织的成立、资产的购置等内容。

(7) 收费方案。

(8) 公司的成功案例。成功的案例可以从侧面表明仓储企业的能力。

### (四)仓储企业的投标策略

**1. 重视投标书的制作,尽量规范**

仓储企业在制作标书时,首先要对投标的整个过程充分重视,使标书尽量规范。规范的标书不仅显示了企业的专业化,更重要的是向招标方传递企业非常重视这一业务的信息。

**2. 洞察招标方需求,突出自身优势**

俗话说"知己知彼,百战不殆",在投标的过程中,仓储企业一定要进行充分调研,了解招标方的核心关注点,如对方是对价格感兴趣,还是更在乎服务,或者是对安全更加看重等。了解了对方的核心需求,就可以根据自身情况进行有针对性的投标,突出自身优势。

3. 尽量了解竞争对手的情况

中标与否,是仓储企业与竞争对手的较量。仓储企业在投标的过程中要充分利用正当途径收集竞争对手的信息,使企业在众多的投标者中脱颖而出。

4. 考虑联合竞标

招标投标法规定,可以采取联合竞标。对于要求较高的业务,如果仓储企业单凭自身资源难以实现的,也不要轻易放过获取客户的机会,可以考虑与互补企业进行联合竞标。

5. 遵守国家法律

仓储企业在投标竞标的过程中,要遵守国家的相关法律。

## 四、仓储合同

(一)仓储合同的定义及特征

1. 仓储合同的定义

仓储合同,又称仓储保管合同,是保管人储存存货人交付的仓储物,存货人支付仓储费的合同。仓储业是转为他人储藏、保管物品的商业营业活动,是现代化大生产和国际、国内商品物品流转中一个不可或缺的环节。

2. 仓储合同的特征

(1)保管人必须是拥有仓储设备并从事仓储保管业务的人。

(2)仓储合同为有偿合同。

(3)仓储合同是诺成合同,即双方当事人意思表示一致就可成立、生效的合同。

(4)仓储合同为非要式合同,既可以采用书面形式,又可以采用口头形式。无论采用何种形式,只要符合合同法中关于合同成立的要求,合同即告成立,而无须以交付仓储物为合同成立的要件。

(二)仓储合同的条款

仓储合同为非要式合同,没有严格的条款规定,当事人根据需要商定合同事项,且由双方协议采用合同的形式。仓储合同的条款有:当事人条款、仓储物条款、仓储条款、价款、当事人的权利和义务、违约责任和争议处理条款。具体包括:

(1)存货人、保管人的名称、地址。合同当事人是履行合同的主体,需要承担合同责任,需要采用完整的企业注册名称和登记地址,或者主办单位地址。主体为个人的,须明示个人的姓名和户籍地或常驻地(临时户籍地)。有必要时可在合同中增加通知人,但通知人不是合同当事人,仅仅履行通知当事人的义务。

(2)仓储物的品种、数量、质量、包装、件数和标记。仓储物必须是动产,需存放到仓储地进行保管并进行交接,因而需要明确地将仓储物特定化或者特定种类化。仓储物的品种需采用完整的商品名称或种类名称进行表达;数量采用公用的计量方法确定并达到最高的精度,用最小的独立封装单元确定件数,如箱装货物以

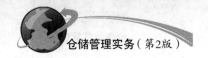

封口的外包装为单位,或者以最小的组成为单位,如成捆的管材可用具体管材根数表达;商品的质量可以仅用外包装可见质量或者商品本身的质量,标准可以采用国家标准、行业标准或者约定的标准来表达,必要时可采用以通过商品检验的质量报告为准的方式;标记应采用标注在外包装上的标记,或者拴挂的标签标记。

(3) 交接时间和地点、验收方法。交接时间显然确定了仓储物入库时间,保管人须在此时准备好货位才能进行交接。交接地点表明了运送货物入库的责任承担人,但还需要明确卸车搬运的承担人。合同中还需要明确交接理货方法以及验收的内容、标准、时间和方式。验收内容与质量标准具有较强的相关性,往往就是针对质量标准进行验收。约定了验收标准的,保管人仅对验收事项负责。如约定仅对仓储物的外包装进行验收,返还仓储物时对于外包装的损坏由保管人承担责任,而对内容物不承担责任,除非是可证明为保管不当造成的损害。

(4) 仓储物的损耗标准。仓储物在经过长期存放和多次作业后,由于挥发、散失、扬尘、氧化、计量方法不同等原因而造成耗损减量,对于这类减量保管人很难承担责任,因而采用协议免责的方法处理,也就是在合同中订立合理耗损条款,双方约定不追究对方责任的数量减少标准,包括重量或者件数的减量。商品损耗标准可以采用国家标准或者行业标准,也可以由双方合理约定,有约定标准的则适用约定的标准。

(5) 储存场所。双方要约定仓储物存放的仓库地理位置、存放的仓库或货场。根据仓储物的特性,储存场所可以约定得较为笼统或者极为具体明确。对于特殊商品,必要时要明确保管条件和保管方法。储存场所不仅表达了保管人的保管条件和存货人的保管要求,还确定了运输便利程度和出入库的运输成本。

(6) 储存期限。双方约定的仓储物的储存时间,可以采用期限表示,如储存3个月,自货物入库起算;或者以日期的方式表示,如9月10日至12月10日;或者不约定具体的存放期限,但约定到期方式的确定方法,如提前一个月通知等。储存期间是保管人计收仓储费的基础,承担责任的期间,也是库容使用计划安排的依据。若不能遵守储存期间条款,保管人有权要求存货人承担违约责任。

(7) 仓储费。双方要确定仓储费的费率、计算方法、支付方法和时间的条款。仓储费有预付、定期支付、结算等支付方式。合同法规定当事人没有约定支付时间的,采用交付仓储物时支付。当事人未约定仓储费的,保管人仍可对提供的劳务要求存货人支付报酬。

(8) 仓储物的保险约定。仓储物必须进行保险。若保管人已对仓储物进行了保险,必须告知保管人所投保的保险人、保险金额、保险期间。未保险的可以委托保管人进行投保,但仍然由存货人承担保险费。

(9) 违约责任。合同应约定存货人未交付货物、未在约定时间交付仓储物的违约责任;保管人不能接受仓储物或者不能在约定的时间接受仓储物的违约责任;存货人未在约定时间提取仓储物的超期费用;仓储物在仓储期间造成保管人或者其他损害的赔偿;违约金的标准;补救措施等出现违约时的处理方法。违约金是违约责任的主要承担方式,但必须在合同中明确,包括各种违约项目及违约金数额标准或者计算方法、支付方式等。

（10）合同变更解除的条件。合同的订立和履行是合同双方期望发生的结果。但因为客观原因发生重大变化或者双方利益的需要，原合同的继续履行可能对双方都不利，可以采用合同变更或解除的方法防止不利局面发生。当事人在订立合同时就确定发生不利履行合同时的不利的具体条件和变更或者解除合同的处理方法，即合同变更和解除条款。

（11）争议处理。这是有关合同争议的诉讼或者仲裁的约定，包括仲裁地点、仲裁机构，或者合同中选择的诉讼地点。

（12）合同签署。合同签署是合同当事人对合同协商一致的表示，合同成立的表征。作为诺成合同，也就意味着合同开始生效。签署合同由企业法人代表、代表人签名，注明签署时间，法人或者组织还需要盖合同专用章。个人签订合同时只需签署个人完整姓名。

（三）仓单

1. 仓单的概念和作用

仓单是保管人在接受仓储物后签发的表明一定数量的保管物已经交付仓储保管的法律文书。保管人签发仓单，表明已接受仓储物，并已承担对仓储物的保管责任以及保证将向仓单持有人交付仓储物。签发仓单是仓储保管人的法律义务，根据《合同法》规定："存货人交付仓储物时，保管人应当给付仓单。"

仓单的作用表现在：签发仓单表明保管人已接受了仓单上所记载的仓储物；仓单是仓储保管人凭以返还保管物的凭证；仓单是确定保管人和仓单持有人、提货人责任和义务的依据；同时，仓单还是仓储合同的证明。

2. 仓单的功能

（1）保管人承担责任的证明。仓单的签发意味着仓储保管人接管仓储物，对仓储物承担保管责任，保证在仓储期满向仓单持有人交还仓单上所记载的仓储物，并对仓储物在仓储期间发生的损害或灭失承担赔偿责任。

（2）物权证明。仓单作为提货的凭证，意味着合法获得仓单的仓单持有人具有该仓单上所记载的仓储物的所有权。持有仓单就意味着具有仓储物当然的所有权，但这种所有权是一种确定的物权，只表示占有该仓单上所描述的具体"物"，并不意味着固定的价值。这种物权会因为不可抗力、自然损耗等保管人免责的原因而灭失，还会因为保管到期产生超期费以及保管人进行提存的风险，或者由于仓储物的原因造成保管人、其他财产损失的赔偿风险。

仓单持有人因持有仓单所获得的仓储物所有权，仅仅是仓单所明示的物权，并不当然获得存货人与保管人所订立仓储合同中的权利，只有这些权利在仓单中列明时才由仓单持有人承受。相应地，保管人也不能采用未在仓单上明示的仓储合同的约定条款对抗仓单持有人，除非仓单持有人与存货人为同一人。

（3）物权交易。仓储物交给仓储保管人保管后，保管人占有仓储物，但是仓储物的所有权仍然属于存货人，存货人有权依法对仓储物进行处理，可以转让仓储物，这是存货人行使所有权的权利。但在保管人签发仓单的情形下，存货人和保管人达成了凭仓单提货的契约,保管人可以拒绝仓单持有人之外的其他人行使提货权,因而存货人要进行存储物转让就必须将仓单转让。另一方面,存货人在获得仓单后需要转让仓储物时,如果要通过取出仓储物进行实物交割,显然极为繁琐,又不经济。为了便利转让和节省交易费用,存货人通过直接转让仓单的方式转让仓储物,由受让人凭仓单提货。通过仓单转让即可以实现仓储物所有权的转让交易,又不涉及仓储物的保管和交接,是一种简便和经济的方法。仓单转让机制的基础在于仓储保管人对于仓储物的理货验收、对仓储物的完整性承担责任,以及对所签发仓单的提货保证。

①仓单的背书转让。由于仓单大都为记名证券,仓单的转让必须采用背书转让的方式进行。由出让人进行背书,并注明受让人的名称,保持仓单的记名性质。

②仓单转让须经保管人签署。仓单通过背书转让,仓储物的所有权发生了转移,被背书人成为仓单持有人。这也就意味着原先同保管人订立仓储合同的存货人将凭仓单提取货物的合同权利转让给了其他人,保管人将向第三人履行仓储合同义务。《合同法》规定债权人转让权利的,应当通知债务人;同时还规定债务人转让义务的,应当经债权人同意。仓单的转让可能仅涉及存货人债权的转让,也可能存在受让人支付仓储费等债务的转让,因而仓单转让就需要保管人的认可,经保管人签字或者盖章,仓单受让人才能获得提取仓储物的权利。

(4) 金融工具。由于仓单所具有的物权功能,仓单也代表着仓储物的价值,成为有价证券。因其所代表的价值可以作为一定价值的担保,因而仓单可以作为抵押、质押、财产保证的金融工具和其他信用保证。在期货交易市场上,仓单交易是交易的最核心的部分。

**比一比**

### 案例:保管合同案例

甲公司在乙公司存储 160 t 布袋装面粉,甲公司提取面粉时,发现面粉已经受潮,遂要求乙公司赔偿。乙公司引用《合同法》第 370 条进行抗辩:按照保管物的性质需要采取特殊保管措施的,寄存人应当将有关情况报告保管人,寄存人未告知,致使保管物受损失的,保管人不承担损害赔偿责任。请问,乙公司的抗辩理由是否能够成立?

**读一读**

### 拓展知识:仓储合同样本

合同编号:

存货人(甲方):_____ 地址:_____ 联系电话:_____

保管人(乙方):_____ 地址:_____ 联系电话:_____

合同签订地:_____

存货人和保管人根据《中华人民共和国合同法》，经双方协商一致，签订本合同。双方同意本着友好合作的原则共同信守。

第一条 储存货物的名称、规格、包装、数量、质量（或者采用如下表格）

| 编号 | 包装 | 货物名称 | 品种规格 | 数量 | 质量 | 备注 |
|---|---|---|---|---|---|---|
|  |  |  |  |  |  |  |
|  |  |  |  |  |  |  |
|  |  |  |  |  |  |  |
|  |  |  |  |  |  |  |

第二条 货物包装

1. 存货方负责货物的包装，包装标准按国家或行业标准规定执行。没有以上标准的，在保证运输和储存安全的前提下，由合同当事人议定如下：_____

2. 包装不符合国家或合同规定，造成货物损坏、变质的，由存货方负责。

第三条 货物保管地：_____

保管方法：根据_____规定进行保管，或者_____（双方协商方式进行保管）。

第四条 保管期限：从_____年_____月_____日至_____年_____月_____日

第五条 验收项目和验收方法：

1. 存货方应当向保管方提供必要的货物验收资料，如未提供必要的货物验收资料或提供的资料不齐全、不及时，所造成的验收差错及贻误索赔期或者发生货物品种、数量、质量不符合合同规定时，保管方不承担赔偿责任。

2. 保管方应按照合同规定的包装外观、货物品种、数量和质量、_____，_____，对入库物进行验收，如果发现入库货物与合同规定不符，应及时通知存货方。保管方未按规定的项目、方法和期限验收，或验收不准确而造成的实际经济损失，由保管方负责。

3. 验收期限：国内货物不超过_____天，国外到货不超过_____天。超过验收期限所造成的损失由保管方负责。货物验收期限，是指货物和验收资料全部送达保管方之日起，至验收报告送出之日止。日期均以运输或邮电部门的戳记或直接送达的签收日期为准。

第六条 入库和出库的手续：按照有关入库、出库的规定办理；如无规定，按双方协议办理。入库和出库时，双方代表或经办人都应在场，检验后的记录要由双方代表或经办人签字。该记录就视为合同的有效组成部分，当事人双方各保存一份。

第七条　损耗标准和损耗处理：按照有关损耗标准和损耗处理的规定办理；如无规定，按双方协议办理。

第八条　保管费率为_____元/天(吨)，不足12小时按半天计算；总保管费为_____元。费用在货物交存保管的_____天内交付给保管人/保管到期前交付。结算办法：_____。

第九条　违约责任

(一) 保管方的责任

1. 由于保管方的责任，造成退仓或不能入库时，应按合同规定赔偿存货方运费和支付违约金_____元。

2. 对危险物品和易腐物品，不按规程操作或妥善保管，造成毁损的，负责赔偿损失。

3. 货物在储存期间由于保管不善而发生货物灭失、短少、变质、污染、损坏的，负责赔偿损失。如属包装不符合合同规定或超过有效储存期而造成货物损坏、变质的，不负赔偿责任。

4. 由保管方负责发运的货物，不能按期发货，赔偿存货逾期交货的损失；错发到货地点除按合同规定无偿运到规定的到货地点外，还应赔偿存货方因此而造成的实际损失。

(二) 存货方的责任

1. 易燃、易爆、有毒等危险物品和易腐物品，必须在合同中注明，并提供必要的资料，否则造成货物毁损或人身伤亡的，由存货方承担赔偿责任甚至由司法机关追究刑事责任。

2. 存货方不能按期存货，应偿付保管方的损失，并向保管方支付违约金_____元。

3. 超议定储存量储存或逾期不提时，除交纳保管费外，还应支付违约金_____元/天(吨)。

(三) 违约金和赔偿方法

1. 违反货物入库和货物出库的规定时，当事人必须向对方支付违约金。违约金的数额，为违约所涉及的那一部分货物的_____个月保管费(或租金)或____倍的劳务费。

2. 因违约使对方遭受经济损失时，如违约金不足抵偿实际损失，还应以赔偿金的形式补偿其差额部分。

3. 前述违约行为，给对方造成损失的，一律赔偿实际损失。

4. 赔偿货物的损失，一律按照进货价或国家批准调整后的价格计算；有残值的，应扣除其残值部分或残件归赔偿方，不负责赔偿实物。

第十条  由于不能预见并且对其发生和后果不能防止或避免的不可抗力事故,致使直接影响合同的履行或约定的条件履行时,遇有不可抗力事故的一方,应立即将事故情况电报通知对方,并应在＿＿＿＿天内,提供事故详情及合同不能履行,或者部分不能履行,或需要延期履行的理由的有效证明文件,此项证明文件应由事故发生地区的公证机构出具。按照事故对履行合同影响的程序,由双方协商决定是否解除合同,或者部分免除履行合同的责任,或者延期履行合同。

第十一条  本合同所发生的争议,双方应本着友好协商的方式协商解决;不能协商解决的,双方同意在＿＿＿＿＿＿＿＿仲裁委员会仲裁。

第十二条  其他。

保　管　方：　　　　　（盖章）　　　存　货　方：　　　　　　（盖章）
法定代表人：　　　　　　　　　　　　法定代表人：
地　　　址：　　　　　　　　　　　　地　　　址：
银　行　账　户：　　　　　　　　　　银　行　账　户：

签订日期：＿＿＿＿＿＿年＿＿＿＿＿＿月＿＿＿＿＿＿日

## 任务实施

### 看一看

1. 查阅项目招投标相关内容。
2. 查阅客户关系管理理论。

### 做一做

设计合同文本时应该注意以下四个方面:

（一）锁定交易平台

锁定交易平台解决的是双方所建合同的基本规则,主要回答"谁和谁"以及基本秩序方面的问题。这个平台除了对当事人分别是谁、应当具备什么资格加以明确外,并不解决交易中的实体和程序问题,仅仅是合同本身的基本规则,但这个平台锁定了相关事务后,也明确了一些与交易有关的基本规范,并将不必要的麻烦引向有过错的一方。

这一平台的主要内容有:

（1）合同所属类型、名称;

（2）交易各方的名称、基本情况描述;

(3) 签订及履行合同的资格要求；
(4) 合同目的；
(5) 合同中术语的定义；
(6) 合同的生效条件、失效条件；
(7) 合同与其他文件、附件相冲突时的解释顺序；
(8) 合同本身的份数、各方持有数量；
(9) 争议解决的程序、管辖机构的约定。
由此可见，这一平台仅解决合同本身的基本规则问题。

（二）锁定交易内容

合同法调整范围内的交易，其内容不是产品就是服务。因此，合同在锁定了"谁和谁"的问题后，下一个需要锁定的便是合同双方要交易的内容。这一功能主要是明确双方交易的是什么产品或服务、产品或服务的数量及价格、产品或服务的质量标准等。为实现此功能，就必须解决如下问题：

(1) 所要交易的是何种产品或服务；
(2) 产品或服务的质量标准；
(3) 产品或服务的规格、数量、计量单位；
(4) 价格是否明确、价格中包括哪些内容；
(5) 备品备件或附加的其他服务；
(6) 资料的提供或权利的许可、转让等。

从上述内容可以看出，这一功能解决的是合同双方要"干什么"的问题，并不涉及如何完成交易。

（三）锁定交易方式

这一功能是锁定交易的完成程序，确保合同按意愿实现，即在解决了"干什么"的问题后再解决"怎么干"的问题。其内容是围绕产品或服务的提供时间、提供地点、过程要求、验收方法等，其目的是明确各自所需要的产品或服务以何种形式实现。为实现此功能，需要解决如下问题：

(1) 产品或服务提供的时间、地点、批次及每批数量；
(2) 装卸方式、运输方式、储存方式、保险及费用承担方式、交接方式；
(3) 说明资料、备品备件的要求及提供方式；
(4) 有关质量、数量、规格验收的标准及程序，包括异议的方式、程序；
(5) 结算费用类别、程序、付款方式及期限、发票种类及提供方式；
(6) 售后服务的内容、期限、提供方式、费用承担；
(7) 履行的担保方式、种类、范围、期限；
(8) 双方指定的联系人、联系方法；
(9) 通知与送达的方式、方法；
(10) 包装物或周转用品的承担及回收方式；

(11) 双方对合同履行的其他特别约定。

由上述内容可以看出,这一功能只约定正常情况下如何实现交易的问题。

（四）锁定假定处置

仅仅约定了"谁和谁""干什么""怎么干"还是不够的,因为这些内容都是合同正常履行情况下需要的内容,对于履行过程中可能出现的非正常情况而无能为力。为了确保交易的安全,必须约定出现违约或非违约的特殊情况而影响合同正常履行时的处置办法,以约束双方的行为并为问题的处理建立基本秩序。因此,这一功能是解决"出了意外怎么办"的问题。这一功能的主要内容如下：

1. 违约行为范围

除非对违约的范围另有约定,否则只要是未完全按合同履行,无论是全部还是部分均属违约,包括违反履行时间、履行地点、履行人、履行内容、履行方式、履行要求等方面的约定。也就是说,在合同的任何方面未按"5W1H"（when，where，who，what，why，how）的要求履行便构成违约,具体可以分为质量、数量、规格品种、包装、交付批次、产货地点及方式、交货期限、付款金额与方式等条款,既包括实体问题也包括程序问题。

2. 违约责任范围

对于违约责任范围的约定可以采用金额确定的方式,即以定金、固定金额或固定比例的违约金等方式承担违约责任,或以其他的内容确切的方式,如以特定物承担违约责任。如果合同中未能以这类方式确定违约责任,则损失赔偿、可得利益赔偿等均须约定具体的范围甚至计算方法。

不同类型的合同因违约造成的损失、可得利益损失等均有不同,甚至同一类型的合同也会因标的物不同、金额不同、交易目的不同而造成违约损失的不同,因而违约责任的范围要根据具体的合同加以预见并约定。总体而言,无论直接损失、间接损失均可以约定计算范围、计算方式,并通过适当的表达方式使损失变得可以预见,以符合合同法对损失预见的规定。必要时,在合同目的条款或违约责任条款中也可以约定处理违约责任的原则。

3. 责任承担方式

承担违约责任的方式按合同法规定有违约金、定金、赔偿损失（含可得利益损失）,还包括解除或继续履行合同。要使违约责任有明确的依据,就需要针对各类违约情形进行约定,并根据不同违约行为的危害结果分别设定承担方式。

这一部分内容概括起来就是任何一方全部或部分未按合同约定履行时应如何处理,以及约定由合同以外第三人履行后,该第三人未全部或部分履行时应如何处理。可细分为以下几个主要方面：

1) 履行合同主要义务不合格

(1) 履行地点、履行方式、运输方式、履行时间未按合同约定履行；

(2) 履行的产品或服务在品种、数量、规格等方面与约定不符；

(3) 产品或服务的质量与约定不符；
(4) 资料或证明文件提供的时间、内容未按约定或法律规定；
(5) 未按法律规定或约定及时清点、验收、签署文件；
(6) 未按约定金额、时间、方式付款；
(7) 未按约定提供备品备件、专用工具、专用软件；
(8) 未按约定提供后续的售后服务；
(9) 未按约定转让知识产权或提供使用许可。

2) 履行合同辅助义务不合格
(1) 履约担保的种类、范围、期限等内容不符合合同约定；
(2) 保险的费用承担、手续由哪方办理；
(3) 未按约定通知、送达、提出异议、答复、签收；
(4) 开具发票或收据不合格；
(5) 违反保密条款；
(6) 未按约定附赠产品、提供免费服务；
(7) 未按双方的其他特别约定履行；
(8) 未按法律或合同约定提供优先权。

4. 特殊情况影响合同履行时的处理
(1) 合同履行期间因政府行为、政策法规变化而影响履行时如何处理；
(2) 因市场急剧变化、不可抗力、无法控制的疫情而影响合同履行时如何处理；
(3) 合同一方的主体资格不符合合同约定时的处理；
(4) 合同无效时对于损失的计算范围、计算方式；
(5) 合同解除的条件、方式、后果；
(6) 产品或服务造成合同以外其他方的人身或财产损失时的责任承担；
(7) 当事人发生重大事件可能对合同履行产生影响时的处理；
(8) 合同出现约定不明的情况。

从以上分析可知，合同的四个基本功能项下的功能模块已经涵盖了合同的所有条款，代表这些功能模块的条款或条款组合共同构成了合同。

 实践训练

练一练
练习1：制定一份AA公司的仓储合同。

赛一赛
以下两个案例，比比谁分析得有道理：
案例1：某玩具生产厂于2018年9月5日向一仓库公司发出要约，希望和对方签订仓储合同。该仓储公司于 2018 年 9 月 10 日向玩具生产厂发出承诺,承诺中又提出要与玩具生产厂于 2018 年 9 月 20 日签订正式仓储合同。而该玩具生产厂于 2018 年 9 月 16 日与另一仓储公司签订仓储合同,原因是其仓储费更便宜。

请分析:该玩具厂是否违约,为什么?

案例 2:甲乙双方于 2015 年 4 月 20 日签订了仓储租赁合同,甲方将自己的仓库租给乙方使用,租赁期限为 3 年,从 2015 年 5 月 10 日至 2018 年 5 月 10 日,如一方违约须向另一方支付违约金 30 万元并赔偿损失,乙方向甲方支付定金 2 万元。乙方租赁期间,经营效益很好,平均每月有 5 万元利润收入。甲方于 2017 年 3 月 10 日突然提出:将原租赁给乙方的仓库收回。

请分析:乙方此时应提出什么索赔要求?

# 项目 7.3 仓库绩效管理

任务 1:对 AA 公司仓储业务进行财务预测分析。

任务 2:制定 AA 公司仓储绩效评价指标体系。

**想一想**

问题 1:仓库绩效如何体现?

**议一议**

话题 1:仓储成本包括哪些部分?

**讲一讲**

## 一、仓储成本

(一)研究仓储成本管理的意义

原有的仓储成本管理的指标体系已不能适应目前仓储企业的经营现状,再加上现代仓储是物流的核心功能之一,其成本管理的指标体系肯定会受到"黑大陆"学说、"冰山说"的影响。因此,研究仓储企业的成本管理既有必要,又有难度。

## （二）仓储成本的构成

仓储企业在储存物品过程中，其成本包括装卸搬运、存储保管、流通加工、收发物品等各项环节和建造、购置仓库等设施设备所消耗的人力、物力、财力及风险成本的总和，主要有以下几项内容：

**固定资产折旧**：主要包括库房、堆场等基础设施建设的折旧、仓储设施设备的折旧等。

**工资和福利费**：仓储企业内各类人员的工资、奖金和各种补贴，以及由企业缴纳的住房公积金、医疗保险、退休基金等。

**能源费、水费、耗损材料费**：包括动力、电力、燃料、流通加工耗材等，仓库用水、装卸搬运使用的工具、索具、绑扎、衬垫、苫盖材料的消耗等。

**设备维修费、大型设备的修理费**：通过大型设备修理基金每年从经营收入中提取，提取额度一般为设备投资额的3%～5%，专项用于设备大修用。

**管理费用**：仓储企业为组织和管理仓储生产经营所发生的费用，包括行政办公费用、公司经费、工会经费、职工教育费、劳动保险费、待业保险费、咨询费、审计费、排污费、绿化费、土地使用费、业务招待费、坏账损失、存货盘亏、毁损和报废，以及其他管理费用。

**财务费用**：仓储企业为筹集资金而发生的各项费用，包括仓储企业作业经营期间发生的利息支出、汇总净损失、调剂外汇手续费、金融机构手续费以及筹资发生的其他财务费用。

**销售费用**：包括企业宣传、业务广告、仓储促销、交易费等经营活动的费用支出。

**保险费**：仓储企业对于意外事故或者自然灾害造成仓储物品损害所要承担的赔偿责任所支付的保险费用。

**外协费**：仓储企业在提供仓储服务时由其他企业提供服务所支付的费用，包括业务外包，如配送业务外包等。

**税费**：由仓储企业承担的税费。

## （三）仓储成本分析与控制

根据成本的性质将仓储成本分为固定成本和变动成本两部分。

从固定成本和变动成本的性质分析，一方面，仓储企业必须有足够多的储存量（较高货位利用率）用来分摊固定成本，合理规划仓储空间，提高设备完好率，减少非生产人员，有效地降低固定成本。另一方面，要在变动成本上下功夫，这就需要加强管理，合理选择备货方式，合理选择流通加工的方式，做好商品养护工作，提高装卸搬运灵活性，提高劳动效率，提高仓储服务质量，降低机具物料的损耗和燃料的消耗，降低风险成本，有效降低变动成本。

**1. 储存成本分析与控制**

储存成本的分析主要是对固定成本分摊的分析。储存量及储存的规律性会影响储存成本的高低,这是因为仓库的储存量可以"分摊"固定成本,也就是说可以通过降低单位物品的储存成本来提高储存效益,因此要提高仓库储存量,合理规划仓储空间。

2. 装卸搬运作业成本分析与控制

装卸搬运作业成本主要包括装卸搬运机具的成本和费用,燃、润料消耗费用,人工成本和时间费用等。

合理选择装卸搬运机具。合理选择和使用装卸搬运机具是提高装卸效率、降低装卸搬运成本的重要环节。装卸搬运机械化程度可分为三个等级:一是用简单的装卸器具,如地牛、传送带等;二是使用专用的高效率机具,如吊车、电动叉车、夹抱车等;三是依靠电脑控制实行自动化、无人化操作,如自动堆垛机、轨道车、电子小车等。

选择哪个级别的装卸搬运器具,首先要从物品的性质和可操作性上考虑物品是否需要包装,采用何种包装,适合哪种器具;其次要从管理上选择成本、搬运装卸速度、节约人力资源和减轻工人劳动强度、保证人与物的安全、准确性等方面来考虑。若装卸搬运的物品属于偶然性作业,又属于重、大物品,必须采用机械进行装卸搬运时,可临时租借设备;若属于风险性大的作业,又无操作经验,应该外包出去。

3. 备货作业成本分析与控制

备货作业是仓储作业中最繁杂的作业,为了降低备货作业成本,可以采取以下方式:合理选择备货作业方式(包括:全面分拣、批处理分拣、按分区分拣、分组分拣)、合理安排仓储空间、加强货位管理。

4. 流通加工作业成本分析与控制

(1) 确定合理的加工能力。

(2) 确定合理的流通加工方式。流通加工的方式有很多,加工方式又与流通加工成本存在着一定的联系。仓储企业应根据企业的加工能力和客户的需求,选择适当的加工方法和加工深度。在确定加工方式时,必须进行经济核算和可行性研究,确定合理的加工成本。

(3) 加强流通加工的生产管理。流通加工的生产管理与流通加工成本联系十分紧密。一般来说,生产管理的水平越高,其成本就越低。流通加工生产管理的内容很多,如劳动生产率、设备利用率、能源的消耗比率、加工物资消耗定额等,都与流通加工成本密切相关。

5. 人工费用成本分析与控制

仓储企业对仓储过程中投入的劳动力应尽可能充分地利用,并使其能够发挥最大的效用,就应当分析时间利用率。

时间利用率=某一期间生产性活动的实际时间/同期全体员工制度工作小时数

如果这个比率接近于1,则说明利用率高;反之,利用率低。若减少非生产人员,就可以在提高时间利用率的同时降低工资费用。

仓储企业还可以通过考察每项主要业务活动所耗用的生产时间的百分比作进一步分析,对劳动实行定量管理。

6. 包装作业成本分析与控制

包装作业成本是影响仓储管理成本的重要成本之一,要考虑以下几个方面的问题:

（1）使用物美价廉的包装材料;

（2）包装作业机械化,提高包装效率;

（3）采用大包装,尽量使包装简单化,节约包装材料;

（4）利用原有包装,加贴新标签。

7. 机具物料和燃料成本分析与控制

在仓储作业过程中,要使用各种工具、索具、叉车、吊车、制冷、除湿、通风等设备设施,都要耗费燃料、润料和电力、水资源等。要进行有效的控制,把消耗降至最低点;要制定合理的作业流程,尽量减少不必要的重复性作业,避免过度使用设备,提高设备完好率。

8. 提高仓储服务质量,降低仓储成本

一般而言,仓储服务质量越高,仓储成本就越高。但是仓储服务质量也有极限,因为仓储服务质量的高低与仓储成本不成正比。

物品变质、短少（偷窃）、损害或报废的相关费用构成仓储成本的最后一项。在仓储过程中,物品会因各种原因被污染、损坏、腐烂、被盗或由于其他原因不适于或不能使用,直接造成物品的损失,构成了企业的风险成本;客户未履行合同的违约金以及仓库支付的赔偿金也构成了企业的风险成本;保险虽然作为一种保护性措施,能帮助企业预防灾害性损失,但保险费也构成了风险成本的一部分。

库存物品价值提高,仓库所承担的风险也在提高,因此从理论上说,仓储费用是根据物品价值收取的,物品价值增加,仓储费用也应当相应增加。从这个意义上讲,货主就必须将物品的价值、特性等告诉保管人,以便其提出相应的仓储费用的报价。但是,货主若故意隐瞒物品的价值,势必就增加了仓储企业的风险成本。若仓储企业为了减少风险成本或远离风险,对易碎性、易破损性的物品不予经营,势必减少了仓库吞吐量,提高了机会成本。此外,对于轻、大和重物以及短期储存和长期储存都存在机会成本的问题,企业要根据经验和规律合理解决。

## 二、仓储绩效指标

### （一）仓储作业效率指标

反映仓储作业效率的指标主要有六个,如表7-7所示。

表 7-7　仓储作业效率指标

| 指标 | 计算公式 |
| --- | --- |
| 物品吞吐量（货物周转量） | 吞吐量＝一定时期内进库总量＋同期出库总量＋物品直拨量 |
| 平均收发货时间 | 平均收发货时间＝收发货时间总和/收发货总笔数 |
| 物品及时验收率 | 物品及时验收率＝一定时期内及时验收笔数/同期收货总笔数 |
| 全员劳动生产率 | 全员劳动生产率＝仓库全年吞吐量/年平均员工人数 |
| 库存物品的周转率 | 物品周转天数＝（全年物品平均储存量×360）/全年消耗物品总量 |
| | 物品周转次数＝全年物品平均储存量/物品平均日消耗量 |
| 仓库作业效率 | 仓库作业效率＝全年物品出入库总量/仓库全体员工年制度工作日数 |

（二）仓储作业效益指标

反映仓储作业效益的指标主要有六个，如表 7-8 所示。

表 7-8　仓储作业效益指标

| 指标 | 计算公式 |
| --- | --- |
| 工资利润率 | 工资利润率＝利润总额/同期工资总额 |
| 成本利润率 | 成本利润率＝利润总额/同期仓储成本总额 |
| 资金利润率 | 资金利润率＝利润总额/（固定资产平均占用额＋流动资金平均占用额） |
| 利润总额 | 利润总额＝仓库营业收入－储存成本和费用－税金＋其他业务利润±营业外收支净额 |
| | 利润总额＝报告期仓库总收入额－同期仓库总支出额 |
| 收入利润率 | 收入利润率＝利润总额/仓库营业收入总额 |
| 每吨物品保管利润 | 每吨物品保管利润＝报告期利润总额/报告期物品储存总量 |

（三）仓储作业设施设备利用程度指标

反映仓储作业设施设备利用程度的指标主要有四个，如表 7-9 所示。

表 7-9　仓储作业设施设备利用程度指标

| 指标 | 计算公式 |
| --- | --- |
| 库容周转率 | 库容周转率＝出库量/库容量 |
| 单位面积储存量 | 单位面积储存量＝日平均储存量/仓库或货场使用面积 |
| 仓容利用率 | 仓容利用率＝存储物品实际占用的空间/整个仓库实际可用的空间 |
| 设备利用率 | 设备利用率＝设备实际使用台时数/制度台时数 |

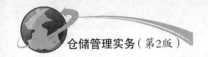

### （四）仓储作业消耗指标

反映仓储作业消耗的指标主要有两个，如表7-10所示。

表7-10　仓储作业消耗指标

| 指标 | 计算公式 |
| --- | --- |
| 材料、燃料和动力消耗指标 | 由于各仓储企业所用设备不同，因此没有统一标准 |
| 平均储存费用 | 平均储存费用=储存费用总额/同期平均储存量 |

### （五）仓储作业质量指标

反映仓储作业质量的指标主要有五个，如表7-11所示。

表7-11　仓储作业质量指标

| 指标 | 计算公式 |
| --- | --- |
| 货损货差率 | 货损货差率=收发货累计差错次数/收发货累计总次数 |
| 设备完好率 | 设备完好率=完好设备台时数/设备总台时数 |
| 保管损耗率 | 物品损耗率=物品损耗额/物品保管总额 |
|  | 物品损耗率=物品损耗量/同期物品库存总量 |
| 账物差异率 | 账物差异率=账物相符单数/储存物品总单数 |
|  | 账物差异率=账物相符件数（重量）/账面储存总件数（重量） |
| 收发货差错率 | 收发货差错率=收发货差错累计单数/收发货累计总单数 |
|  | 收发货差错率=收发货差错件数（重量）/期内储存总件数（重量） |

### （六）物品储存的安全性指标

物品储存的安全性指标，是用来反映仓库作业的安全程度。它可以用发生的各种事故的大小和次数来表示，主要有人身伤亡事故，仓库失火、爆炸、被盗事故，机械损坏事故几类。这类指标一般不需计算，只是根据实际出现事故的损失大小来划分等级。

以上六大类指标构成仓储管理比较完整的绩效指标体系，从不同方面反映了仓储部门经营管理、工作质量及经济效益的水平。

> **比一比**
>
> **案例：海运油库成本控制实例**
>
> **一、海运油库的经营背景**
>
> 海运油库是中海集团下属单位，是一个典型的国有仓储企业。油库拥有18个油罐，共8万 m³ 的仓容，码头泊位设计年吞吐量200多万吨。在计

划经济时期,油库是集团船舶用油的油料储备地。随着油料市场的开放,集团不再拥有以往的计划油料,油库在集团中的职能发生了变化,由原来不可缺少的、具有辅助功能的库场变为集团主业的成本"包袱"。

针对这种状况,油库对自身的市场角色重新定位,对经营流程进行重组调整,实现了油库的成本"瘦身"和利润"扩容"。2002年,储存收入近1 112万元,实现利税200多万元,继2001年基本实现盈亏平衡之后,首次实现盈利。

## 二、海运油库的成本控制和利润增长战略

第一,整合油库的资源优势,开展节支创利的经营创新。海运油库对现有仓储、装卸以及其他的物流服务项目进行业务重组,在继续利用原有水运装卸资源优势的同时,开辟陆地装卸新业务,使油库的大量沉没成本得以利用;另外,大胆尝试出租经营的节支创利形式,除扩大原有按吨、天收费及首期收费方式外,还采取满罐出租等新的出租方式,以提高库容利用率。

第二,严格控制服务质量,降低油库在经营中的契约成本。海运油库通过培养长期市场占有意识,谋求与供应商的长期合作,并在共同利益的基础上,建立起合作经营方式,如增加彼此对市场信息的相互沟通。油库通过对产品的质量和数量进行监控,尤其是油品损耗控制,供应商通过对产品的价格和供需情况进行了解,从而达到了合作双赢的效果。

第三,加强人力资源管理,挖掘降低成本的潜力。海运油库具有许多传统仓储企业的劳动密集型企业特征,人工成本在企业总成本中所占的比例较大(2001年占总成本的34.8%)。2002年,海运油库对人力资源进行调整,使人工成本下降为250万元,仅占总成本的25.6%。同时,在油库树立起全员的战略成本意识,通过长期性的设备维护,延长设备寿命,加强细化管理关系,2002年节约可变成本32万元。

第四,在成本控制基础上,以利润为指导进行资产的有效运作。在扩大利润的前提下,对资产运作进行指导,提供增值服务,凭借专业优势、规模经营优势和个性化服务优势,建成一体化管理系统,并向现代化的油品流通中转站发展。在设备改造上,提高油库设备的机械化、自动化程度,以提高工作效率;在资产运作上,以扩大主业利润为出发点,配置油品质量化验设备,做到对进库的油品质量指标进行监控,获得库存商的信任,吸引了新客户,增加仓储收入和装卸收入;在仓储管理上,达到优化流程、资源共享、信息透明、物畅其流,有效地节省投资和费用,以增强核心竞争力,全面提升油库形象。

## 三、海运油库的成本控制与利润增长解析

### (一)明确市场定位,把握成本控制和利润增长方向

海运油库原是国有大型企业中的附属仓储部门,在集团企业的产业结

构中成为集团发展的成本"包袱"。海运油库认清了这一点,重新找到了自身在集团企业和市场中的定位。通过原来国有企业所独有的优势资源,大幅度地裁减油库的高成本消耗,实施严格的成本控制。在经营过程中,跳出传统油库的服务范围限制,将企业内部仓储功能扩大到整个竞争市场中。这样,不仅控制了成本,而且寻找到了油库的新利润增长点。

(二)分析成本性态,根据成本动因实施成本控制

只有对企业的成本进行科学的性态分析,才能有效地采取成本管理和控制措施,来降低企业的经营成本。海运油库通过近两年的探索,逐渐对企业成本形成了透彻的理解。在此基础上,油库针对工资成本、可控成本等进行控制,与2001年相比,油库的人工成本和可控成本分别大幅度下降了37%和15%;另一方面,通过逐步消化油库的沉没成本,清除了油库在未来经营中的成本障碍。

(三)确定利润增长点,及时抓住创利时机,实现传统仓储业向现代物流配送服务的转变,给海运油库带来了许多新的业务机会。经过业务流程的调整,油库将原有的仓储资源与配送、加热处理等新型物流服务进行整合。2002年,油库的加温处理业务收入比前一年翻倍增长。

(四)通过业务创新拓展利润增长空间

现代物流技术的发展,打破了传统仓储企业的经营界限。作为仓储企业,必须顺应物流管理技术的变革,对企业的业务流程进行重组,以寻求新的利润增长点。2002年,海运油库进行了业务重组,将利润空间不大的储存业务削减了10%,而对物流配送中新增的满罐出租业务进行大幅度调整。经过调整后,企业不仅大大减少了存货管理的成本负担,而且有效地利用了现有仓储设备资源,提升了油库的整体利润质量。

四、对仓储企业成本控制和利润增长的启示

仓储企业只有适应市场经济环境和规划物流产业的发展变化,建立起自己的运作体系,实施科学有效的竞争策略来降低企业的经营成本和经营风险,才能不被市场和行业竞争所淘汰。

## 读一读

**拓展知识:仓库管理追求卓越的十条建议**

成功企业的重要特点是客户驱动的程度,通过提供优质产品与服务、准时交货、低成本和高质量来赢得客户的完全满意。除此之外,还必须重视优化库存,重视设备、各种资源及空间的利用,从而达到对物流作业的有效管

理。以下是美国企业报告提出的十点建议。

### 一、有效的人工管理

劳动力是任何成功仓储最重要的因素,然而随着经济的发展,人工处理的程序越来越复杂。管理者采用工程劳动标准和支持系统评估仓储工人的绩效,激励工人,而且能够计算出任何一项给定任务所需要的时间。但是技术不是万能的,成功与否取决于如何应用这些系统。

### 二、通过智能系统和布局使柔性最大化

Bragg 说,把快速传输设备布置在通道的每一个尽头非常有意义,有利于员工检修设备。但是,快速传输设备也不能距离太近。Hudock 建议,应先把仓库按产品类别分为不同的拣选区。这样,整箱、拆箱、整盘分开作业,可以避免现场零乱,减低货物掉落破损。

俄亥俄州 Forte Industries 的系统咨询员 Bill Tyng 说,柔性化仓库可以满足不同客户对诸如贴标签和装运提前通知(ASNs)的需求。许多主要的仓储管理系统提供商可以生成特定零售商,比如沃尔玛所接受的装运标签。

### 三、与合作伙伴的仓储管理系统一体化

一体化和货物跟踪是使供应链有效的关键因素。首先要寻求仓库管理系统和运输管理系统之间的衔接。以前,这两个系统是由不同的供应商分别销售,如今更倾向于捆绑销售。美国威斯康星州东南部新柏林市 Irista 公司的副总裁兼总经理 Jim Stollberg 说:"现在很少有公司只销售其中一个系统。"

### 四、不要只局限于收货、储存和运送

增值服务也有助于日益增长的网上订单的完成。戴尔公司是这一领域的先驱,现在宝洁的一个分公司 Reflect True Custom Beauty 也已经涉足化妆品的网上订购,其位于美国西切斯特区的配送中心已经实现根据客户需求对产品进行设计、包装和贴标签。

### 五、在仓库内安装逆向传动装置

如今最容易被忽视的作业是仓库作业,但是对有效逆向物流的需求却不能忽略。产品的回收、处理、修理及退换对客户服务有着极其重要的影响,而且任何作业的神经中枢都是仓库。

### 六、在仓库内建设一个中枢指挥中心

美国康涅狄格州诺格塔克镇的 Kuehne & Nagel 物流公司,在劳动力派遣领域保持着过硬的品质。该公司质量改进部的副总裁 Dan DeWispelaere 介绍,这项操作可以把任何一天的现有职工数与所需人数、要完成的任务进行比较,从而仓库在当天末就可以准确地知道各个部门甚至每名员工的绩

效。不管这些任务是否集中管理,每一个岗位都会设计标准,而不是每一任务的同一标准。

### 七、准确测量,快速反应

测量仓库作业的绩效有很多方法,关键在于寻求最恰当的方法。Kuehne & Nagel 物流公司采用了一个被称为"5Ups"的方法,这种方法假设设备以最高的效率运作,只需评估 5 个关键的绩效指标。DeWispelaere 说,这种方法很容易处理,而且绝大多数的仓库管理者都认同这 5 项指标。

### 八、无线射频与语音技术的结合

无线射频技术已经得到了美国国防部和沃尔玛公司的采纳,各企业对这一技术表示出越来越多的兴趣,诸如德州仪器等公司将成为潜在的受益者。语音技术在处理低效的人工作业方面同样也很重要,尤其是对于那些能负担起投资费用而又想降低劳动成本的中型企业。无线射频技术和语音技术的结合将会空前地提高仓储作业效率。

### 九、最优化供应链中的仓库

有效的仓储工具必须包括有严格限制的日常安排、订单发出次数计划和堆放管理计划,包括容量计划和动态定位。

但是,不要仅仅依靠技术。正如 Ackerman 所指出的,人工专家仍需要扮演一定的角色,需要在大量数据的基础上对有限的资源进行最佳分配。他还说:"仓储不是自动化业务,需要人工,因为仓储有太多的不确定因素。"

### 十、不要被技术所迷惑

Tyng 建议,根据实际需求引进技术。供应商非常乐于炫耀先进的应用软件,而不考虑仓储作业是否需要那样复杂的系统。

HighJump 软件公司(已被 3M 公司兼并)的总裁 Chris Heim 说,当仓库引进新的仓库管理系统时,不应该机械地把所有现在使用的系统都丢弃。"很多人都说,应该让业务适应软件,我们认为恰恰相反。"

## 任务实施

**看一看**

1. 了解财务分析的相关知识。
2. 确定 AA 公司仓储服务价格。

**做一做**

对 AA 公司仓储绩效考核指标的设计,必须满足以下要求:

1. 准确性

在一个有效的绩效评价体系中,计量什么和如何计量,必须准确。

2. 及时性

信息必须及时。何时计量及以多快的速度将计量结果予以报告,成了一个有效的绩效评价控制系统的关键所在。

3. 客观性

尽管信息都是人去搜集的,但要尽量保证收集的信息是客观的。

4. 可接受性

必须尽可能按使用者的需要设计,不能太过繁琐。

5. 可理解性

所采用的考核方法和计算公式必须易于为员工所理解。

 **实践训练**

**练一练**

练习1:设计AA公司货物的仓库绩效考核方案(小组完成)。

**赛一赛**

竞赛1:看看哪个小组的方案设计更为合理。

# 项目8 仓储自动化技术与管理信息系统

**学习目标**

1. **知识目标**：认识自动化与信息化技术对仓储管理与作业的意义；了解当前仓储自动化技术，认识仓储管理信息系统的主要模块与功能，了解物联网技术与移动终端技术在仓储管理上的应用。
2. **能力目标**：具备基本的自动化技术与信息系统操作能力。
3. **素质目标**：能从管理与作业角度设计仓储管理信息系统的架构。

**工作任务**

1. 为 AA 公司仓储业务进行自动化技术的配置，分析仓储自动化技术将为 AA 公司带来的影响。
2. 从管理运作角度为 AA 公司仓储业务设计仓储管理信息系统。
3. 为 AA 公司仓储业务进行物联网技术的配置，分析物联网技术将为 AA 公司的仓储管理带来的影响。
4. 为 AA 公司仓储业务进行移动终端技术的配置。

## 项目 8.1 现代仓储自动化技术

### 任务描述

任务 1：为 AA 公司仓储业务进行自动化技术的配置。
任务 2：分析仓储自动化技术将为 AA 公司带来的影响。

### 任务分析

**想一想**

问题 1：什么是自动化技术？
问题 2：信息技术在仓储管理中有哪些重要性？

**议一议**

话题 1：自动化技术在仓储管理中有哪些应用？

话题2：你所知道的世界上仓储信息化做得最好的公司是哪个？

## 相关知识

**讲一讲**

### 一、电子标签智能识别系统

自动识别技术在物流工程、物流管理、供应链管理、销售管理、质量管理中得到越来越广泛的应用。自动识别技术是在计算机技术、信息技术和自动化技术基础上进行数据采集、识别、分析、传输的技术。

商品代码的载体一般有条形码标签和射频码标签。条形码一般分一维码和二维码。一维条码只是对商品标识，然后通过连接网络数据库可查阅其他信息；二维条码的密度和容量很大，可表示图像、文字等数据，可加密。射频识别（RFID，Radio Frequency Identification，俗称电子标签）技术是利用射频信号及其空间耦合、传输特性，可对静止或移动的物品进行无接触、远距离的自动识别。

（一）电子标签的含义

电子标签又称射频标签、应答器、数据载体；阅读器又称为读出装置、扫描器、读头、通信器、读写器（取决于电子标签是否可以无线改写数据）。电子标签与阅读器之间通过耦合元件实现射频信号的空间（无接触）耦合；在耦合通道内，根据时序关系，实现能量的传递和数据交换。

（二）电子标签的组成

最基本的电子标签系统由三部分组成：

标签（Tag）：由耦合元件及芯片组成，每个标签具有唯一的电子编码，高容量电子标签有用户可写入的存储空间，附着在物体上标识目标对象。

阅读器（Reader）：读取（有时还可以写入）标签信息的设备，可设计为手持式或固定式（如图8-1）。

天线（Antenna）：在标签和读取器间传递射频信号。

图8-1　电子标签设备

## (三) 电子标签的特性

**数据存储**：与传统形式的标签相比，容量更大（1 bit～1 024 bit），数据可随时更新，可读写。

**读写速度**：与条码相比，无需直线对准扫描，读写速度更快，可多目标识别、运动识别。

**使用方便**：体积小，容易封装，可以嵌入产品内。

**安全**：专用芯片、序列号唯一、很难复制。

**耐用**：无机械故障、寿命长、抗恶劣环境。

## (四) RFID 技术的基本工作原理

RFID 技术的基本工作原理并不复杂：标签进入磁场后，接收解读器发出的射频信号，凭借感应电流所获得的能量发送出存储在芯片中的产品信息（Passive Tag，无源标签或被动标签），或者主动发送某一频率的信号（Active Tag，有源标签或主动标签）；解读器读取信息并解码后，送至中央信息系统进行有关数据处理。

RFID 系统由两部分组成：读/写单元和电子收发器。阅读器通过天线发出电磁脉冲，收发器接收这些脉冲并发送已存储的信息到阅读器作为响应。实际上，这就是对存储器的数据进行非接触读、写或删除处理。

从技术上来说，"智能标签"包含了包括具有 RFID 射频部分和一个超薄天线环路的 RFID 芯片的 RFID 电路，这个天线与一个塑料薄片一起嵌入到标签内。通常在这个标签上还粘一个纸标签，在纸标签上可以清晰地印上一些重要信息。当前的智能标签一般为信用卡大小，对于小的货物还有 4.5 cm×4.5 cm 尺寸的标签，也有 CD 和 DVD 上用的直径为 4.7 cm 的圆形标签。

与条形码或磁条等其他 ID 技术相比较而言，收发器技术的优势在于阅读器和收发器之间的无线连接：读/写单元不需要与收发器之间的可视接触，因此可以完全集成到产品里面。这意味着收发器适合于恶劣的环境，收发器对潮湿、肮脏和机械影响不敏感。因此，收发器系统具有非常高的可靠性、快速数据获取，最后一点也是重要的一点，就是节省劳力和纸张。

## (五) 电子标签识别系统的应用举例

电子标签识别系统在实际使用中，主要有两种方式——DPS 和 DAS。DPS（Digital Picking System）方式就是利用电子标签实现摘果法出库。首先要在仓库管理中实现库位、品种与电子标签对应。出库时，出库信息通过系统处理并传到相应库位的电子标签上，显示出该库位存放货品需出库的数量，同时发出光、声音信号，指示拣货员完成作业。DPS 使拣货人员无需费时去寻找库位和核对商品，只需核对拣货数量，因此在提高拣货速度、准确率的同时，还降低了人员劳动强度。采用 DPS 时可设置多个拣货区，以进一步提高拣货速度。

DPS 一般要求每一品种均配置电子标签，这对很多企业来说，投资较大。因此，可采用两种方式来降低系统投资。一是采用可多屏显示的电子标签，用一只电子标签实现多个货品的指示。另一种是采用DPS加人工拣货的方式，对出库频率最高的20%～30%产品（约占出库量50%～80%），采用DPS方式以提高拣货效率；对其他出库频率不高的产品，仍使用纸张的拣货单。这两种方式的结合在确保拣货效率改善的同时，可有效节省投资。

DAS(Digital Assorting System)方式即数字化配货系统，是另一种常见的电子标签应用方式，根据这些信息可快速进行分拣作业。同DPS一样，DAS也可多区作业，提高效率。

电子标签用于物流配送，能有效提高出库效率，并适应各种苛刻的作业要求，尤其在零散货品配送中有绝对优势，在连锁配送、药品流通场合以及冷冻品、服装、服饰、音像制品物流中有广泛的应用前景，而DPS和DAS是电子标签针对不同物流环境的灵活运用。一般来说，DPS适合多品种、短交货期、高准确率、大业务量的情况，而DAS较适合品种集中、多客户的情况。

无论是DPS还是DAS，都具有极高的效率。据统计，采用电子标签拣货系统可使拣货速度至少提高1倍，准确率提高10倍。

## 二、自动分拣系统

自动分拣系统是先进配送中心所必需的设施条件之一，具有很高的分拣效率，通常每小时可分拣商品6 000～12 000箱。可以说，自动分拣机是提高物流配送效率的一项关键因素。

自动分拣机是自动分拣系统的一个主要设备，它本身需要建设短则40～50 m，长则150～200 m的机械传输线，还要有配套的机电一体化控制系统、计算机网络及通信系统等，这一系统不仅占地面积大（动辄20 000 $m^2$以上），而且还要建3～4层楼高的立体仓库和各种自动化的搬运设施（如叉车）与之相匹配，这项巨额的先期投入通常需要花10～20年才能收回。

（一）自动分拣系统作业描述

自动分拣系统(Automated Sorting System)是二次大战后美国、日本的物流中心广泛采用的一种分拣系统，该系统目前已经成为发达国家大中型物流中心不可缺少的一部分。该系统的作业过程可以简单描述如下：物流中心每天接收成百上千家供应商或货主通过各种运输工具送来的成千上万种商品，在最短的时间内将这些商品卸下并按商品品种、货主、储位或发送地点进行快速准确的分类，将这些商品运送到指定地点（如指定的货架、加工区域、出货站台等）。同时，当供应商或货主通知物流中心按配送指示发货时，自动分拣系统在最短的时间内从庞大的高层货存架存储系统中准确找到要出库的商品所在位置，并按所需数量出库，将从不同储位上取出的不同数量的商品按配送地点运送到不同的理货区域或配送站台集中，以便装车配送。

## (二)自动分拣系统的主要特点

### 1. 能连续、大批量地分拣货物

由于采用大生产中使用的流水线自动作业方式,自动分拣系统不受气候、时间、人的体力等的限制,可以连续运行,同时由于自动分拣系统单位时间内分拣件数多,因此自动分拣系统的分拣能力比人工分拣系统高得多。自动分拣系统可以连续运行100个小时以上,每小时可分拣7 000件包装商品,如用人工则每小时只能分拣150件左右,同时分拣人员也不能在这种劳动强度下连续工作8小时。

### 2. 分拣误差率极低

自动分拣系统的分拣误差率大小主要取决于所输入分拣信息的准确性大小,这又取决于分拣信息的输入机制。如果采用人工键盘或语音识别方式输入,则误差率在3%以上,如采用条形码扫描输入,除非条形码的印刷本身有差错,否则不会出错。因此,目前自动分拣系统主要采用条形码技术来识别货物。

### 3. 分拣作业基本实现无人化

国外建立自动分拣系统的目的之一就是为了减少人员的使用,减轻人员的劳动强度,提高人员的使用效率,因此自动分拣系统能最大限度地减少人员的使用,基本做到无人化。分拣作业本身并不需要使用人员,人员的使用仅局限于以下工作:

(1) 送货车辆抵达自动分拣线的进货端时,由人工接货;
(2) 由人工控制分拣系统的运行;
(3) 分拣线末端由人工将分拣出来的货物进行集载、装车;
(4) 自动分拣系统的经营、管理与维护。

如美国一公司配送中心面积为10万 $m^2$ 左右,每天可分拣近40万件商品,仅使用400名左右员工,其中大部分人员都在从事上述工作,自动分拣线实现了无人化作业。

## (三)自动分拣系统的组成

自动分拣系统一般由控制装置、分类装置、输送装置及分拣道口组成(如图8-2)。控制装置的作用是识别、接收和处理分拣信号,根据分拣信号的要求指示分类装置按商品品种、按商品送达地点或按货主的类别对商品进行自动分类。这些分拣需求可以通过不同方式,如可通过条形码扫描、色码扫描、键盘输入、重量检测、语音识别、高度检测及形状识别等方式,输入到分拣控制系统中去,根据对这些分拣信号的判断,来决定某一种商品该进入哪一个分拣道口。

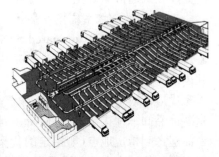

图8-2 自动分拣系统

分类装置的作用是根据控制装置发出的分拣指示,当具有相同分拣信号的商品经过该装置时,该装置动作,使货物改变在输送装置上的运行方向,进入其他输送机或进入分拣道口。分类装置的种类很多,一般有推出式、浮出式、倾斜式和分支式几种,不同的装置对分拣货物的包装材料、包装重量、包装物底面的平滑程度等有不完全相同的要求。

输送装置的主要组成部分是传送带或输送机,其主要作用是使待分拣商品鱼贯通过控制装置、分类装置,并输送至装置的两侧,一般要连接若干分拣道口,使分好类的商品滑下主输送机(或主传送带)以便进行后续作业。

分拣道口是已分拣商品脱离主输送机(或主传送带)进入集货区域的通道,一般由钢带、皮带、滚筒等组成滑道,使商品从主输送装置滑向集货站台,在那里由工作人员将该道口的所有商品集中或是入库储存,或是组配装车并进行配送作业。

以上四部分装置通过计算机网络联结在一起,配合人工控制及相应的人工处理环节,构成一个完整的自动分拣系统。

（四）自动分拣系统的适用条件

二次大战以后,自动分拣系统逐渐开始在西方发达国家投入使用,成为发达国家先进的物流中心、配送中心或流通中心所必需的设施条件之一,但因其要求使用者必须具备一定的技术经济条件,因此,在发达国家,物流中心、配送中心或流通中心不用自动分拣系统的情况也很普遍。在引进和建设自动分拣系统时一定要考虑以下条件:

1. 一次性投资巨大

自动分拣系统本身需要建设短则 $40 \sim 50$ m,长则 $150 \sim 200$ m 的机械传输线,还有配套的机电一体化控制系统、计算机网络及通信系统等,这一系统不仅占地面积大,动辄 2 万 $m^2$ 以上,而且一般自动分拣系统都建在自动主体仓库中,这样就要建 $3 \sim 4$ 层楼高的立体仓库,库内需要配备各种自动化的搬运设施,这丝毫不亚于建立一个现代化工厂所需的硬件投资。这种巨额的先期投入要花 $10 \sim 20$ 年才能收回,需要有可靠的货源作保证,系统大都由大型生产企业或大型专业物流公司投资,小企业无力进行此项投资。

2. 对商品外包装要求高

自动分拣机只适于分拣底部平坦且具有刚性的包装规则的商品。袋装商品、包装底部柔软且凹凸不平,以及包装容易变形、易破损、超长、超薄、超重、超高、不能倾覆的商品都不能使用普通的自动分拣机进行分拣,因此为了使大部分商品都能用机械进行自动分拣,可以采取两条措施:一是推行标准化包装,使大部分商品的包装符合国家标准;二是根据所分拣的大部分商品的统一包装特性,定制特定的分拣机。但要让所有商品的供应商都执行国家的包装标准是很困难的,定制特定的分拣机又会使硬件成本上升,并且越是特别的其通用性就越差。因此,公司要根据经营商品的包装情况来确定是否建或建什么样的自动分拣系统。

## 三、仓储自动化设备

### （一）码垛机器人

托盘码垛机器人是能将不同外形尺寸的包装货物,整齐地、自动地码(或拆)在托盘上的机器人。为充分利用托盘的面积和码堆物料的稳定性,机器人具有物料码垛顺序、排列设定器(如图 8-3)。

根据码垛机构的不同,可以分为多关节型、直角坐标型。

根据抓具形式的不同,可以分为侧夹型、底拖型、真空吸盘型。

此外,机器人还分固定型和移动型。

图 8-3　码垛机器人

### （二）自动导引车

**1. 自动导引车的作用与类别**

自动导引车(AGV,Automatic Guided Vehicle)是一种物料搬运设备,能自动在一位置进行货物的装载,自动行走到另一位置完成货物的卸载,自动完成货物装卸的运输装置。通过系统集中控制和计算机管理,对自动导引车的作业过程进行优化,发出搬运指令,控制自动导引车的路线及跟踪输送中的各种信息,完全实现全自动作业,即自动识别、自动运输、自动检测、自动搬运、自动存取、自动信息交换和自动监控等(如图 8-4)。

AGV 的应用代替传统的人工搬运方式,大大促进企业的技术进步,改善工作条件和环境,提高自动化生产水平,有效地解放劳动生产力,减轻工人的劳动强度,缩减人员配备,优化生产结构,节约人力、物力、财力,创建人机友好、和谐宜人、科学文明的生产环境。

根据导引方式的不同,可分为:固定路径导引,包括电磁导引、光导导引和磁带(磁气)导引;自由路径导引,包括激光导引、惯性导引等。

根据 AGV 装卸物料方式的不同,可分为:料斗式、辊道输送式、链条输送式、垂直升降式、叉车式。

图 8-4　AGV 自动导引车

## 2. 选择AGV自动导引小车的注意事项

AGV自动导引小车的应用代替传统的人工搬运方式，大大提高了劳动生产率及物流系统的自动化水平，从而提高生产全过程中各个环节的准确性，提高生产效率，降低生产成本，增强生产过程中的灵活性，更能适应现代化的管理方式。

AGV自动导引小车的应用本着满足用户生产指标及为用户将来的发展留下余地的原则，并根据工艺要求、需搬运产品的重量尺寸，选择AGV小车的导引方式、小车尺寸、承载能力、充电方式。在已有的空间内，按照系统要求，安排最佳物流路线，达到路径最短、简洁流畅的目的，尽量避免干涉，以提高效率，降低运营成本。

### 比一比

#### 案例：仪征化纤涤纶五厂的自动化包装仓储

仪征化纤涤纶五厂长丝自动化包装仓储系统包括两条自动化长丝包装线、一台全自动机器人码垛机、一座全自动高架立体仓库（有6 240个货格和3台巷道式堆垛机）和两套全自动托盘输送线。设计能力为年吞吐量170万箱。

系统数据信息层采用服务器—客户机结构，数据库采用SQL-Sever 2000，出入库客户终端应用PowerBuilder 7.0，监控系统采用A-B公司的RSview32，包装码垛程序采用VB6.0编程，设备控制器采用A-BSLC系列PLC，各PLC之间应用A-B的ControlNet网络通信。

该公司自动化仓储的特点是：

（1）整个控制系统技术先进、结构严谨，采用现场控制器直接通讯的方式，真正做到计算机只监不控，所有的决策、作业调度、现场信息等均由堆垛机、出入库输送机、包装线、码垛机等现场设备通过ControlNet网络协议来协调完成。因此，关掉计算机不影响入库作业。

（2）出库提单输入到计算机之后，管理计算机产生出库作业，并将所有的出库作业一次传给堆垛机，以利于堆垛机自己根据路径最短的原则来调度作业，同时此时的出库作业也不依赖于计算机来完成。也就是说，此时关掉计算机不影响堆垛机及输送线的工作。

（3）每个货位的托盘号分别记录在堆垛机和计算机的数据库里，管理员可利用对比功能来比较计算机的记录和堆垛机里的记录，并进行修改，修改可自动完成和手动完成。

（4）计算机网络系统对整个立体仓库信息流与物流进行统一管理，并可与厂级管理信息系统共享资源。

（5）系统软、硬件功能齐全，用户界面清晰，便于操作维护。

(6) 自动输送系统将化纤成品包装生产、仓储与销售融为一体，入、出库盘统一由输送系统在库外进行交接，大大降低了人为因素的干扰。

(7) 单一的物流方向，衔接紧凑的各类输送机，确保了化纤成品入、出库的高节奏。

(8) 准确、高效、可靠的智能型码垛机器人、堆垛机、拆、叠盘机极大地提高了仓储作业效率。

(9) 堆垛机有自动找回原点的功能，即无论任何情况，只要货叉居中且水平运行正常时，可按照下达的命令自动返回原点。同时，在监控计算机或地面操作站手动控制堆垛机和输送机，这意味着操作人员和维护人员可以尽量不进入巷道。

(10) 由于托盘入库作业的巷道号是由入库运输机分配的，而入库的作业地址是由堆垛机自己分配的，因此也就不存在"进错巷道""层、列错格"等现象。因为入库作业是堆垛机做完后再向管理系统报告，所以无论入库托盘进入哪个巷道、放进哪个货格，都是对的。

(11) 由于水平运行和垂直运行采用旋转脉冲编码器来确定堆垛机的绝对位置，利用模拟量控制变频器，做到匀加速运行，抛物线变减速运行，因此堆垛机的运行效率更高，没有提前几列便中速运行、低速爬行的现象，极大地提高了堆垛机的运行效率。同时，使得认址器和认址片更加简单，大大地提高了堆垛机的停准度。堆垛机弄错地址的现象为零。

仪征化纤涤纶五厂自动化成品立体仓库自投运以来运行稳定，每天（16小时）处理600盘作业，而出入库各只有1名操作工，运行效率高，人工成本低。

自动化立体仓库以其占地面积小、综合投资少、工期短、设计紧凑、高效率、低消耗、极小的人工成本等优势在仓储物流业迅速崛起并占有重要地位，是未来仓储物流发展的方向。A-B公司的自动化产品的优势在自动化立体仓库控制系统中得到了充分发挥，使控制更简单、运行更可靠。

### 读一读

**拓展知识：仓储物流技术的发展趋势**

从行业应用看，我国仓储物流技术的发展，已经从"适度自动化＋高度信息化"阶段过渡到"高度自动化＋高度信息化"阶段，并开始向智能化演变。这是大的方向。

从技术发展层面而言，更大的规模、更高的柔性、更高的自动化水平、更高的效率、更低的成本无疑是发展趋势。自动化、无人化、智能化成为发展的总趋势。

总体而言,物流技术的发展将会在以下几个方面有较大的突破:

1. 柔性化技术与单元化技术的全面应用

仓储物流中的柔性化技术,如 AGV、kiva、四向穿梭车、子母车、3D 组盘技术等,未来还有可能是可行走的机器人、无人机等。有些是高度柔性化的,有些则是半柔性化(与完全柔性涉及的指标存在差距,如路线不能随意调整等)的。其主要特点表现在:(1) 其路径是非固定的;(2) 设备数量是可增减的;(3) 设备用途是多方面的。以 AGV 为例,最早的 AGV 系统仅用于物料搬运,然而今天的 AGV(包括 kiva),可以用于搬运、输送、储存、拣选等多个方面。未来,AGV 大面积取代叉车和输送机的可能性很高。

以周转箱和托盘为载具的"单元",将在整个供应链体系中保持一致的形态,完成快速对接,大幅度提升仓储物流效率。载具的共用体系的建立只是迟早之事。

2. 货到人拣选技术将成为拆零拣选的主流技术

货到人拣选(未来可能是货到机器人拣选)技术在近几年受到广泛重视并快速发展,但还远没有达到普及的水平。这一技术以巨大的优越性,将会在拆零拣选(不仅限于拆零拣选)环节发挥巨大的作用。尤其以多种形式的穿梭车和 kiva 为代表的存取技术取得了突飞猛进的进步。kiva 机器人已经被认为是拣选系统中使用最广泛的自动化技术之一,成为引领世界物流技术发展的潮流。穿梭车技术,包括多层穿梭车和四向穿梭车等多种形式,也是近年来发展最迅速的技术之一,其在大型配送中心,尤其在电子商务配送中心,将起到关键作用。

3. 自然导航和 3D 识别技术在物流系统中普遍应用

自然导航技术广泛应用于自动驾驶技术,是一种比激光导航更加优越的导航技术。kiva 在电商等众多类型的仓储物流系统中都有应用。但 kiva 基本采用二维码+磁条导航技术,这是一种成本相对较低的导航技术,缺点是柔性较差。自然导航技术完全克服了过去那种需要预定义系统和环境的思路,可以模拟汽车在一段陌生的公路上行走。当然,由于仓库是一个封闭系统,比起公路来要规范许多,因此,自然导航的难度相对降低很多。

3D 识别技术之所以重要,主要在于它解决了空间定位问题,使得自动拣选、自动码垛与拆垛、自动装车与卸车变得可能,可以预见,3D 技术的全面应用,将对仓储物流技术产生革命性的影响。

4. 传统技术已经不是以前的意义

如 AS/RS 系统,除了高度、速度等将有重大突破外,立体库的规模将会越来越大。此外,库前区的技术革命也会有重大变化,比如 AGV 将取代叉车作业和输送机作业就会是一次设计理念上的大突破。未来的 AS/RS 系统将会变得更加柔性化,系统也会更加简单。

Miniload技术将会有更大的市场。随着拆零业务比例的上升,以箱为单位的作业系统会更加受到重视。穿梭车也是如此。

随着AGV技术的不断成熟,叉车改造为自动叉车具有巨大的市场空间。

随着冷链市场的需求增大,适合于-18℃甚至更低环境的自动化系统需求会越来越大,而这一方面的技术目前还非常短缺。

此外,高速分拣系统、自动包装系统等都将获得更大的发展。

5. AI技术将得到全面应用

各式各样的机器人参与物流作业的各个环节,将引发一场物流作业的革命。如双足机器人在物流各环节的应用,将对当前难以处理的厢式货车的装卸作业发挥意想不到的作用。未来几十年中,将是AI从概念全面走向实用的时期。智能物流的一个显著特征就是AI的全面应用。AI技术对于社会和物流技术的巨大推动作用,可能所有的想象和预测都会过于保守,现在仅仅能看到端倪,还无法突破巨大的想象空间。

总而言之,更高的存储效率、更快的作业效率、更准确的拣选作业以及作业更加轻松,是物流系统追求的目标。充分利用空间,提高物流作业效率与客户服务体验,是技术发展的底层动力。所有技术的进步都是为了提高服务水平这样一个共同目标。

注:尹军琪.中国仓储物流自动化技术发展路径与未来趋势[J].物流技术与应用,2020,25(6):96-99.

## 任务实施

**看一看**

1. 调查了解自动化仓储技术的经济投入。
2. 了解自动化仓储技术对仓储的要求。

**做一做**

在对AA仓储企业进行自动化设备选配的过程中,可以参考以下内容:

(1) 要对项目进行审视,着眼于实际业务需要,而不是为自动化而自动化。在考虑自动化的时候,还要考虑与它相配套的手工作业。事实上,基本上没有哪一个立体仓库是真正的自动化仓库,任何立体库都是自动化与手工的结合。确定项目的时候,需要建立计划数据库。一般情况下需把未来3~5年内仓库的吞吐量、存储容量、订单货物的类别等要素考虑进去。

(2) 进行技术评估,确定自动化是否适当。根据库房吞吐量和存储需要,可以确定是否需要自动化和自动化要达到的程度。

按照作业水平可以把库房作业分成由低到高的四个层次:简单手工操作——例如托盘堆垛、货箱上架、根据订单拣选等;机器辅助作业——借助升降机,把托盘送上货架,或用直式输送机辅助运输货箱;简单自动化作业——例如,在全托盘进出的库房里,利用自动起重机和简单的输送系统;复杂自动化作业——包括指示灯辅助拣选系统、复杂的输送系统、高速分拣系统等。随着库房作业复杂程度和库房容量的增长,我们的选择也会跟着变化。例如,当库房每小时处理的订单超过500个,自动化作业就被提上议事日程了。

(3)当确定有必要实施自动化以后,下一步就要对设备的性能进行详细的审视。每个被选设备的可选特性只需通过"是/否"备选框,就可以挑选出来。例如,对严格实行先进先出的库房来说,单倍深自动存储系统就足够了,无须采用双倍深的存储系统或密集的起重机系统。对设备的特性进行如此细致的评估后,就能得出弃用某些设备的结论了。

(4)根据计划阶段设定的作业环境参数和意外情况,做敏感度分析。通过分析作业环境改变之后,最终选中的方案是否会发生改变,可以发现方案的潜在缺陷。这时,计算机仿真测试就会派上用场了。例如测试自动存储系统的一个起重机发生故障后,要想知道对整体作业的影响,只需输入相关参数就可以了。在重大自动化项目中,这是很有必要的,在计算机上对设计进行测试是非常容易的,当进入签约阶段,发现不适合再掉头就积重难返了。

通过逐渐缩小选择范围的方法,能把各个型号的自动化设备都考虑进去。只有通过这样彻底的分析,才能选中一个合适的自动化系统。

## 实践训练

**练一练**

练习1:为AA公司仓储业务进行自动化技术的配置(小组完成)。

**赛一赛**

竞赛1:试用因素比重法比较哪个小组配置的自动化技术更合理。

# 项目8.2　仓储管理信息系统

## 任务描述

任务1:从管理运作角度为AA公司仓储业务设计仓储管理信息系统。

## 任务分析

**想一想**

问题1：仓储管理信息系统主要应该采集哪些数据？

**议一议**

话题1：仓储管理信息系统应包含哪些功能模块？
话题2：如何确保仓储管理信息系统高效运作？

## 相关知识

**讲一讲**

在现代物流业迅速发展的过程中，物流信息系统从管理、决策、应用等多方面对物流活动的各项业务进行综合的集成化，促使物流体系高效、协调地运转。与此同时，以高效率、高质量、低成本为标准的现代物流对物流信息系统也提出了更高的要求。

仓储物流是物流系统的核心之一，是企业物资流通供应链中的一个重要环节。在仓储物流管理活动过程中，会产生大量的仓储物流信息，这种信息常伴随着仓库订货、货物入库、货物管理、货物出库的发生而发生，一般具有数据量大、数据操作频繁、信息内容复杂等特点，为加强仓储信息的管理，企业非常需要建立一个能迅速及时地处理大量信息的现代仓储物流管理信息系统，来有效地提高仓储效率，减少库存支出，加快资金周转，压缩库存量。

### 一、现代仓储管理信息系统需求分析

仓储物流的主要功能是围绕仓库进行作业，现代仓储物流管理信息系统是仓储活动的信息处理系统，是一个由计算机及其应用软件构成的，包括物资入库、库存物资管理、物资出库、物资统计等子系统的动态互动系统。笔者认为一个完整的仓储物流管理信息系统应包括如下功能模块：仓储业务受理模块、入库作业管理模块、库存管理模块、出库作业管理模块、盘点模块、报表统计模块、信息查询模块、人员管理模块、财务结算模块。整个仓储物流管理信息系统功能结构如图8-5所示。

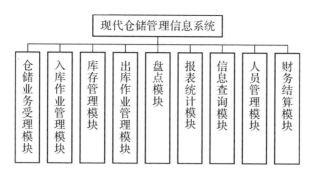

图 8-5　仓储物流管理信息系统功能结构

整个仓储业务流程图如图 8-6 所示。

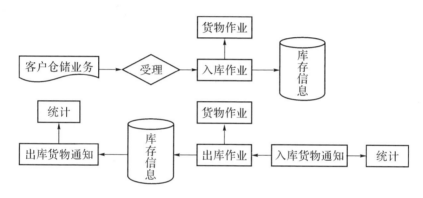

图 8-6　仓储业务流程图

（一）仓储业务受理模块

此模块是物流公司用于受理客户的仓储业务或需保存的配送业务和运输业务管理的基础。公司仓储管理人员根据仓储业务申请判定仓储业务的受理操作,为入库管理做准备。仓储业务受理模块登记客户需要对货物进行储存业务的相关信息,以便管理人员做出合理的仓储管理方案。此外,还要有对未安排仓储管理方案的仓储业务进行维护的功能。模块包含的信息如图 8-7 所示。

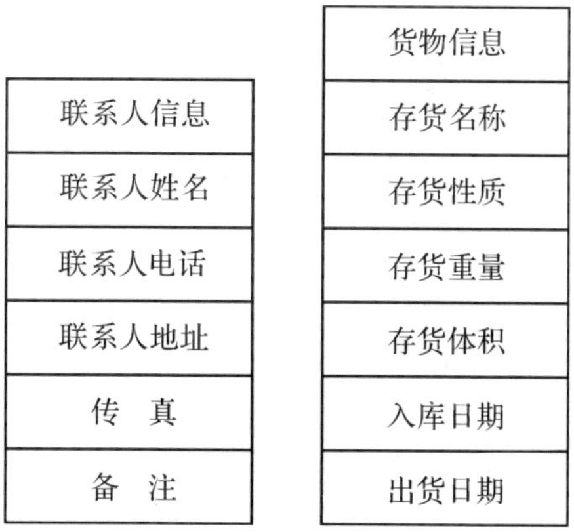

| 货物信息 |
| --- |
| 存货名称 |
| 存货性质 |
| 存货重量 |
| 存货体积 |
| 入库日期 |
| 出货日期 |

| 联系人信息 |
| --- |
| 联系人姓名 |
| 联系人电话 |
| 联系人地址 |
| 传　真 |
| 备　注 |

图 8-7　仓储业务受理信息

（二）入库作业管理模块

根据业务受理清单列出入库信息,经

过审核确认后,根据客户要求或货物性质选择仓库,并根据仓位占用信息进行仓位的分配,同时修改仓库信息,从而完成实际入库操作,同时生成入库货物明细通知,作业流程如图 8-8 所示。入库管理可以对入库货物明细通知进行维护管理和打印,维护的同时对仓库信息进行相应的修改。

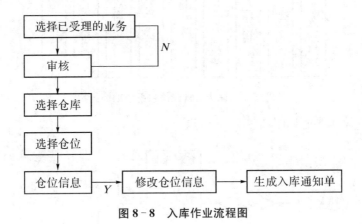

图 8-8　入库作业流程图

（三）库存管理模块

库存管理模块负责各种物料的收发存管理,实时处理入库作业管理系统、出库作业管理系统提供的数据,随时更新库存信息以反映库存的动态变化。该功能模块包括收发存管理、库存状况分析、ABC 分类管理和呆滞物料管理等子模块。收发存管理提供某段时间内库存物流的信息状况,随机显示和打印当前的库存量等信息;库存状况分析提供库存中现有量、计划收到量、已分配量、可用量等库存信息;ABC 分类管理对库存的货物进行分类管理;呆滞物料管理提供库存积压货物的品种、数量及积压金额,便于采取措施进行处理。

（四）出库作业管理模块

仓库管理员根据客户的实际需求和实际库存情况,提前做好出库准备。一旦确定出库后,以最快的速度生成出库货物明细通知单,同时修改仓库信息和配送业务信息或运输业务信息,完成出库作业,并对出库申请进行审核,以保证出库货物的正确无误。出库管理可以对出库货物明细通知单进行维护管理和打印,在维护的同时对仓库信息或配送业务信息和运输业务信息进行相应的修改。出库作业流程如图 8-9 所示。

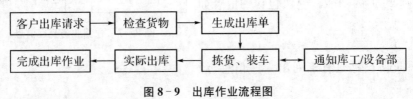

图 8-9　出库作业流程图

（五）其他功能模块

1. 盘点模块

该模块显示品名规格、品牌、批号、前期库存、本期入库、本期退库、本期退货、现库存等信息。

2. 报表统计模块

此模块实现了对入库和出库数据的统计，包括仓位汇总、费用汇总和库存汇总等的统计功能，并可打印输出查询结果。

3. 信息查询模块

该模块可以查询所有物品的信息，包括曾经存放过的和现在存放在仓库中的物品信息。为了查询数据的方便，本模块支持按物品名称、物品编码、生产厂商名称、生产厂商代码查询，数据动态实时更新。

4. 人员管理模块

主要包括对职工代号、姓名、职位、联系电话、身份证号码和住址等基本信息的录入、修改与删除。

5. 财务结算模块

整个财务系统通过该模块进行统计、结算，包含运费计算、收款、付款、预付款、代收款等信息。该模块可以管理及查询流水账、成本费用、应收应付账款等。

## 二、仓储管理信息系统数据库设计

（一）数据库设计

根据系统功能要求进行数据库表的建立。通过对用户的需求分析，需要记录的信息有：物品的基本信息、仓库的基本信息、仓库的操作信息。

（1）物品的基本信息表包括物品编码、名称、生产厂商代号、种类、规格、等级和物品所属的客户代号，其中物品编号为主键，因此要建立一个物品列表，用以储存物品的信息。同时需要为生产厂商、物品种类和客户建立单独的表。物品的生产厂商表中包含生产厂商的名称和代号，生产厂商代号为主键；物品种类表中包含物品种类的名称和代号，物品种类代号为主键；客户表中包含客户的代号、联系人和联系电话，客户代号为主键。这样的设计完全满足 BCNF 范式，表格之间的条理比较清晰。

各个表之间的外键关系如下：生产厂商表的主键与物品列表中的生产厂商代号相关联；物品种类表的主键与物品列表中的生产厂商代号相关联；客户表的主键与物品列表中的客户代号相关联。

（2）仓库的基本信息应包括用于记录职工基本信息的仓库人员管理表，及用于记录仓库库位信息的仓库信息表。仓库人员管理表中包括职工的代号、姓名、职位、联系电话、身份证号码和住址，职工代号为主键。仓库信息表中包括存放地点（相当于库位的标号）、仓库号、区域、货架号、层、行、列、是否为空几个属性，其中存放地点为主键。

（3）仓库的操作信息应包括用于储存入、出库及库内移动操作记录的入库表、出库表及库内移动表，用于储存当前仓库中物品记录的库存表，以及用于记录员工增减情况的人事变动表。入库表中应该记录物品编码、入库时间、经手人和存放地点，其中以物品编码和入库时间联合作为主键；出库表中应该记录物品编码、出库时间和经手人，其中以物品编码和出库时间联合作为主键；库内移动表中应该记录物品编码、移动时间、经手人、原存放地点和新存放地点，其中以物品编码和移动时间联合作为主键；库存表中应该记录物品编码、入库时间、存放地点和经手人，其中以物品编码作为主键。人事变动表中应该包括操作号、人事变动的内容、变动的时间、变动人员的代号和变动人员的姓名，其中操作号为主键。

另外，系统中还需要有用户的登录信息表用于记录用户的登录信息。登录信息表中应该有登录的用户名和密码，其中用户名为主键。为安全起见，在设计登录界面密码及储存于数据库时，系统采用 MD5 加密算法。

（二）数据库中表的关系

数据库中表的关系如图 8-10 所示。它描述了数据库中所有的表以及这些表之间的关系。对于表之间的触发器、为程序设计的存储过程、约束等具体内容这里没有详细列出。

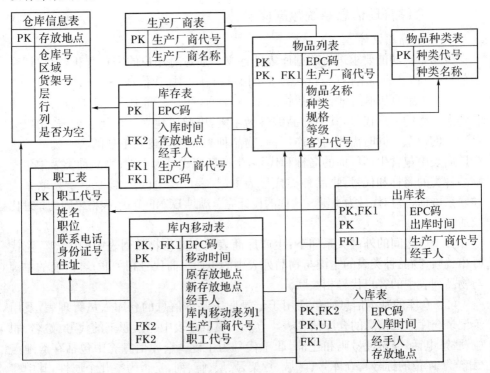

图 8-10　数据库表之间的关系

在产品同质化、渠道同质化、供应链同质化的今天，注重物流、从物流信息化中要效益已经成为企业的重要战略之一。现代仓储物流管理信息系统，作为现代仓储企业进行货物管理和处理的业务操作系统，能为企业提供信息分析和决策支持的人机系统，具有实时化、网络化、系统化、规模化、专业化、集成化、智能化等特点，其发展前景必将十分光明。

## 比一比

**案例：集团物流公司仓储信息系统项目方案**

广州市亿昌能计算机有限公司是一家专注于企业信息化解决方案的独立软件开发商和相关专业服务提供商。作为广东省信息产业厅认定的高新技术企业，其产品天朗 Internet 企业管理系统平台也同时获得了软件产品认定。亿昌能公司利用先进的软件技术，结合自身丰富的行业经验，为企业提供先进的 Web 化管理软件和解决方案。其系统特点为：

**一、系统软件采用 B/S 结构**

B/S 结构是现今软件行业发展的趋势，使用该结构的系统，其扩展性会更强。客户端无须安装任何软件与控件，所有数据均集中保存在服务器中，所有的安装与维护工作均在服务器端完成，客户端完全免维护。从安全性以及系统的实时性考虑，系统现阶段可以放在公司服务器上，公司操作部门的人员通过浏览器使用系统。可以建立第二仓库，升级网络系统，使得第二仓库的操作人员能通过 Internet 使用系统，实现异地仓操作的功能。

**二、完善的数据备份功能**

系统具有特有的远程数据库备份与恢复功能，数据库定时自动备份、手工备份，使客户的数据永无后顾之忧。当系统出现故障时，可以使用备份文件来恢复系统。

**三、安全的数据加密技术**

首先，对程序进行加密，并把重要程序封装成 DLL，这样就从程序上保证了数据的安全性。其次，对传输数据进行加密，这样就可以防止某些有不良企图的人用黑客手段在网络传输数据的过程中盗用数据。最后，对数据库进行加密，这样即使数据库被别人盗用，他也只能看到一堆乱码，确保了数据库的安全。

**四、友好的操作界面**

天朗软件操作简单、界面清晰美观、流程设计科学，主要功能一目了然，强大的向导提示和简单的智能化的提示，方便快捷的右键功能，易学易用。

**五、动态主机**

费用低廉，不需托管服务器或采用虚拟主机；服务器可存放在本地（公司内部或家里),维护方便,数据安全。可以将一个固定的互联网域名(免费的二级域名或 Internet 上的顶级域名)和动态的 IP 实时对应起来。这样,只要在需访问的服务器上安装动态主机客户端程序,不管服务器在什么时候连接上 Internet,得到的 IP 是多少,用户总能通过所设定的域名访问到你的计算机。只要申请了动态主机服务,信息可以做到没有时间和空间限制的共享,真正做到实时管理;可设定免费的二级域名或 Internet 上的顶级域名,低成本实现 Web 应用,提升企业形象。

### 六、使用防火墙

可以帮助客户安装、使用病毒防火墙、网络防火墙,保证网络使用的安全性。

### 七、节约成本

整个物流作业的设计着重于将空间和时间均离散化的物流操作,协调成顺畅的流水线式的作业流,加快作业速度;在整个系统辖域内,智能化处理数据,统筹配置各种人力及物力资源,减少人力物力的浪费,节约成本,以期获得最大的规模效益。

### 八、增值服务

通过智能化处理数据,进行数据挖掘、客户跟踪,及时发现有需求的客户,捕捉商机,获取更多的商业机会,从而达到增值的目的。

**读一读**

#### 拓展知识:ERP 系统介绍

ERP 是英文 Enterprise Resource Planning(企业资源计划)的简写,是从 MRP(物料资源计划)发展而来的新一代集成化管理信息系统。它扩展了 MRP 的功能,其核心思想是供应链管理,跳出了传统企业边界,从供应链范围去优化企业的资源,是基于网络经济时代的新一代信息系统。它对于改善企业业务流程、提高企业核心竞争力的作用是显而易见的。

ERP 是在 20 世纪 80 年代初开始出现的。从 90 年代开始,以 SAP、Oracle 为代表的国际著名 ERP 产品进入中国,并迅速扩展。接着,国内也相继出现了一些早期 ERP 产品,例如开思 ERP、利玛 ERP、和佳 ERP 及博科 ERP 等。

#### 一、ERP 系统的特点及核心内容

(1)企业内部管理所需的业务应用系统,主要是指财务、物流、人力资源等核心模块。

(2)物流管理系统采用了制造业的 MRP 管理思想;FMIS 有效地实现

了预算管理、业务评估、管理会计、ABC成本归集方法等现代基本财务管理方法;人力资源管理系统在组织机构设计、岗位管理、薪酬体系以及人力资源开发等方面同样集成了先进的理念。

(3) ERP系统是一个在全公司范围内应用的高度集成的系统。数据在各业务系统之间高度共享,所有源数据只需在某一个系统中输入一次,保证了数据的一致性。

(4) 对公司内部业务流程和管理过程进行了优化,主要的业务流程实现了自动化。

(5) 采用了计算机最新的主流技术和体系结构:B/S, Internet体系结构,Windows界面。在能通信的地方都可以方便地接入到系统中来。

## 二、ERP系统的管理思想

ERP的核心管理思想就是实现对整个供应链的有效管理,主要体现在以下三个方面:

### 1. 体现对整个供应链资源进行管理的思想

在知识经济时代仅靠企业自己的资源不可能有效地参与市场竞争,还必须把经营过程中的有关各方,如供应商、制造工厂、分销网络、客户等纳入一个紧密的供应链中,才能有效地安排企业的产、供、销活动,满足企业利用全社会一切市场资源快速高效地进行生产经营的需求,以期进一步提高效率并在市场上获得竞争优势。换句话说,现代企业竞争不是单一企业与单一企业间的竞争,而是一个企业供应链与另一个企业供应链之间的竞争。ERP系统实现了对整个企业供应链的管理,适应了企业在知识经济时代进行市场竞争的需要。

### 2. 体现精益生产、同步工程和敏捷制造的思想

ERP系统支持对混合型生产方式的管理,其管理思想表现在两个方面:其一是"精益生产(LP, Lean Production)"的思想,它是由美国麻省理工学院(MIT)提出的一种企业经营战略体系。即企业按大批量生产方式组织生产时,把客户、销售代理商、供应商、协作单位纳入生产体系,企业同其销售代理、客户和供应商的关系,已不再简单地是业务往来关系,而是利益共享的合作伙伴关系,这种合作伙伴关系组成了一个企业的供应链,这即是"精益生产"的核心思想。其二是"敏捷制造(Agile Manufacturing)"的思想。当市场发生变化,企业遇有特定的市场和产品需求时,企业的基本合作伙伴不一定能满足新产品开发生产的要求,这时,企业会组织一个由特定的供应商和销售渠道组成的短期或一次性供应链,形成"虚拟工厂",把供应和协作单位看成是企业的一个组成部分,运用"同步工程(SE)",组织生产,用最短的时间将新产品打入市场,时刻保持产品的高质量、多样化和灵活性,这即是

"敏捷制造"的核心思想。

3. 体现事先计划与事中控制的思想

ERP 系统中的计划体系主要包括主生产计划、物料需求计划、能力计划、采购计划、销售执行计划、利润计划、财务预算和人力资源计划等，而且这些计划功能与价值控制功能已完全集成到整个供应链系统中。

### 三、ERP 应用成功的标志

1. 系统运行集成化

这是 ERP 在技术解决方案方面应用成功最基本的表现。ERP 系统是对企业物流、资金流、信息流进行一体化管理的软件系统，其核心管理思想就是实现对"供应链"的管理。软件的应用将跨越多个部门甚至多个企业。为了达到预期设定的应用目标，最基本的要求是系统能够运行起来，实现集成化应用，建立企业决策完善的数据体系和信息共享机制。

一般来说，如果 ERP 系统仅在财务部门应用，只能实现财务管理规范化、改善应收账款和资金管理；仅在销售部门应用，只能加强和改善营销管理；仅在库存管理部门应用，只能帮助掌握存货信息；仅在生产部门应用，只能辅助制订生产计划和物资需求计划。只有集成一体化运行，才有可能达到：

(1) 降低库存，提高资金利用率和控制经营风险；
(2) 控制产品生产成本，缩短产品生产周期；
(3) 提高产品质量和合格率；
(4) 减少财务坏账、呆账金额等。

这些目标能否真正达到，还取决于企业业务流程重组的实施效果。

2. 业务流程合理化

这是 ERP 在改善管理效率方面应用成功的体现。ERP 应用成功的前提是必须对企业实施业务流程重组，因此，ERP 应用成功也即意味着企业业务处理流程趋于合理化，并实现了 ERP 应用的以下几个最终目标：

(1) 企业竞争力得到大幅度提升；
(2) 企业面对市场的响应速度大大加快；
(3) 客户满意度显著改善。

3. 绩效监控动态化

ERP 的应用，将为企业提供丰富的管理信息。如何用好这些信息并在企业管理和决策过程中真正起到作用，是衡量 ERP 是否应用成功的另一个标志。在 ERP 系统完全投入实际运行后，企业应根据管理需要，利用 ERP 系统提供的信息资源设计出一套动态监控管理绩效变化的报表体系，以期即时反馈和纠正管理中存在的问题。这项工作，一般是在 ERP 系统实施完成后由企业设计完成。企业如未能利用 ERP 系统提供的信息资源建立起自己的绩效监控系统,将意味着 ERP 系统应用没有完全成功。

4. 管理改善持续化

随着 ERP 系统的应用和企业业务流程的合理化,企业管理水平将会明显提高。为了衡量企业管理水平的改善程度,可以依据管理咨询公司提供的企业管理评价指标体系对企业管理水平进行综合评价。评价过程本身并不是目的,为企业建立一个可以不断进行自我评价和不断改善管理的机制,才是真正目的。这也是 ERP 应用成功的一个经常不被人们重视的标志。

## 任务实施

### 看一看

1. 了解仓储管理信息系统的相关内容。
2. 复习仓储作业的基本流程。

### 做一做

在对 AA 公司仓储管理信息系统进行设计时,可以参考以下内容:

一、系统规划

1. 根据组织的目标与发展战略确定信息系统的发展战略。
2. 组织信息,分析需求:对组织的信息、需求进行总体分析,确定信息系统的总体结构方案,划分建设项目。
3. 资源分配:对系统建设所需的各类资源进行估计与安排。

二、系统分析

1. 系统初步调查:开发项目的可行性研究、现行系统的详细调查、新系统逻辑方案的提出,系统开发项目管理者联盟。
2. 系统设计:系统总体结构设计,数据存储设计,输入、输出设计,处理过程设计,计算机与网络系统方案的选择。
3. 系统实施:软件编程与软件包的购置、计算机与网络设备的安装与调试、系统测试、新旧系统的转换。

三、系统运行与维护

系统运行的组织与管理,系统评价,系统的纠错性维护、适应性维护、完善性维护、预防性维护,系统更新,现行系统问题分析,新系统建设的启动。

**实践训练**

练一练

练习1：从管理运作角度为AA公司仓储业务设计仓储管理信息系统（小组完成）。

# 项目8.3　物联网技术的应用

 **任务描述**

任务1：为AA公司仓储业务进行物联网技术的配置。
任务2：分析物联网技术将为AA公司的仓储管理带来的影响。

 **任务分析**

想一想

问题1：什么是物联网技术？

议一议

话题1：物联网技术给仓储业务带来的最大好处是什么？

 **相关知识**

讲一讲

"物联网技术"的核心和基础仍然是"互联网技术"，是在互联网技术基础上进行延伸和扩展的一种网络技术，其用户端延伸和扩展到了任何物品和物品之间，进行信息交换和通讯。因此，物联网技术的定义是：通过射频识别（RFID）、红外感应器、全球定位系统、激光扫描器等信息传感设备，按约定的协议，将任何物品与互联网相连接，进行信息交换和通讯，以实现智能化识别、定位、追踪、监控和管理的一种网络技术。

## 一、定义

物联网（Internet of Things）指的是将无处不在（Ubiquitous）的末端设备（Devices）和设施（Facilities），包括具备"内在智能"的传感器、移动终端、工业系统、数控系统、家庭智能设施、视频监控系统等，和"外在使能"（Enabled）的，如贴上RFID的各种资产（Assets）、携带无线终端的个人与车辆等"智能化物件或动物"或

"智能尘埃"(Mote),通过各种无线和/或有线的长距离和/或短距离通信网络,实现互联互通(M2M)、应用大集成(Grand Integration)以及基于云计算的 SaaS 营运等模式,在内网(Intranet)、专网(Extranet)和/或互联网(Internet)环境下,采用适当的信息安全保障机制,提供安全可控乃至个性化的实时在线监测、定位追溯、报警联动、调度指挥、预案管理、远程控制、安全防范、远程维保、在线升级、统计报表、决策支持、领导桌面(集中展示的 Cockpit Dashboard)等管理和服务功能,实现对"万物"的"高效、节能、安全、环保"的"管、控、营"一体化。

## 二、诞生发展

物联网在 1999 年诞生,2005 年普及,2009 年大发展。"物联网"这个词,是 MIT Auto-ID 中心 Ashton 教授在 1999 年研究 RFID 时最早提出来的。在 2005 年国际电信联盟(ITU)发布的同名报告中,物联网的定义和范围已经发生了变化,覆盖范围有了较大的拓展,不再只是指基于 RFID 技术的物联网。自 2009 年 8 月温家宝总理提出"感知中国"以来,物联网被正式列为国家五大新兴战略性产业之一,写入"政府工作报告",物联网在中国受到了全社会极大的关注,其受关注程度是在美国、欧盟以及其他各国不可比拟的。

物联网的概念与其说是一个外来概念,不如说它已经是一个"中国制造"的概念,它的覆盖范围与时俱进,已经超越了 1999 年 Ashton 教授和 2005 年 ITU 报告所指的范围,物联网已被贴上"中国式"标签。

## 三、物联网技术的关键

简单来讲,物联网是物与物、人与物之间的信息传递与控制。在物联网应用中,有三项关键技术。

1. 传感器技术

这也是计算机应用中的关键技术。到目前为止,绝大部分计算机处理的都是数字信号,自从有计算机以来就需要传感器把模拟信号转换成数字信号,这样计算机才能进行数据处理。

2. RFID 标签

这也是一种传感器技术,是融合了无线射频技术和嵌入式技术为一体的综合技术。RFID 在自动识别、物品物流管理方面有着广阔的应用前景。

3. 嵌入式系统技术

这是综合了计算机软硬件、传感器技术、集成电路技术、电子应用技术为一体的复杂技术。经过几十年的演变,以嵌入式系统为特征的智能终端产品随处可见,小到人们身边的 MP3,大到航天航空的卫星系统。嵌入式系统正在改变着人们的生活,推动着工业生产以及国防工业的发展。如果把物联网用人体做一个简单比喻,那么传感器就相当于人的眼睛、鼻子、皮肤等感官,网络就是用来传递信息的神经系统,嵌入式系统则是人的大脑,在接收到信息后要进行分类处理。这个比喻很形象地描述了传感器、嵌入式系统在物联网中的位置与作用。

## 四、物联网技术的支撑

### 1. RFID

电子标签属于智能卡的一类,物联网概念是1999年由MIT Auto-ID中心主任Ashton教授提出来的,RFID技术在物联网中主要起"使能"(Enable)作用。

### 2. 传感网

借助于各种传感器,探测和集成包括温度、湿度、压力、速度等物质现象的网络,也是温家宝总理提出"感知中国"的主要依据之一。

### 3. M2M

这个词国外用得较多,侧重于末端设备的互联和集控管理,X-Internet,中国三大通讯营运商都在推行M2M这个理念。

### 4. 两化融合

工业信息化也是物联网产业的主要推动力之一,自动化和控制行业是主力,但来自这个行业的声音相对较少。

## 五、物联网技术在仓储管理中的应用

当前,物联网技术在我国的仓储物流领域中得到了越来越多的应用,普遍得到广泛应用的技术也越来越多,主要有以下几种:网络技术、通信技术、感知技术、智能仓储管理技术和传输技术。

### 1. 网络与通信技术

目前,我国的现代化物流发展最大的趋势就是完全的智能化和网络化。在制造企业内部,企业中的生产系统和现代的仓储配送中心之间往往都有一定的相互有效融合,仓储系统实质上是生产系统化中较为重要的一个组成部分,它在企业的生产管理当中有着十分重要的位置和作用。在企业内部系统网络构架中,一般都是将企业内部的局域网络作为建设的主体,然后建立起具有独立性的网络化系统。

一般在面对范围较大的物流网络时,物流公司每一个网点中的仓储信息管理一般都需要借助企业中的局域网和互联网络系统,将网点有效地连接起来,然后进行相关信息的传输。物流中心与物流门店和物资配送点之间进行的信息传输,整体上也是借助了全球互联网的技术能力。从2010年开始,将无线局域网技术作为基础,仓储业中的物联网系统技术也逐渐得到了越来越多的应用。

### 2. 感知技术

根据相关调查结果显示,目前我国的仓储业中,应用于物联网中的一项感知技术就是RFID技术,在诸多先进仓储的配送中心,智能化的无线射频手持终端以及RFID技术都是较为广泛的应用技术。这种情况的出现,是由于托盘系统和RFID技术之间可以进行有效的结合,仓储配送中心在闭环中应用RFID技术,可以将成本降到最低。除此之外,将RFID技术中的手持拣选终端作为基础,拣选的效率和拣选的速度都可以得到很大的提升。

普通仓储系统当中,条码的自动识别技术得到了十分广泛的应用。除此之外,电子标签对拣选起到辅助作用,同样得到了一定程度的应用。这个电子标签,指代的并非是 RFID 技术标签,而是指电子指示标签在进行拣选工作时的作业系统。对这一系统进行完全的利用,把进出库的订单通过计算机系统进行有效的分解,分解之后再将货物传输至货架的各货位,用电子显示技术,对拣货进行引导,以此辅助拣选系统。这样的系统十分简洁,而且实用,应用范围也十分广泛。近些年,无线网络传输技术也逐渐应用到了拣选数据当中,不用在现场进行布线然后搭建相关系统,为技术应用提供了很大的方便。

在部分的先进制造业中,仓储配送系统内都采用全自动的输送分拣系统,通常采用红外线以及激光灯先进技术来进行物品的定位、计数和感知,然后进行全自动的快速分拣。除此之外,为了让仓储工作可以达到可视化,仓库实行了视频监督控制,一些仓储系统还采用视频的感知监督控制系统,已经取得了良好效果。同时,许多仓库内有传感器,这些传感器能够自动采集仓库的湿度、温度等数据,实时感知物品的物理信息,这使得感知技术有了更加深入的发展和应用。

3. 智能仓储管理与传输技术

从相关资料中获得的详细数据统计分析显示,目前我国的仓储业中,智能化的终端技术已经有了较大发展,其中包括语音提示终端、机器人技术、视频监督控制终端、无线射频手持终端以及无人搬运车等。通过对这些技术手段的充分利用,物品可以实现自动搬运、自动识别、机器人的自动堆码物品以及智能辅助人工拣选工作,而在智能仓储管理控制系统当中,物联网技术和仓库的相关管理系统之间可以进行有效的相互结合,从而使得仓储业自动化和智能化可以实现。

物联网技术在物流传输环节中的应用主要体现在四个方面:首先是体现在销售方面。每当一件商品在在线商店出售以后,使用物联网技术的电子商务系统会及时对有关商品的库存及位置进行定位,通过对商品的定位可知拥有该商品并离用户最近的仓库,将相关订单信息通知该仓库人员,其便可以最快的速度进行商品的出库行为。仓库人员借助传感器可了解仓库库存商品的所有信息,这样就有利于电子商务企业对所有仓库进行仓储环境的相对安全的保持与统一,使得商品稳定在一个比较良好的状态,从而使得仓库的出库条件得到优化。其次是体现在商品出库前的准备方面,即配货的过程当中。利用无线射频技术可对需要出库的商品位置进行准确定位,然后借助无线局域网技术可将商品位置信息传送到后台,并可将有关商品信息传递给仓库的管理人员。此管理人员持有无线扫描终端,他依照所传递的商品位置信息可迅速找到所需出库商品,随后只要进行打包并运送到出货车辆位置等待出库就可,这样在免去了手工扫描过程的前提下,无线射频系统就可对商品的出库信息进行了解。第三是体现在商品的运输过程当中。在此过程当中所用到的物联网技术主要有传感器技术及 GPS 技术。其中传感器技术主要

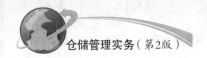

是用来对商品的状态进行实时的监控,以了解是否有损坏等。而 GPS 技术则是用来对车辆、轮船或是飞机等货物运送载体的位置进行实时了解。其主要是利用远距离无线技术来将运送载体的位置传输到电子商务的物流系统当中,企业有关人员可通过物流系统随时了解运输位置。在此过程当中,若有用户想要对商品的在途信息进行了解,相关人员可通过系统将商品的位置及状态等信息都提供给用户,在安装卫星监控的前提下,用户还可通过视频了解到运输载体的现场状态。最后是体现在商品的配送过程当中。在此过程当中所用到的物联网技术主要是 4G、EDGE 等长距离无线通信技术。一般来说,在进行商品配送时,配送人员都会带有 4G、EDGE 等手持终端设备。在配送的过程当中,商品的交付以及 POS 现场结算等交付流程都可由配送人员在交易现场一并完成。另外,有关系统可在配送的过程当中根据配送人员的具体情况给配送人员提供最优配送路线建议,并针对配送情况作出统计及分析。

### 比一比

#### 案例:物联网技术在冷链物流中的应用

近年来,冷链物流需求快速增长。2013 年,冷链市场需求达到 9 200 万吨,冷链物流总体增速已达约 20%。我国冷链物流业固定资产投资超过 1 000 亿元,同比增长 24.2%,冷链基础设施建设不断推进,冷库规模继续保持较快增长势头。冷链运输设施小幅增长。目前,公路运输占我国冷藏运输量的 90%。2013 年冷藏车市场保有量新增 13 000 台左右,同比增长 14% 左右。

冷链物流是一门综合性、交叉性的应用科学,是以冷冻工艺学为基础,以制冷技术为手段的低温物流过程。农产品冷链是指从农产品的获取到被消耗的整个过程中,物品始终处于维护其品质所必需的可控温度环境下的特殊供应链。物联网技术是包括射频识别(RFID)、红外感应技术、全球定位系统(GPS)、激光扫描技术、通信技术、互联网技术(Internet)、地理信息系统(GIS)等相关的技术。物联网的引入,可推进整个冷链物流系统自动化和信息化进程,提高物流效率,降低物流成本。作为农产品冷链物流运作,包括产品原料供应、生产加工、仓储配送、销售等环节,物联网技术在每一环节应用上都各有特色。

**一、物联网可改进农产品冷链物流生产加工**

传统农产品生产加工过程透明度不高,出现质量问题不能准确找出根源,更不能确定相应当事人。物联网的引入能够解决这个问题。在农产品采购时,就可对其进行电子标记编码建立数据库。通过电子标签能够对农产品在整个生产加工过程中进行连续的监控,包括当前的温度、湿度以及相应的操作人员。通过查询全部录入数据库的数据,很容易便可以清楚知道是哪些因素造成的问题,能立刻进行改善,确定出事故的责任归属。

## 二、物联网可改进农产品冷链物流仓储配送及应用

物联网应用能提高农产品仓储管理水平及配送效率。在冷链仓储中心,RFID技术可实现商品的自动化登记,无需人工检查或扫描条码,更快速准确,并减少了农产品的损耗。物联网技术的应用,可实现配送的可视化,实现农产品运输车辆及时准确调度,从而提高运输效率,尽量避免无效运输。可利用温度标签来提供温度监控,实现车载农产品的动态感知、动态监控及在途农产品的质量与安全。同时,物联网的应用,可实现对各冷库库存情况以及在途运输量情况的动态掌握,以便科学化运输决策,从根本上提高运输的合理性,实现农产品冷链物流的有效流通。总之,物联网的应用将推进整个仓库实现可视化,提高保管质量,实现仓储安全,并能实现仓储条件的自动调节,提高仓储作业管理效率。

## 三、物联网可推进农产品冷链物流销售及应用

农产品在实际销售中存在易变质、销售点分散、销售次数多等问题。在销售店引入物联网中的RFID技术,可在一定程度上解决这些难题。首先,RFID技术可实时读取冷冻区域的温度信息,将这些信息反馈给超市管理部门,保证冷冻区域的温度处于一定控制范围内,从而保证生鲜食品的新鲜度。再者,当消费者购物完毕后,将购物车推过装有RFID阅读器的出口时,阅读器可一次性辨认出购物车中的农产品种类、数量、金额等信息,电脑显示屏会显示该顾客消费的总金额,然后顾客付款离开,超市的销售系统立即自动更新,将所销售的农产品信息以及销售额全部记录,以纳入统计。

## 四、物联网可促进农产品冷链物流信息管理

信息共享是冷链物流管理的目标,一旦信息在整个冷链中同步,冷链上的参与者都能跟随顾客需求变动,进而形成同步运作。物联网技术可提供农产品冷链中流动的物品跟踪,同时向所有参与者实时传送数据,可减少信息失真现象。快速的信息传输速度,使冷链上的企业能更及时、准确地预测需求变化,推动大幅度降低库存水平。通过物联网,带射频标签的商品被顾客选购的信息能实时传到中央数据库。当零售点的商品数量低于安全存货量时,系统能自动向供应商发出补货请求,库存补给完全可以智能化地触发;当产品即将达到或超过有效期时,系统能自动向零售商发出促销或撤下货架的要求。

从应用趋势看,物联网在农产品冷链物流运作上,要求构建农产品冷链的追溯查询信息系统。通过依托现代前沿网络技术——物联网资源,以建立农产品冷链物流追溯信息系统,构建农产品冷链物流信息备案制度,实施

农产品冷链物流任何环节的信息备案,以备查询。这不仅能促进农产品生产环节的控制,而且强化了冷链物流环节的质量和安全的全程监控,通过追溯任何环节和过程出现的问题,利于找出真正原因,最终实现政府相关主管部门、冷链物流行业及其物流执行组织企业,对农产品物流活动的检测、监督和控制。

基于政府促进物联网应用于农产品冷链物流建设的重要作用,为此给出几点建议:一是加快扶持和培育城乡一体化农产品物流中心,特别是加大智能冷链物流体系的建设;二是加强冷链物流技术研究与新技术推广,加强现代冷藏车、冷库建设;三是加快发展第三方冷链物流企业,建立运用物联网新技术的冷冻冷藏产品加工配送中心,推进集约化共同配送;四是进一步引进国外先进的冷链物流技术与装备、运作模式与管理经验;五是加快冷链物流中利用物联网技术导入,促进产品安全和质量的提升。通过冷链物流行业积极探索物联网技术在冷链物流系统的广泛应用,进一步提高物流效率,降低物流成本。

### 读一读

**拓展知识:物联网技术的体系架构**

物联网典型体系架构分为三层,自下而上分别是感知层、网络层和应用层。感知层实现物联网全面感知的核心能力,是物联网中关键技术、标准化、产业化方面亟须突破的部分,关键在于具备更精确、更全面的感知能力,并解决低功耗、小型化和低成本问题。网络层主要以广泛覆盖的移动通信网络作为基础设施,是物联网中标准化程度最高、产业化能力最强、最成熟的部分,关键在于为物联网应用特征进行优化改造,形成系统感知的网络。应用层提供丰富的应用,将物联网技术与行业信息化需求相结合,实现广泛智能化的应用解决方案,关键在于行业融合、信息资源的开发利用、低成本高质量的解决方案、信息安全的保障及有效商业模式的开发。

物联网体系主要由运营支撑系统、传感网络系统、业务应用系统、无线通信网系统等组成。

通过传感网络,可以采集所需的信息,顾客在实践中可运用RFID读写器与相关的传感器等采集其所需的数据信息,当网关终端进行汇聚后,可通过无线网络运程将其顺利地传输至指定的应用系统中。此外,传感器还可以运用ZigBee与蓝牙等技术实现与传感器网关有效通信的目的。市场上常见的传感器大部分都可以检测到相关的参数,包括压力、湿度或温度等。一些专业化、质量较高的传感器通常还可检测到重要的水质参数,包括浊度、水位、溶解氧、电导率、藻蓝素、pH值、叶绿素等。

运用传感器网关可以实现信息的汇聚，同时可运用通信网络技术使信息可以远距离传输，并顺利到达指定的应用系统中。我国无线通信网络主要有 3G、4G、WLAN、LTE、GPRS 等。

M2M 平台具有一定的鉴权功能，因此可以为顾客提供必要的终端管理服务，同时，对于不同的接入方式，其都可顺利接入 M2M 平台，因此可以更顺利、更方便地进行数据传输。此外，M2M 平台还具备一定的管理功能，其可以对用户鉴权、数据路由等进行有效的管理。而对于 BOSS 系统，由于其具备较强的计费管理功能，因此在物联网业务中得到广泛的应用。

业务应用系统主要提供必要的应用服务，包括智能家居服务、一卡通服务、水质监控服务等，所服务的对象不仅仅为个人用户，也可以为行业用户或家庭用户。在物联网体系中，通常存在多个通信接口，对通信接口未实施标准化处理，而在物联网应用方面，相关的法律与法规并不健全，这不利于物联网的安全发展。

## 任务实施

### 看一看

1. 了解物联网技术的相关内容。
2. 复习物联网技术在仓储管理中应用的主要方面。

### 做一做

为 AA 公司仓储业务进行物联网技术配置，可以参考以下内容。

1. RFID 技术在仓储业的应用将快速发展

RFID 是一种非接触式的自动识别技术，它通过射频信号自动识别目标对象并获取相关数据，识别工作无需人工干预，可工作于各种恶劣环境。RFID 技术可识别高速运动的物体并同时识别多个标签，操作快捷方便。物联网的发展给 RFID 技术在仓储业的应用带来了良好的发展机遇。随着物联网技术的发展，在仓储领域，RFID 技术的应用将由点到面，逐步拓展到更为广阔的领域，并与产品智能追溯物流系统融合，产生更大的效益。

2. 感知技术集成应用将成为一个潮流

物联网技术的发展以及人们对物品物理性能的日益关注，将推动仓储业各类感知技术的集成应用。例如，RFID 技术与传感器技术的集成可以对粮食、水果、蔬菜、药品等具有特殊要求的仓储物品进行更具深度的感知，为人们提供更为便利的服务。2010 年这一趋势已经开始显现，无锡粮食物流中心和济宁物联网冷库系统的成功案例被广泛报道，也必然会带动这一感知技术集成应用成为一个发展潮流。

借助感知技术集成应用，在特殊品仓储的监测系统中，可以用于仓库环境监测,满足温度、湿度、空气成分等环境参数分布式监控的需求,实现仓储环境智能化。在危险品物流管理中应用无线传感器网络,能够实时监测危险品及其容器的状态,一旦超过警戒值可及时报警,从而为危险品物流过程的跟踪、监控、管理等提供安全保障。在冷藏物流系统中,可以全程监控冷冻环境中产品的温度及湿度,及时调控温度和湿度,保证产品质量。

3. 无线网络与通信技术的应用

第四代移动通信技术(4rd Generation,简称 4G)的发展,为仓储配送中心搭建无线网络系统创造了条件。目前,无线技术在仓储系统中已经得到了较多应用。例如,无线电子标签辅助拣选系统可以省却布线环节,大大方便了系统建设;叉车、拣选车等移动设备、移动终端,采用无线通信技术进行实时通信和移动计算,有利于实现仓储智能化作业,等等。

4. 无人搬运车与智能机器人融入仓储物联网

随着传感技术和信息技术的发展,无人搬运车(Automated Guided Vehicle,以下简称 AGV)也在向智能化方向发展,因此也称 AGV 为智能搬运车。近年来,随着物联网技术的应用,在全自动化智能物流中心,无人搬运车作为物联网的一个重要组成部分,成为一个具有智慧的物流终端,与物流系统的物联网联网作业、智能运作,实现了智慧物流。相信,随着物联网技术的发展与智能化技术的应用,一定会使 AGV 获得一个更为广阔的发展。

5. 仓储物联网出现互通互联的大趋势

将物联网技术应用于仓储管理系统中,可以实时监控物资的存储,大幅度提高物资出入库的安全性,减少和杜绝物资的非法流出,使仓储资产得到保障。使用物联网技术,可以提高电子标签识别的正确率,减少了人为错误输入带来的种种问题,进一步提高库存数据的准确率。借助物联网技术,组成仓储物联网,实现互通互联,可以实现仓储信息化的革命。

如果真正实现仓储物联网,就可以此为基础在更大的仓储物流网络中实现仓储系统的物联网与智能化,使物在仓储物联网大系统中能够智能化,让物流中的物自己知道要到哪里去,应存放到什么位置等,在这一理念下建立物流的物联网系统,就与原来的物联网系统大不一样了。这将完全打破物流信息系统原来的架构,甚至对物流运作过程中的现代物流技术装备产生巨大影响,对现代仓储、物流中心的结构带来革命性的变化。这将是真正的智慧物流,并真正实现智慧物流的变革。

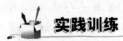

练一练

练习1:为 AA 公司仓储业务进行物联网技术的配置(小组完成)。

赛一赛

竞赛1:从先进性、实用性、经济性三个方面比比哪个小组配置的物联网设备更合理。

# 项目8.4 移动终端技术的应用

任务1:为AA公司仓储业务进行移动终端技术的配置。

想一想

问题1:什么是移运终端技术?

议一议

话题1:物联网技术给仓储业务带来的最大好处是什么?

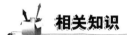

讲一讲

　　移动终端又叫移动通信终端,是指可以在移动中使用的计算机设备,广义地讲包括手机、笔记本、平板电脑、POS机甚至包括车载电脑,但是大部分情况下是指手机或者具有多种应用功能的智能手机以及平板电脑。随着网络和技术朝着越来越宽带化的方向发展,移动通信产业将走向真正的移动信息时代。另一方面,随着集成电路技术的飞速发展,移动终端已经拥有了强大的处理能力,它正在从一个简单的通话工具变为一个综合信息处理平台,这也给移动终端增加了更加宽广的发展空间。

　　移动终端作为简单通信设备伴随移动通信发展已有几十年的历史。自2007年开始,智能化引发了移动终端基因突变,从根本上改变了终端作为移动网络末梢的传统定位。移动智能终端几乎在一瞬间转变为互联网业务的关键入口和主要创新平台,以及新型媒体、电子商务和信息服务平台,互联网资源、移动网络资源与环境交互资源的最重要枢纽,其操作系统和处理器芯片甚至成为当今整个ICT产业的战略制高点。移动智能终端引发的颠覆性变革揭开了移动互联网产业发展的序幕,开启了一个新的技术产业周期。随着移动智能终端的持续发展,其影响力将比肩收音机、电视和互联网(PC),成为人类历史上第四个渗透广泛、普及迅速、影响巨大、深入至人类社会生活方方面面的终端产品。

## 一、移动终端简介

现代的移动终端已经拥有极为强大的处理能力(CPU 主频已经达到 2G)、内存、固化存储介质以及像电脑一样的操作系统,是一个完整的超小型计算机系统,可以完成复杂的处理任务。移动终端也拥有非常丰富的通信方式,既可以通过 GSM、CDMA、WCDMA、EDGE、3G、4G 等无线运营网通讯,也可以通过无线局域网、蓝牙和红外进行通信。

今天的移动终端不仅可以通话、拍照、听音乐、玩游戏,而且可以实现包括定位、信息处理、指纹扫描、身份证扫描、条码扫描、RFID 扫描、IC 卡扫描以及酒精含量检测等丰富的功能,成为移动执法、移动办公和移动商务的重要工具,有的移动终端还将对讲机也集成到移动终端上(多功能移动终端的例子可以参看扩展阅读)。移动终端已经深深地融入我们的经济和社会生活中,为提高人民的生活水平,提高执法效率,提高生产的管理效率,减少资源消耗和环境污染以及突发事件应急处理增添了新的手段,国外已将这种智能终端用在快递、保险、移动执法等领域。最近几年,移动终端也越来越广泛地应用在我国的移动执法和移动商务领域。

移动终端的智能性主要体现在四个方面:其一是具备开放的操作系统平台,支持应用程序的灵活开发、安装及运行;其二是具备 PC 级的处理能力,可支持桌面互联网主流应用的移动化迁移;其三是具备高速数据网络接入能力;其四是具备丰富的人机交互界面,即在 3D 等显示技术和语音识别、图像识别等多模态交互技术的发展下,以人为核心的更智能的交互方式。

## 二、移动终端的特点

移动终端,特别是智能移动终端,具有如下特点:

(1) 在硬件体系上,移动终端具备中央处理器、存储器、输入部件和输出部件,也就是说,移动终端往往是具备通信功能的微型计算机设备。另外,移动终端可以具有多种输入方式,诸如键盘、鼠标、触摸屏、送话器和摄像头等,并可以根据需要进行调整。同时,移动终端往往具有多种输出方式,如受话器、显示屏等,也可以根据需要进行调整。

(2) 在软件体系上,移动终端必须具备操作系统,如 Windows Mobile、Symbian、Palm、Android、IOS 等。同时,这些操作系统越来越开放,基于这些开放的操作系统平台开发的个性化应用软件层出不穷,如通信簿、日程表、记事本、计算器以及各类游戏等,极大程度地满足了个性化用户的需求。

(3) 在通信能力上,移动终端具有灵活的接入方式和高带宽通信性能,并且能根据所选择的业务和所处的环境,自动调整所选的通信方式,从而方便用户使用。移动终端可以支持 GSM、WCDMA、CDMA2000、TDSCDMA、Wi-Fi 以及 WiMAX 等,从而适应多种制式网络,不仅支持语音业务,更支持多种无线数据业务。

(4) 在功能使用上，移动终端更加注重人性化、个性化和多功能化。随着计算机技术的发展，移动终端从"以设备为中心"的模式进入"以人为中心"的模式，集成了嵌入式计算、控制技术、人工智能技术以及生物认证技术等，充分体现了以人为本的宗旨。由于软件技术的发展，移动终端可以根据个人需求调整设置，更加个性化。同时，移动终端本身集成了众多软件和硬件，功能也越来越强大。

### 三、运用移动终端技术的仓储管理系统

基于移动终端技术的仓储管理系统包含用户登录、货物入库、货物出库(发货)、盘点(在库管理)、查询、统计分析等方面的功能。

（一）用户登录

(1) 用户通过正确输入系统管理员设定的用户名、密码，并选定相应库房名称后，可登录和进入系统。

(2) 在 Web 客户端登录时，拥有不同级别和权限的用户，登录系统后操作界面的功能菜单不一样。系统管理员根据需要，通过勾选设置，将级别低的用户的部分菜单或模块隐藏，使该级别用户不具有某些功能的操作或可视权限。用户级别可分为一般操作员、高级操作员、一般管理员、高级管理员、系统管理员等。

(3) 在移动终端登录时，用户级别可分为一般操作员、高级操作员。

（二）入库系统

1. 入库单数据导入

(1) 用户可以通过已设定格式的 EXCEL 文件导入入库单及入库物料明细数据，用户将外部 EXCEL 格式文件的数据导入到入库系统时，系统关联用户数据库，将与当前用户关联的厂商名称和厂商代码值填充到当前导入的数据记录的"厂商代码"和"厂商名称"字段中。

(2) 用户可通过"添加"菜单手动新增入库单和入库物料明细数据记录。

(3) 用户可对导入的入库单及入库物料明细数据记录进行修改、取消操作。

(4) 用户可对导入的入库单及入库物料明细数据记录按外部物流单号、物料名称、外部物料号、物料 PN(Part Number)码进行搜索。

2. 入库单审核

(1) 用户对导入的入库单进行审核(通过勾选或批量选取)。

(2) 已审核的入库单的状态为待入库。

(3) 用户在审核入库单时可勾选自动打印，若选择自动打印，则提交审核时系统对当前已审核的入库单按输出格式自动打印出入库单(系统默认为自动打印)。

(4) 用户不能对已审核的入库单数据记录进行修改、删除或取消操作。

3. 入库单打印

(1) 用户按提交时间、入库单号、外部物流单号、厂商名称搜索已审核的入库单，并对搜索的结果进行勾选或全选，对已选择的结果进行打印输出确认。

(2) 入库单打印输出格式：包含"外部物流单号、入库单号、应收总数、实收总数、厂商名称"以及"外部物料号、物料 PN、物料描述/格子号、应收数量、实收数量、上架仓位号及上架数量、备注""清点员签名、清点时间""上架员签名、上架时间"等。

4．清点入库

清点入库可在 Web 客户端或移动终端客户端上操作，可选择两种方式：

(1) 按入库单号清点：选中"扫描"或"手工输入入库单号"，回车（扫描则自动回车）。

(2) 按外部物流单号清点：选中"扫描"或"手工输入外部物流单号"，回车（扫描则自动回车）。

5．上架

(1) 有两种上架方式：手持上架和手工上架。

(2) 库存保质期从入库时间开始计算。

6．物料 PN 码打印

(1) 按单个物料号打印。

(2) 按批量物料号打印。

(三) 出库系统

1．订单导入

(1) 订单导入方式分为两种：用户通过已设定格式的 EXCEL 文件导入订单和发货明细数据；用户通过"添加"菜单手动新增订单记录的方式添加订单和发货明细数据记录。

(2) 用户将订单数据导入到系统时，系统关联系统用户数据库，并自动将与该用户关联的"厂商名称""厂商代码"和"承运商代码""承运商名称"值填充到当前提交的数据记录中。

(3) 用户可对导入的物料 PN 号、发货数量、承运商名称进行修改，物料 PN 号和承运商名称须通过选择来修改（物料 PN 号可通过输入"外部物料号""物料描述""厂商名称"（系统根据当前用户所属的厂商名称自动填充）来搜索指定的供选择的物料 PN 号；承运商名称可通过关键字搜索指定的供选择的承运商名称），"承运商代码"由系统根据承运商名称来关联承运商数据库进行自动填充。

(4) 已提交并成功导入但未审核的订单即发货单数据记录的状态为"待审核"。

2．订单审核

(1) 系统设置里对数据维护功能设定权限，不具有权限的用户必须在正确输入系统设定的维护密码后方可对已导入的订单和发货明细记录进行修改、删除等维护操作；具有权限的用户可直接对已导入的订单和发货明细记录进行修改、删除等维护操作。

(2) 承运商名称须通过选择来修改（可通过关键字搜索指定的供选择的承运

商名称)，"承运商代码"由系统根据承运商名称来关联承运商数据库进行自动填充。

（3）当审核提交完成时，已审核的订单即发货单的状态为"待发货"，状态为"待发货"的订单和发货明细记录被系统认为是发货单数据库及发货明细数据库，提交审核时由系统自动生成发货单号（发货单号生成规则：操作员登录时选定的库房名称所对应的编码＋系统按数量递增自动生成的序号）填充到对应记录的发货单号项。

（4）订单审核时系统不关联库存数据库、不分配拣货仓位。

3. 拣货单管理

（1）按如下规则创建拣货单：

①指定服务的厂商名称（必选）；

②指定承运商（必选）；

③指定时间段（可选；未指定时间段，则选取截止到系统当前时间点的订单）；

④选定拣货类型：系统设置里可对拣货类型进行添加和修改（A. 按接单时间先后；B. 按相邻货位；C. 按合单处理）；

⑤每张拣货单包含的订单张数；

⑥已撤单的货品和订单不创建到拣货单；

⑦其他规则。

（2）系统对已创建的拣货单按系统设定规则自动生成拣货单号。拣货单号生成规则：操作员登录时选定的库房名称所对应的编码＋系统按数量递增自动生成的序号。

（3）对已创建的拣货单包含的订单即发货单按 1 到 X（X 是指该拣货单包含的订单总数）递增的规则，自动生成序号即格子号填充到该发货单记录对应的格子号数据项，同一收件人（联系人、地址、联系方式均相同）的订单，其格子号相同；未创建拣货单号的订单或发货单格子号初始值为"0"。

（4）创建拣货单时，系统将与当前创建的拣货单包含的订单即发货单相关联的发货明细记录（通过发货单号将发货单数据库与发货明细数据库关联）与库存数据库关联，并根据仓位相邻或相近规则和发货明细记录中货品 PN 的发货数量来匹配拣货仓位号到相应发货明细记录的"拣货仓位"数据项。

（5）系统通过发货单号将已创建的拣货单包含的订单记录与订单对应的发货明细数据记录进行关联，将属于同一拣货单号的发货单关联的发货明细记录按如下规则进行统计和重组，作为手工拣货单固定输出格式的数据，并作为拣货明细数据记录追加到拣货明细数据库。

将货品 PN 和仓位号均相同的发货明细记录中发货数量求和，并将求和后的数字在打印手工拣货单时作为该 PN 货品和仓位号的拣货数量输出到拣货单"拣货数量"；求和前该 PN 和仓位号对应的发货明细记录中发货数量和发货单关联的格子号以 X[Y](X 代表格子号,Y 代表发货数量)形式在打印拣货单时输出到手工拣货单的格子号[发货数量]数据项,不同格子号数据中间用","分开。

PN 不同但仓位号相同的发货明细记录在打印拣货单时作为相邻拣货数据记录,按手工拣货单固定输出格式输出到拣货单。

PN 不同但仓位号相邻相近的发货明细记录在打印拣货单时作为相邻或相近拣货数据记录,按手工拣货单固定输出格式输出到拣货单。

将不符合以上规则的不同 PN、不同仓位号的发货明细记录按拣货单创建规则重组,在打印拣货单时作为拣货单数据记录并按手工拣货单固定输出格式输出到拣货单。

将该拣货单包含的发货单关联的发货明细记录中的发货数量求和,在打印手工拣货单时作为该拣货单的"拣货总数"输出。

将该拣货单包含的发货单的最大格子号,在打印手工拣货单时作为该拣货单的"格子总数"输出。

(6) 对已创建的拣货单进行打印,可选择同时打印运单(即快递单)。

(7) 具有维护权限的用户可通过"发货单维护"菜单对指定的发货单进行维护,如修改(是否撤单、数据修改等)、删除等;不具有维护权限的用户可通过输入正确的系统维护密码后进行发货单维护操作。

(8) 创建和打印拣货单时,系统不自动对库存数据库中相应各仓位的货品数量进行相减。

(9) 当前拣货单创建完成时,系统自动在拣货单数据库里追加当前创建的拣货单数据记录,并将生成的拣货单号填充到拣货单数据库、拣货明细数据库、发货单数据库等文件相应记录的拣货单号数据项。

(10) 拣货单按其性质输出,并在输出时用括号注明其性质。

4. 复核

(1) 对已完成拣货的拣货单内的实物进行复核,防止出现拣货员在按拣货单拣货时因人为因素造成的多拣、少拣或漏拣、错拣的现象。

(2) 复核模式:单一复核、批量复核或批量发货复核。

(3) 复核作业状态界面内容包括:当前扫描的货品所归属订单的格子号(拣货单内包含的全部货品未扫描复核时,显示为"0")、所归属拣货单的已扫描货品件数/所归属拣货单包含货品的总件数(分别以分子分母显示,拣货单内包含的全部货品未扫描复核时,分子为"0")、推荐包材型号、物料描述、承运商、当前发货单号和当前发货单号所包含货品的已复核件数、当前发货单复核状态(如当前发货单所包含货品已全部复核完毕,则状态显示为"发货单号**已复核完毕";拣货单内包含的全部货品未扫描复核时,显示为空白)、拣货单号及拣货单类型、"请扫描 PN 号"输入状态栏、"请扫描运单号"输入状态栏、打印发货清单勾选项(若勾选,则要输入打印份数,默认为 1 份)、"查看运单"菜单(具有权限用户通过查看运单可对运单对应关系进行维护)、"缺货清单"查询菜单、仓库名、用户名、系统当前时间等。

(4) 扫描输入某货品 PN 码后,若该货品 PN 属于当前拣货单的待复核货品 PN,系统自动显示出当前该货品所归属订单的格子号、所归属拣货单的已扫描货品件数/所归属拣货单包含货品的总件数(分别以分子分母显示)、物料描述、承运商、当前发货单号和当前发货单号所包含货品的已复核件数、当前发货单复核状态(如当前发货单所包含货品已全部复核完毕,则状态显示为"发货单号＊＊已复核完毕")。

(5) 当扫描 PN 号状态栏框内背景色为白色或框内显示的字符背景色为蓝色时,则 PN 号输入框为输入状态,否则该框为非输入状态;且仅当框内字符背景色为蓝色时,表示当前运单号输入完成。

(6) 扫描运单号输入框内背景色为灰色时,则运单号输入栏为非输入状态;仅当该框内背景色为白色且有光标闪烁时,运单号输入栏方为输入状态。

(7) 当前复核的货品对应的订单即发货单号所包含的所有货品全部复核完时,运单号输入框背景色方显示为白色且有光标闪烁,即运单号输入栏进入输入状态。

(8) 若进入复核系统选定系统自动打印运单方式为"单个打印",当前复核的货品对应的订单即发货单号所包含的所有货品全部复核完时,系统自动将该订单的相关数据按运单输出格式打印到运单。

(9) 若进入复核系统选定系统自动打印运单方式为"批量打印",系统自动将该拣货单包含的所有订单即发货单的相应数据按运单输出格式打印到相应运单上。

(10) 复核作业状态下系统默认为打印发货清单,可通过勾选取消打印发货清单。

(11) 复核作业状态下可通过"查看运单"菜单来维护与运单对应关系。

(12) 复核作业状态下可通过"缺货清单"菜单查询和打印该拣货单当前所有未复核订单即发货单号、格子号、行号、货品 PN、货品描述、缺货数量(即待复核数量)、仓位、是否撤单等信息。

(13) 复核作业状态下,若扫描的某货品在当前拣货单中为错拣的货品时,系统提示"拣货单＊＊中无 PN＊";若扫描的某货品在当前拣货单中为多拣的货品时,系统提示"拣货单＊＊中 PN＊＊已复核完毕";若扫描的某货品在当前拣货单中显示为已撤单时,系统提示"包含 PN＊＊的发货单＊＊已撤单",按"回车"确定,返回到扫描 PN 号输入状态。

(14) 复核作业状态下,当前拣货单包含的所有货品复核完毕时,系统提示"该拣货单已复核完成,是否维护运单和发货单对应关系",点击"是",进入维护界面,若需维护运单则按(7),若无须维护,则点击"保存退出",系统返回当前复核模式下当前运单打印方式的拣货单号输入状态界面。

(15)复核作业状态下,当前拣货单包含的所有货品未全部复核完毕时,需要退出当前拣货单的复核状态,点击"保存退出",系统返回当前复核模式当前运单打印方式的拣货单号输入状态界面;在复核界面中,当再次输入未复核完所有货品的该拣货单号时,可继续扫描复核该拣货单中尚未复核的货品。

(四) 盘点系统

1. 库存管理

可通过输入厂商名称、物料 PN 号、仓库名称、仓位号(起始仓位号、终止仓位号)条件值来搜索指定的库存数据记录,并可对选定的记录进行删除或修改操作(修改仅可对"可用库存"数值进行修改)。

2. 仓位管理

可通过仓库名称、仓位号(起始仓位号、终止仓位号)条件值来搜索指定的仓位数据记录,并可对选定的记录进行删除或修改操作(仅可对"仓位号"值进行修改),包含新增仓位和维护仓位功能。

3. 库内移动

可通过输入厂商名称、物料 PN 号、仓库名称、仓位号(起始仓位号、终止仓位号)条件值来搜索指定的库存数据记录,并可对选定的记录进行"移动"操作。

(五) 查询系统

(1) 入库单及入库物料明细信息查询。

(2) 发货单及发货明细信息查询。

(3) 拣货单及拣货明细信息查询。

(六) 统计分析

1. 生产监控

(1) 库存保质期预警;

(2) 发货及单据状态统计;

(3) 仓位使用状况统计;

(4) 拣货单状态监控;

(5) 交接进度监控。

2. 绩效考核

(1) 员工作业效率统计;

(2) 仓库生产效率统计。

3. 经营分析

(1) 在库天数统计;

(2) 出入库频次统计。

> **比一比**

### 案例：移动终端在钢铁物流仓储管理中的应用

本案例针对钢厂库区的特点和需求，提出了 ERP 系统和手持终端库存管理系统的总体方案。本案例将着重介绍手持终端系统。手持终端系统采用自动识别技术、无线通信技术和数据库技术，完成物料信息的自动获取和实时传输，从而实现与整个物料管理系统的互连，完成人机交互，提高了钢厂的自动化水平。

1. 手持终端管理系统总体架构

PDA 无线库存管理系统由手持终端、无线 AP 局域网、数据服务器等组成。

手持终端通过无线局域网将指令发送到 Web 服务端，通过 WebService 的数据服务接口从数据库查询成品二维码、提单号等信息并返回，手持终端收到数据后执行入库、倒垛、出库指令。

数据服务器作为 ERP 与库存管理系统的接口，负责 ERP 中获得成品物料信息、入库信息、出库信息等，并将库区物料的执行结果反馈至 ERP 系统。

通过无线库存管理系统实现了现场数据、数据库数据和 MES 系统数据的实时同步。同时，也提升了厂区的工作效率和管理水平。

2. 手持终端系统数据采集

移动手持终端可以对二维条码进行扫描，二维条码中所包含的信息是物料编号。二维条码具有信息量大、可靠性高等优点。近年来，二维条码技术广泛应用于工业控制领域。移动手持终端可以识别 QR（Quick Response）码，QR 码相较于其他二维条码有明显的优势。

（1）二维码选型。二维条码是用在平面上按照一定规律分布的黑白相间的图形来记录数据信息的符号。二维码在很多方面优于一维码：首先，二维条码在横向和纵向两个维度上描述数据信息，具有更高的信息密度；其次，二维码的校验和纠错功能强，即使二维码图像有污损情况，也能够正确地识读信息。

目前主要的二维条码有：Data Matrix、QR Code、MaxiCode、417 Code、Code 49 和 Code 16K。

本系统选用 QR Code 矩阵式二维条码作为激光标识条码，基于以下几个原因：

① QR 码具备容量大、可靠性高、安全性能好的特点，并且可表示多种信息，比如阿拉伯数字、字母、汉字等。

② 支持全方位、超高速识读。QR 码能够支持 360°识读，识别速度最快达到 30 个/秒。

③容错能力强,并具备一定的纠错功能。当 QR 码局部受损范围达到 50%时,仍可恢复包含的数据信息;此外,QR 码具有很高的译码能力,误码率低于万分之一。

(2)二维码识读过程。系统采用 Intermec 公司的二维影像扫描引擎 EA30 扫描二维条码,通过扫描引擎将摄取的图像转换为手持计算机可以识别的数据,完成采集物料信息的任务。

二维条码扫描器开始工作时,首先采集 QR 码图像。在实际工作中,一方面,条码图像会出现污损等情况,比如划痕、灰尘覆盖、油污覆盖等;另一方面,在光学采集过程中,摄取的二维条码图像受倾斜、光照不均等影响,被引入大量噪声,这些都会对码字的正确译出造成影响,所以必须对采集到的图像进行降噪、校正等处理。

QR 码是由黑白模块构成,对 QR 码的识别就转换成确定二维矩阵中不同位置的黑白模块对应的是"0"还是"1"比特位,因此需要对采集的彩色图像做灰度化处理。根据处理得到灰度图像,利用图像中要提取的目标与背景在灰度特性上的差异,通过合适的阈值来判断图像中的某像素为目标还是背景,从而产生相应的二值图像。

由于采集的 QR 码图像通常受到拍摄角度的影响,带有一定程度的倾斜,增加了识读难度,因此需要对 QR 码进行定位。QR 码的定位主要是确定图像旋转的角度以及符号的位置。主要方法有用于确定 QR 码符号旋转角度及四个顶点坐标的 Hough 变换法,以及用于确定符号旋转角度和中心坐标位置的探测图形法。

对灰度图定位以后就可以进行码字识别。将 QR 码的所有码字进行分割,然后在码本中查找与其对应的值,即可正确地译出编码数据。

为了确保扫描是有效的,还需要进行前向错误校验。根据纠错等级,对数据码字纠错,恢复正确信息。

最后,将译码得到的数据传输到手持式计算机,对数据作进一步的处理,通过无线局域网实现手持终端与数据库的数据交换。

(3)物料编码规则。为了对物料进行规范化管理,根据钢厂的实际情况,采用 QR 码编码,并按照一定规则对物料进行编码,通过激光打标软件生成二维码打印在铝制标签上。在实际应用中,根据需要确定二维码的长度,比如可将 2014 年 10 月 1 日生产的第一批棒材中第一捆棒材的二维码编号设计为 21410000101,通过这个唯一的棒材编码,可以查询到物料的钢种、规格、重量等信息,方便钢厂进行库存管理。

> **读一读**
>
> **拓展知识:移动终端在物流中的主要应用领域**
>
> **一、物流快递**
>
> 可用于收派员运单数据采集、中转场/仓库数据采集,通过扫描快件条码的方式,将运单信息通过 3G 模块直接传输到后台服务器,同时可实现相关业务信息的查询等功能。
>
> **二、物流配送**
>
> 典型的有烟草配送、仓库盘点、邮政配送,值得开发的有各大日用品生产制造商的终端配送、药品配送、大工厂的厂内物流、物流公司仓库到仓库的运输。
>
> **三、连锁店/门店/专柜数据采集**
>
> 用于店铺的进、销、存、盘、调、退、订和会员管理等数据的采集和传输,还可实现门店的库存盘点。
>
> **四、卡片管理**
>
> 用于管理各种 IC 卡和非接触式 IC 卡,如身份卡、会员卡等。卡片管理顾名思义就是管理各种接触式/非接触式 IC 卡,所以其使用的扫描枪主要的扩展功能为接触式/非接触式 IC 卡读写。
>
> **五、票据管理**
>
> 用于影院门票、火车票、景区门票等检票单元的数据采集。

## 任务实施

**看一看**

1. 调查了解移动终端技术的经济投入。
2. 了解移动终端技术对仓储管理流程的影响。

**做一做**

为 AA 公司仓储业务进行移动终端技术的配置,可以参考以下内容:

1. 应用移动计算的仓储管理系统架构

仓库管理传统上一般以纸张为基础来记录、跟踪进出货物,仓库管理人员仅凭人脑记忆或者手工录入信息管理系统来管理各种物料或产品,这种管理方式导致劳动效率低下,人力严重浪费。

通过对仓库物料进行科学的物料编码设计、采用标准条码进行标记,并在仓库管理系统的基础上使用条形码识别设备,然后用条码设备进行数据识别,通过移动计算技术使条码信息与数据中心交换数据,互相查询并核对信息,就可以有效地提升企业仓库管理的效率。

移动终端系统采集的数据记录通过无线通信技术传输到服务器端,向企业原有的仓库管理信息系统汇集数据,并可以无线连接、快速汇集,或者移动终端系统通过无线通信技术从数据中心提取数据以供库房现场进行库房盘点、入库、出库核对,应用设计大大提升了企业仓库管理的效率。

系统的设计目标为:

(1) 提高入库、出库、转库及盘点的工作效率、数据准确度及响应速度。

(2) 通过无线手持终端、无线 AP、现有有线网络,高效集成外置库的各项操作,优化各项操作流程。

(3) 通过无线手持终端及时更新物流数据,提高整体运作效率。

此种设计包含或涉及的应用系统如下:

(1) 数据库系统:存储仓储相关数据,并可以使移动仓储管理系统和原仓储管理系统进行数据交换。

(2) 移动仓储管理系统。

(3) 原仓储管理系统。

移动仓储管理系统分三层物理架构,即数据库、Web 服务器、移动数据终端。数据库进行数据的存储服务;Web 服务器通过 WebService 进行业务流程控制,并提供相应的操作接口给移动数据终端;移动数据终端进行数据采集服务。

2. 系统功能设计

移动设备采集的记录通过无线数据网络传输到服务器端,并向原有的企业库存管理信息系统汇集数据。移动仓储管理系统的使用者是仓库管理人员和系统管理人员。

系统管理人员通过登录该系统,可以对系统进行初始化(仓库人员及权限的设定,仓库的设定,物料信息的输入,出入库单的修改、删除及查询导出),并通过系统服务器的后台来管理系统的主要信息。其功能模块包括:

(1) 仓库的人员设置:仓库员工基本信息的增加、删除、修改以及权限设置。

(2) 仓库设置:仓库基本信息的增加、删除、修改。

(3) 入库管理:扫描实物信息,并核对与入库或者转入计划信息是否一致,如一致则传送给数据中心,不一致则给出提示警告。入库操作人员通过移动终端登录并进行货物号扫描,将当前扫描的货物号传输到 Web 服务器,Web 服务器查询数据库并返回当前货物的相关信息,移动终端显示当前货物的相关信息,操作人员确定后入库。Web 服务器判断入库信息的有效性并存储入库信息,记录操作人员信息及入库时间。

(4) 出库管理:扫描实物信息,并核对与出库计划信息是否一致,如一致提示可以发运并将信息传送给数据中心,如不一致则提示不要进行发运或者转库。出库操作人员通过移动扫描终端登录并进行货物号扫描,将当前扫描的货物号传输到 Web 服务器,Web 服务器查询数据库并进行判断是否已经入库,若已入库则返回当前货物的相关信息,若未入库则提出先入库警告,移动终端显示服务器的返回信息。操作人员确认出库信息正确,进行出库操作。Web 服务器判断出库信息的有效性并存储出库信息,记录出库操作人员信息及出库时间。

(5) 库房盘点管理:扫描实物信息,并核对与库存信息是否一致,不一致的则记录下来并将信息传送回数据中心。

(6) 库房库位管理:扫描实物信息,并核对与库房库位信息是否一致,不一致的则输入实际的库位信息并传送回数据中心。

(7) Web 服务器组件:服务器组件包括人员登录组件、数据查询组件、数据存储组件、数据有效判断组件及业务流程控制组件,各组件协同工作。人员登录组件负责操作人员的有效性登录,操作人员有效登录后才能进行其他的 Web 功能的后期操作。数据查询组件负责根据数据终端返回的数据进行相关信息的查询,并返回给数据终端。数据存储组件负责数据库的存储操作及维护数据库的完整性。数据有效判断组件负责判断数据终端返回数据的有效性,协助数据存储组件维护数据库数据的准确性。业务流程控制组件负责操作人员操作数据终端的流程权限范围,并根据其权限进行相应的提示操作。

## 实践训练

**练一练**

练习1:为 AA 公司仓储业务进行移动终端技术的配置。

**赛一赛**

以下任务,看哪个小组完成得好!

寻找一家使用移动终端技术进行仓储管理的企业,并对其系统进行调查分析。

# 参 考 文 献

[1] 梁军,李志勇. 仓储管理实务[M]. 3版. 北京:高等教育出版社,2014.
[2] 张卓远,魏文波,吴满才. 仓储管理实务[M]. 北京:中航出版传媒有限责任公司,2014.
[3] 薛威. 物流仓储管理实务[M]. 2版. 北京:高等教育出版社,2011.
[4] 王瑜. 仓储管理实务[M]. 北京:北京交通大学出版社,2011.
[5] 李朝晖. 仓储管理实务[M]. 北京:北京交通大学出版社,2014.
[6] 卢园,卢改红. 仓储管理实务[M]. 北京:北京师范大学出版社,2013.
[7] 宋利伟,刘翠娟. 仓储管理实务[M]. 北京:北京大学出版社,2011.
[8] 钟苹同. 仓储管理实务[M]. 2版. 大连:大连理工大学出版社,2013.
[9] 唐军荣,徐冰,程晓栋. 仓储管理实务[M]. 南京:南京大学出版社,2014.
[10] 邵广利. 仓储管理实务[M]. 北京:北京交通大学出版社,2013.
[11] 刘贵生. 物流配送管理[M]. 北京:清华大学出版社,2015.
[12] 郭凯敏. 仓储管理实务[M]. 北京:清华大学出版社,2015.
[13] 郑文岭. 物流仓储业务与管理[M]. 北京:中国劳动社会保障出版社,2013.
[14] 季敏. 仓储管理实务[M]. 北京:北京大学出版社,2011.
[15] 王登清. 仓储与配送管理实务[M]. 北京:北京大学出版社,2009.
[16] 白世贞,刘莉. 现代仓储物流技术与装备[M]. 北京:中国财富出版社,2007.
[17] 江苏省职业技能鉴定中心. 助理物流师工作要求[M]. 内蒙古:内蒙古人民出版社,2008.
[18] 江苏省职业技能鉴定中心. 助理物流师基础知识[M]. 内蒙古:内蒙古人民出版社,2008.
[19] 江苏省职业技能鉴定中心. 物流员工作要求[M]. 内蒙古:内蒙古人民出版社,2008.
[20] 梁军,李慧芳. 运输与配送[M]. 3版. 杭州:浙江大学出版社,2014.
[21] 储雪俭. 物流配送中心与仓储管理[M]. 北京:电子工业出版社,2010.
[22] 曾益坤. 采购与仓储实务[M]. 北京:清华大学出版社,2010.
[23] 张晓川. 现代仓储物流技术与装备[M]. 2版. 北京:化学工业出版社,2013.
[24] 孙学农. 仓储与配送管理实训[M]. 北京:中国财富出版社,2014.
[25] 林勇平. 出入库作业实务[M]. 北京:机械工业出版社,2013.
[26] 牛艳莉. 仓储物流管理与实务[M]. 北京:中央广播电视大学出版社,2011.
[27] 孙秋菊. 物流信息与仓储管理培训教程[M]. 北京:化学工业出版社,2010.
[28] 吴新燕,王常伟. 仓储与配送管理[M]. 天津:天津大学出版社,2009.
[29] 吴爱萍,徐志灵,曾文怡. 京东现代物流模式下的仓储管理[J]. 市场研究,2018(8):44-45.
[30] 尹军琪. 中国仓储物流自动化技术发展路径与未来趋势[J]. 物流技术与应用,2020,25(6):96-99.